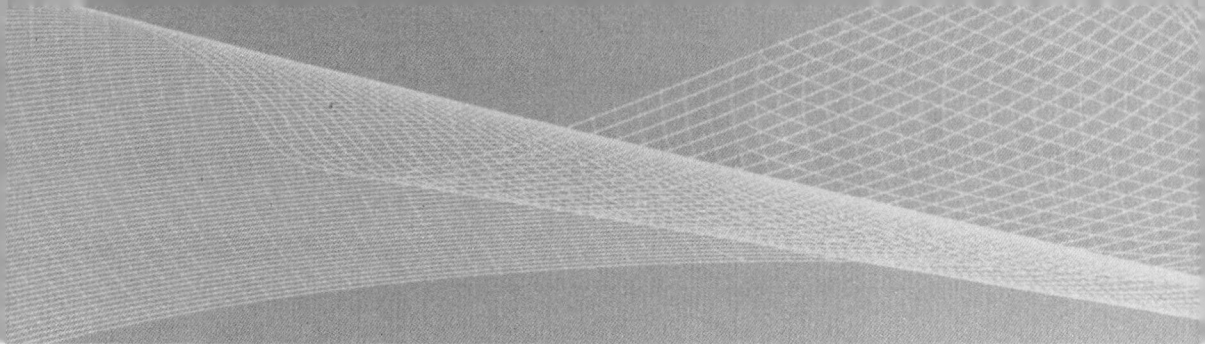

Study on the Urban-Rural Integrated Development of Provincial Region
——Taking Hebei Provincial for Instance

河北省高校百名优秀创新人才支持计划（Ⅱ）资助

省域城乡一体化发展战略研究
——以河北省为例

Study on the Urban-Rural Integrated Development of Provincial Region
—— Taking Hebei Provincial for Instance

薛 晴／著

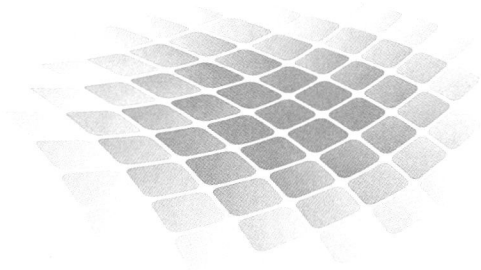

经济科学出版社
Economic Science Press

前　言

　　城乡经济社会发展与城乡关系演变，始终是人类关注较多的理论和实践中心议题之一。马克思更是把经济社会发展的全部历史概括为城乡关系的发展演变过程，认为"城乡关系的面貌一改变，整个社会的面貌也跟着改变"。同时，马克思恩格斯还指出，随着社会生产力的发展，城乡关系由二元对立走向一体化融合发展，是城乡关系演变和发展的必然趋势。"二战"之后，一些国家出现的"逆城市化"现象在一定程度上证实了马克思的论断，这引起理论界的高度关注，并形成研究热潮。改革开放之初，我国苏南地区的农村工业化和城镇化迅猛发展起来，城乡之间原有僵化的二元格局被打破，并在一定意义上表现出一体化发展之势。"城乡一体化"，这一源于马克思主义城乡融合理论，并对中国日益紧密的新型城乡关系寄予肯定和厚望的概念，随即在苏南地区广泛使用，引发学术界热议，并形成众多研究成果。

　　然而，随着我国改革开放的日益深化，城乡二元结构反差非但没有缩小，相反却呈现出持续扩大之势，不仅严重影响和制约着我国经济发展，而且引发诸多社会问题，阻碍当今构建和谐社会的进程。对此，中共中央高度重视。党的十六大报告明确提出，要统筹城乡经济社会发展，把城乡一体化发展作为全面建设小康社会的重大任务。党的十七大报告更是把统筹城乡发展放在经济社会发展全局的高度，强调"统筹城乡经济社会发展，就是要充分发挥城市对农村的带动作用和农村对城市的促进作用，实现城乡一体化发展。"并且，自 2004 年以来，党中央先后制定出台了 9 个"一号文件"，全力解决城乡一体化发展的核心问题——"三农"问题。当前,如何有效推进统筹城乡综合改革,建立健全城乡一体化管理体制,促进城乡一体化又好又快发展已成为社会各界普遍关注的重大课题。

事实上,已有不少学者从路径安排、模式选择、对策建议等多个角度对城乡一体化问题进行了研究,也取得了一定成效。然而,在省域城乡一体化实践悄然兴起的今天,具有省域特色的城乡一体化发展战略的理论研究似乎稍显滞后,尤其是河北省作为京津冀和环渤海地区的重要成员,有关其城乡一体化发展问题的理论研究显得尤为迫切,而且更具有重大现实意义和战略意义。何况,我国省制历史悠久,至今仍作用独特,它"既代表中央,又代表地方;既要实施中央政令,又可协同中央制定政令;它虽然分治地方,却又要统筹全国"。无疑,省之于中央和地方、省域之于国域和县域,负有上下协调、理顺疏导之责。因此,以河北省为例对省域城乡一体化发展战略问题展开研究,必将有助于推动我国城乡一体化在"十二五"时期实现历史性突破。

正是基于上述动机,作者以河北省为例,本着回答省域城乡一体化发展"基础条件和现状怎样,国内外先进经验如何借鉴,未来发展战略迈向何处,如何迈和怎样迈"这四个问题,本书按照"国内外研究现状及其综述→基础条件与现状分析→国内外成功经验举隅及启迪→发展战略构想→对策建议"这样一条主线,分7章详细论述了河北省域城乡一体化发展战略体系。

本书是作者攻读博士学位期间系统性研究的理论凝练,也是作者承担河北省教育厅2013年河北省高校百名优秀创新人才支持计划(Ⅱ)资助项目的最终研究成果。需要特别说明的是,本书是在作者博士生导师——西安交通大学霍有光教授的悉心指导下完成的,从选题、方案制定及实施、撰写,无不渗透着导师的大量心血。同时,本书的写作也得到西安交通大学王宏波教授、卢黎歌教授、李玉华教授、李景平教授以及陕西师范大学陈答才教授、西北大学杨建飞教授等多位专家的关注和支持,诸位专家对本书的修改和完善给予了良多建议与期许,拓宽了作者的思路,使书稿内容更加充实和完善。在此一并致以最真挚的感谢。

由于省域城乡一体化发展战略及其实施是一个长期的动态过程,有关省域城乡一体化发展战略研究的新视角与新问题会随时出现，加之自己能力有限，才疏学浅，书中出现缺点与错误在所难免，恳求广大同仁批评指正！本书在成书过程中，参考了许多专家学者的论著或科研成果，对引用部分在文中都一一做了注明，但仍恐有挂一漏万之处，诚请多加包涵。竭诚渴望阅读本书的同仁们、朋友们继续提出宝贵意见，本人将万分感谢！

薛　晴

2014 年 5 月

目 录

第1章

绪　　论

1.1　选题背景及问题提出

1.1.1　选题背景

城乡经济社会发展与城乡关系演变始终是人类关注较多的理论和实践中心议题之一，马克思更是将经济社会发展的全部历史概括为城乡关系的发展演变过程，认为城乡关系由对立走向融合是人类社会发展的必然趋势。如今，在全球化和现代化快速推进的双重背景下，统筹城乡发展，打破城乡二元对立格局，推进城乡一体化已经成为一个热知、热闻的命题。然而，对于致力于马克思主义唯物史观研究的理论工作者来说，这仍然是一个极富时代性的、动态的、永恒的课题。

1. 城乡一体化是一个极富时代性的马克思主义理论课题①

目前学术界有关城乡一体化问题的研究，虽浩如繁星，但并没有僭越马克思主义唯物史观的阐释框架。站在我国省域城乡一体化发展的立场上，对城乡一体化做出历史唯物主义阐释，不仅彰显了马克思主义城乡融合理论对我国省域城乡一体化发展的指导意义，而且表达了我国省域城乡一体化发展对马克思主义城乡融合理论的继承与实践性开拓，既有利于正确把握城乡一体化的理论内涵，更有利于促进省域城乡一体化发展的科学实践。

---

① 薛晴. 马克思主义城乡融合思想与我国省域城乡一体化发展 [J]. 改革与战略，2012 (1)：36 – 38、47.

　　城乡一体化是人类社会发展的必然趋势。马克思恩格斯认为，未来社会绝不会固化城乡对立的二元结构，而是实现生产力高度发达基础上的城乡平等与协调发展，即城乡融合。所谓城乡融合，就是"把城市和农村生活方式的优点结合起来，避免二者的片面性和缺点"。这表明，城乡融合实际上反映了建立在城乡生活方式互补基础上的社会存在与发展的整体性、协调性。所以，城乡一体化的基本含义应该是整个社会系统不同纬度状态下的子结构及其要素协调统一、优化组合的存在状态与发展态势，是社会的整体协调发展。恩格斯指出，"城市和乡村的对立的消失不仅是可能的"，而且它已经成为工业生产与农业生产的直接需要。马克思也指出，随着社会生产力的发展，"资本主义生产方式同时为一种新的更高级的综合，即农业和工业在它们对立发展的形式的基础上的联合，创造了物质前提"。即资本主义发展框架无法阻止城乡逐步扬弃和超越各自片面性弊端，并实现融合的必然发展趋势。由此可见，城乡一体化是生产力发展的必然要求，是社会发展决定性的表现。同时，恩格斯也指出，彻底变革旧的生产方式，特别是消灭旧的分工才能消除城乡对立、实现城乡融合。而变革生产方式、消灭分工的过程必须通过一系列制度和相关安排，而不是顺其自然就能实现的，这就需要彰显社会发展的主体选择性特征，充分发挥人的主观能动性。因此，打破城乡二元壁垒、建立统筹城乡发展的体制机制、实现城乡融合既是社会发展决定性的必然要求，又是社会发展主体选择性的具体表现，是二者的有机统一。

　　城乡一体化的根本目的是实现人的全面发展。首先在人的活动方式上，城乡一体化促使"从事农业和工业的将是同一些人，而不再是两个不同的阶级"，从而避免"人的单维化和异化"，"促进和体现人的全面发展"；其次在人的社会特性方面，城乡一体化使人摆脱"城市人"与"乡下人"等不合理社会关系的束缚，向着"人终于成为自己的社会结合的主人，从而也就成为自然界的主人，成为自己本身的主人——自由的人"的、能获得无数社会关系规定性的方向发展，从而推进人的社会特性的全面提升；再次在"作为目的本身的人类能力发展"方面，通过消除旧的分工，进行生产教育、变换工种、所有人共同享受大家创造出来的福利，通过城乡的融合，使社会全体成员的才能得到全面的发展。城乡一体化作为马克思主义城乡融合概念的中国化表述，其根本目的是实现人的全面发展，体现了马克思主义以人为本和充分发挥人的主观能动性的社会本体论思想，集中反映了马克思主义唯物史观的精神实质。

2. 我国已进入城镇化加速发展阶段

理论研究的旺盛活力源自关切现实。中华人民共和国成立 60 多年以来，尤其是改革开放 30 多年以来，中国经济领域的突飞猛进创造了世界奇迹。与经济高速发展相伴的是城镇化的快速推进，中国城镇化率已由 1978 年的 17.92% 提高至 2010 年的 49.68%（2011 年首次超过 50% 达到 51.27%）。河北省的城镇化率也由 1978 年的 10.93% 提高至 2010 年的 45%，虽然低于全国平均水平 49.68%，但根据诺瑟姆曲线定律，当城镇化率达到 30%~70% 时，城镇化加速发展的时期已经到来。此时期对于我国而言，正是推进城乡一体化发展的最佳阶段。因为城乡二元结构是我国经济社会发展呈现出的最重要特征之一。城镇化既对城乡关系产生影响，又是这种二元化城乡关系的一个主要方面。在城乡二元结构的条件下，加快城镇化进程是促进我国由传统社会向现代社会转化必然面临的问题。所以说，城镇化发展过程的实质就是消除城乡二元结构、推进城乡一体化的发展过程。

3. 城乡差距持续扩大的现实趋势

改革开放 30 多年以来，虽然我国经济社会发展取得了巨大成就，但农村相对于城市而言，其发展速度还是比较缓慢的。时至今日，城乡差距非但没有缩小，相反却有扩大之势。城乡差距的核心表现是城乡居民收入差距，就货币收入一项进行比较来说，1978 年城乡居民收入差距之比为 2.57:1，随后由于农村改革极大地调动了农民生产的积极性，1983 年农民年均收入实际增长超过同期城市居民约 7.59%，城乡居民收入差距缩小为 1.17:1。1984 年随着以城市为重点的经济体制改革在全国逐步推行，城市居民年均收入增长超过同期乡村居民约 5.69%，至 1989 年城乡居民收入差距扩大为 2.29:1。之后，除 1990 年、1995~1997 年略有缩小外，城乡居民收入差距呈持续扩大之势，且幅度较大。如 2003 年城乡居民收入差距扩大为 3.23:1，到 2009 年更是达到了改革开放以来的最高幅度为 3.33:1。如果再将城市居民的福利待遇包括在内，城乡居民收入差距有可能为 5:1 甚至是 6:1，创世界最高，令国人震惊。诚然，在经济社会发展进程中，城乡之间由于发展基础不同、构成要素有别，存在一定的发展差距是很正常的。可是，如果差距过大，势必造成农村长期落后、贫富悬殊扩大，进而诱发诸多社会问题，使城乡差距问题成为制约国民经济发展的桎梏。为此，积极探讨遏制并解决城乡差距持续扩大的问题是每一位理论工作者的职责所在，不容推辞。

4. 省域城乡一体化实践的悄然兴起

城乡一体化作为弥合城乡差距、实现城乡互惠互利、相互依托、和谐发展、共同繁荣的一种新型城乡关系，不仅日益受到理论界的高度关注，而且已经在政策引导下付诸实践并取得了初步成果，特别是长三角、珠三角地区，其经济社会在由纵向运行的行政区向横向运行的经济区转型的区域发展背景下，城乡一体化发展之势更不可阻挡。但与经济区城乡一体化迅猛发展的势头相比，行政区尤其是省级行政区域城乡一体化的悄然起步更令人关注。2010年2月7日，我国首部省域城乡一体化发展总体规划——《海南省城乡经济社会发展一体化总体规划》通过了专家评审，开创了以省级行政区域为一个整体，统筹规划经济社会发展的新思路，为城乡一体化研究提供了一个全新的视角。2010年3月15日，继海南省之后，青海省城乡一体化规划研讨会在京举行，从而拉开了推进省域城乡一体化发展的序幕。2010年7月1日，《省域城镇体系规划编制审批办法》开始施行，为省域城乡一体化发展扫清了主体功能定位不明的障碍，具有省域特色的城乡一体化发展战略呼之欲出。可以说，本书的研究恰逢其时。

5. 河北省地理位置的重要性日益凸显

从河北省行政区划示意图可以看出，河北省作为东部沿海地区较大的省级行政区划，环抱京津两市，地处环渤海核心区域，具有东出西联、南北通

图1-1 河北省行政区划示意

衢的绝对区位优势，是我国重要的交通枢纽地带与商品流通中转站，更是东北、西北、华北地区的重要出海通道，首都北京与北方经济中心城市——天津两大直辖市出入的大门，其地理位置的重要性不言而喻，其经济社会发展也理应走在全国前列。然而，"城市不强、农村较弱"的事实制约了河北省区位优势的充分发挥，使河北省始终难以突破"东部区位，中部水平"的发展困境。面对全国主体功能区规划的出台，以及新一轮经济发展周期的到来，以河北省为例研究中国省域城乡一体化发展战略具有一定的代表性和典型意义。

1.1.2 问题提出

经济全球化和区域一体化快速推进的时代，统筹区域城乡协调发展、加快区域城乡一体化进程，已经成为我国从根本上缩小"三大差距"（即城乡差距、贫富差距和区域差距），进而努力实现现代化发展目标的重要出路。当前的全球经济危机使得我国统筹区域城乡一体化发展的驱动力普遍不足，增强区域城乡一体化发展的核心驱动力需要从区域内部获得新的、具有特色的、有价值的因素和条件。因为城乡关系的发展变迁是离不开其所在区域背景的，无论在动力因素或是实现条件上，离开区域发展环境的解释都是不充分的，难以全面而科学地筹划和指导城乡一体化发展的全局性问题。① 而在现今的中国，承担区域背景角色的主要是行政区域，特别是省级行政区域。因此，立足国情，推进省域城乡一体化发展已经逐渐成为我国统筹区域城乡协调发展的重要战略选择。

然而，由于我国目前正处于体制与发展双重转型时期，一些历史性的、经济性的尤其是体制性的城乡二元结构问题的解决，并不是一个自然而然的发展过程，还与各级政府是否把握经济社会发展规律及其自身是否积极作为有密不可分的关系，即推进省域城乡一体化发展需要借助政府力量。从这个意义上讲，当前强调政府在城乡一体化发展中的主导作用，具有非常重要的现实意义。但是由于城乡二元结构问题涉及面广、问题复杂，各方利益冲突比较明显，政府出于政绩的或自身利益的需要，也可能多侧重抓好政策落实而少关注区域特色构建，或依然单纯强调城乡经济协调而忽视城乡社会和谐发展，如不顾地方经济条件、无视地域特色个性，以"大拆大建"的方式

① 薛晴. 国内城乡一体化研究的回顾与前瞻 [J]. 城市问题，2011（3）：25–30、59.

盲目"拆村并居"、大建高楼，由此导致劳民伤财，民怨沸腾，社会矛盾激化，最终致使统筹城乡改革难以为继，完全违背形成以工促农、以城带乡、优势互补、互动双赢的城乡发展新格局的改革本意。从而，在推进省域城乡一体化发展的同时，必须结合省域发展基础及发展前景，推动城乡一体化走出特色发展之路，即基于区域发展战略目标，依据资源禀赋和比较优势，科学规划其发展战略、模式和路径，走一条独具个性的城乡一体化发展之路。

尽管也有学者对区域城乡一体化发展战略问题进行过研究，但打造具有省域特色的城乡一体化发展道路，是一个具体的战略选择问题。现在国内有关省域城乡一体化发展问题的探讨，仅仅停留于政策关切与措施落实层面，在现有的相关文献资料中，重政策解读轻区域差异探究仍然是一个比较普遍的现象。我们至今还没有在推进省域城乡一体化发展进程中关注过省域城乡关系演变的特征问题，也没有完全建构起适合中国区域城乡一体化发展水平的评价体系，更没有结合省域经济社会发展现实情况架构起具有省域特色的城乡一体化发展战略体系。值得关注的是，在研究省域城乡一体化发展战略问题时，战略体系与政策建议通常被分开来进行研究的现实状况，是不能够在相关问题上给我们提供一个相对全面的理论分析及具有较大参考价值的经验证据的。

本书以河北省为例，试图在透彻分析河北省经济社会发展现状的基础上，架构起以指导思想、基本原则、总体思路、战略目标、战略重点及对策建议为主要内容的、具有河北特色的"主动作为，借力发展"的城省域乡一体化发展战略体系。作者在总结前人研究成果及对相关理论进行考察的基础上，首先从技术层面上将城乡一体化发展水平划分为空间关联和功能关联两大类，其中空间关联层面的测评是对前人研究成果的借鉴与归纳，功能关联层面则结合当前河北省保护生态环境的紧迫性问题，增加了对城乡环境和谐状况的量化测评，是对前人研究成果的继承和发展，是对区域城乡一体化定量研究的有效补充。其次在实地统计调研的基础上，运用历史分析和系统分析相结合的研究方法，从概述并分析河北省城乡一体化发展的基础条件及其优劣势入手，考察其城乡关系发展历程，揭示其特征。虽然是对有关历史材料和统计材料的整理、分析与总结，但却是对河北省城乡关系实践历程的系统性思考，不仅使本研究明确了方向与目标，而且也为今后有关河北省城乡一体化及其相关研究提供了重要资料。再其次作者立足当前行政区作为一个过渡性质的、组织经济社会活动的基本单元，将伴随我国整个转型阶段"长期存在"的实际国情，将城乡一体化研究置于省级行政区域背景下，概括总结了承载城乡关系演变的区域基础与条件，尝试将研究重点由偏向政策解读引导到区域差异探究上来，使城乡一体化研究由单纯的城乡系统内部的静态分析转向对复杂区域背景下城乡互动发展的动态思考，不仅可以为政府决策部门提供针对性强、操作性好的对策建议，而且还为马克思主义城乡融合理论在中国的实际应用找到了一条便捷通道，具有一定的理论创新性。最后提出充分发挥沿海区位优势的陆海协调战略、着力培育经济发展新动力的城市群战略、不断增强城乡联系的小城镇战略、重点解决"三农"问题的新农村战略、认真贯彻可持续发展方针的生态经济战略是河北省推进城乡一体化发展战略的核心内容。同时从创新城乡一体化发展体制机制、走以城市群为主体形态的新型城镇化道路、培育壮大特色优势产业集群以及统筹陆海协调发展的具体措施等四个方面提出了河北省实施城乡一体化发展战略的对策建议，从而将战略体系与政策建议结合起来，形成一个既具有全面理论分析，又具有重要参考价值的经验证据较为完整的研究体系。

1.2 国内外研究现状

城乡一体化既是经济社会发展的重要实践，又是学术界密切关注并广泛探讨的理论热点。所以，有关城乡一体化的研究灿若繁星。在此，笔者以城乡一体化理论嬗变进程为序，将国外城乡一体化理论划分为20世纪50年代以前的孕育与萌发、50年代至70年代的转折与酝酿和80年代以后的回归与发展三个阶段，将国内城乡一体化研究划分为缘起、推动、拓展、完善、方法探索和区域城乡一体化研究等六个阶段性问题，分别总结各阶段代表性观点，对比国内外研究的异同之处，对国内外研究现状做出较为客观的评价。

1.2.1 国外研究现状①

1. 20 世纪 50 年代以前的孕育与萌发阶段

以经济（地理）学为视角考察城乡一体化的理论渊源，可以上溯到经

---

① 薛晴. 城乡一体化的理论渊源及其嬗变轨迹考察［J］. 经济地理，2010（11）：1779 – 1784、1809.

济学的鼻祖——亚当·斯密（Adam Smith），他在其开创性巨著《国民财富的性质和原因的研究》中指出，"乡村向城市供应生活资料和制造业所用的原料。城市向乡村居民送回一部分制成品作为回报"，"两者的利得是共同的和相互的"，而且遵循自然进程并保持一定比例的城乡关系才是良性的、合理的。然而，真正将城市和乡村视为一体而论的大概是杜能（Von Thunen）。他所假设的"孤立国"以工农业互换为基础，通过理想化的产业布局将城市和乡村融为一体。虽然不免"天真"，但却不失为城乡一体化研究的典范。如果说亚当·斯密和杜能从经济（地理）学角度开创了城乡一体化理论研究的先河，那么空想社会主义者则以社会学为视角为城乡一体化研究奠定了基础。从托马斯·摩尔（Thomas More）的"乌托邦"社会方案，到康柏内拉（Tommaso Campanella）的"太阳城"，再到巴贝夫（Gracchus Babeuf）的"普遍幸福的"、"人人平等的"社会，以及后来傅立叶（Charles Fourier）、欧文（Robert Owen）在"法郎吉"、"新协和村"进行的城乡一体化实践，无不体现了空想社会主义者对资本主义工业化早期所表现出来的城乡之间不平等发展的谴责和批判，表达了他们期望通过社会改良消除城乡差别，建立工业生产和农业生产相结合、脑力劳动和体力劳动相结合的理想社会的良好愿望。这些思想虽然被冠以"乌托邦"，所进行的尝试也以失败而告终，但是却将城乡关系引入到社会历史领域，促使后来的唯物主义者对城乡关系有了更多的思考。

空想社会主义者对未来城乡社会的美好勾勒，始终被马克思恩格斯所重视和强调。所不同的是，马克思恩格斯没有停留在道义谴责与批判层面，而是运用历史唯物主义观点，将城乡联系研究推向了一个新的高度。恩格斯精辟地分析了城市和乡村由分离、对立走向融合、一体化发展的必然趋势，他指出"城市和乡村的对立的消灭不仅是可能的"，而且是"工业生产和农业生产的实际要求"。马克思则进一步强调"城乡之间的对立只有在私有制的范围内才能存在。"并认为实现城乡融合是一个漫长的社会历史过程，需要通过大力发展社会生产力以及伴随着工业化与现代化的发展而发展的城市化才能最终达到城乡融合。马克思恩格斯关于城乡融合的思想将城乡联系研究由单纯地合理性诉求发展成为社会主义和共产主义的主要目标之一，既揭示了城乡关系演化的一般规律，又指明了城乡一体化研究的方向。

"二战"之后，一些国家出现的"逆城市化"现象在一定程度上证实了城乡融合是城乡关系发展必然趋势的论断。这引起了一些理论研究者尤其是城市规划学者的高度关注,他们在寻求解决城市问题的同时,将研究的目光投向城乡空间的结合,形成了众多理论成果。例如,霍华德(Ebenezer Howard)的"田园城市"理论,赖特(Frank Lloyd Wright)的"区域统一体"、"广亩城"发展模式,以及刘易斯·芒福德(Lewis Mumford)的"城与乡,不能截然分开;城与乡,同等重要;城与乡,应当有机结合在一起"的经典论述,等等,都是这一时期比较有影响的观点。虽然这些理论致力于解决城市问题,仅仅将乡村空间或景观作为改进和完善城市的一种必要手段,但是这种理论付诸实践的探索与尝试却"把乡村和城市的改进作为一个统一的问题来处理,大大走在了时代的前列",并为城乡一体化研究提供了可靠的思路。

城乡联系的早期论述与城乡一体化理论的内在联系,具体表现在以下几个方面:

(1)目标的一致性。

关于发展目标,早期思想家们都分别表达了避免城乡分离、追求城乡互惠互利以及建立工农结合、消灭城乡对立的良好愿望。如今的城乡一体化研究是在发展中国家城乡差距逐渐拉大、二元结构已严重阻碍经济社会可持续发展的背景下发展起来的,目的是要摒弃"就城市言城市,就乡村言乡村"的发展思路,强调城乡之间的联系,将二者作为一个统一的整体系统规划,从而构建城乡共同繁荣的现代化新型城乡关系。可见,两种城乡发展观都强调城乡之间的关联性,都主张城乡统一发展,建立城乡依托、协调发展的一体化格局,即二者在发展目标上是一致的。

(2)途径的拓展性。

在实现途径上,空想社会主义者主张通过工农相结合的方式来构筑他们所设想的无城乡差别的社会。而对于早期经济(地理)学家来说,城乡关系并不是他们关注的重点,而是突出强调农业和乡村发展是城乡融为一体从而促进财富增长的必要条件之一。尽管如此,他们依然为后人开辟了一条建设新型城乡关系的基本途径,即农业和乡村的现代化是推动城乡关系由分离、对立走向融合、一体的原始动力。当今,关于实现城乡一体化发展的途径,仍然强调农业和乡村现代化的基础作用,但视域更广阔、渠道更顺畅。具体到我国,目前,大多主张在社会主义新农村建设的实践中,以壮大县域经济为载体,以体制和制度的创新为基础,通过健康的城镇化践行城乡一体化发展战略。由此，实现城乡一体化发展战略的途径，根本是对早期城乡联系思想的不断拓展。

（3）模式的超越性。

至于发展模式，傅立叶的"法郎吉"和欧文的"新协和村"倾向于城乡社会结构一体化的粗略的改良构想，虽然具有一定的经济史意义，但对城乡有机统一体的形成并不具有实际的指导价值。杜能的"孤立国"则侧重于城乡空间结构一体化的原始的技术架构，从某种意义上可以认为是城乡一体化发展模式的先驱。当今的城乡一体化发展模式，已经远远超越了上述理想主义者的思维局限，而是立足现实，在强化国家或政府主导作用的同时，综合运用市场和非市场的力量，积极促进城乡各个领域的良性互动和协调发展，既充分发挥城市对乡村的带动作用，又充分发挥乡村对城市的促进作用，在创新城乡统筹发展体制机制的基础上，以城乡良性互动促进城乡一体化发展。

2. 50～70 年代的转折与酝酿时期

首先，伯克（Boeke）"二元结构"概念（1953 年）的提出，为城乡关系由关联发展研究转向偏向发展研究奠定了基础。在伯克看来，当时的印度尼西亚——原荷兰政府的殖民属地实际上存在着两种完全不同的经济活动，一种是殖民主义输入的以发展现代工业为主的非农业活动，主要集中在城市；另一种是印度尼西亚社会本土的传统的农业活动，一般集中于乡村，两者在经济制度和社会文化等方面存在着巨大的差别。这些差别直接或间接地导致了工业和农业、城市和乡村的迥然相异，反映在经济与社会发展过程中，即表现为工业的现代性与农业的传统性、城市的先进性与乡村的落后性的矛盾与冲突。这是最早从经济组织不对称性的角度对城乡关系进行静态分析的理论研究，为城乡关系由关联发展研究转向偏向发展研究奠定了基础。

其次，刘易斯（William Arthur Lewis）的二元经济结构理论模型，为城乡偏向发展研究从静态分析向动态分析的转变架起了一座桥梁。二元经济结构理论模型的基点是劳动边际生产率，核心是发展中国家的经济增长和社会发展问题。刘易斯认为，现代工业部门的劳动边际生产率较高，是带动经济发展和社会进步的主要力量；而传统农业部门的劳动边际生产率较低，甚至是零或负数，是发展中国家经济长期停滞不前、社会落后的根源。因此，发展中国家消除二元结构、摆脱贫困的主要途径是促使农业剩余劳动力向现代工业部门转移。这种将经济增长与社会进步及剩余劳动力转移有机结合起来的发展思路，后来被进一步引申为城市代表现代与文明、乡村代表传统与落后、乡村从属于城市的偏向发展观。虽然刘易斯在以后的文章中一再强调这是对其理论模型的曲解，但是重视城市与工业、忽视乡村与农业的现状却很难改变。

再其次，空间极化理论将城乡偏向发展的动态研究推到一个极端——城市。空间极化理论由增长极理论和核心—边缘理论复合而成。增长极理论认为推动城乡发展的关键在于培育以城市或少数主导产业为主、具有成长和空间集聚意义的增长极，带动周围地区经济的增长，从而规避发展中国家经济二元化发展的弊端。核心—边缘理论则极力避免增长极理论过于空泛的论述，尝试借助政府干预和区际人口迁移等微观因素来提供了一种具有普遍意义的一般理论模型。然而，二者都没有摆脱发展只能从城市或少数主导产业开始的窠臼，甚至由于发展中国家在"二战"之后对经济增长的迫切要求以及对理论指导实践的乐观期望，反而很大程度地固化和强化了自刘易斯以来的城市偏向发展观，彻底将社会经济发展的重点推到了城市一端。

最后，选择性空间封闭发展理论将城乡偏向发展的动态研究推到另一极端——乡村。选择性空间封闭发展理论认为，有选择性地截断区际资源流动，削弱极化效应对外围乡村地区的不利影响，同时赋予乡村地区更高程度的自主权，增强扩散效应对双方的有利影响，形成自主的、具有自成长能力的、以乡村为中心的区域单位，有效缩小城乡差距，实现城乡公平发展。这种自下而上的、有选择性的空间封闭发展模式虽然突出了乡村的重要性，但是却忽略了城市在社会经济发展中的领导作用，割裂了二者之间的有机联系，走向了城乡发展的另一个极端——乡村。

3. 80 年代以后的回归与发展时期

在经历了 20 多年城乡偏向发展研究之后，有些学者发现，无论以城市为中心的自上而下发展战略，还是以乡村为中心的自下而上发展战略，都只能带来短期的、局部的效率增速，无法实现长期的、整体的效益提升。因此，摒弃城乡割裂的偏向研究、重新审视城乡联系的一体化探索，再次成为地理学、经济学、社会学等学科必须面对的重要课题。具体表现在以下两个方面。

一是地理学的理论贡献。美国地理学家詹姆斯（Preston E. James）指出，自然界中没有真正界限分明的"区域"存在，因此，我们不能决然地将人类的活动空间人为地割裂为城市和乡村，而应该作为"一个以多样性为基础的关系统一体"。这一观点引起了大多数学者的共鸣，并且自20世纪80年代后，随着更多学者日益关注发展问题而影响逐渐扩大。如朗迪勒里（Rondineli）提出的"次级城市发展战略"，从政策建议角度对发展中国家加强城乡联系，特别是"农村和小城市间的联系，较小城市和较大城市间的联系"进行了具体规划，认为次级城市体系可以增强城乡之间经济活动和行政功能的相互传播，从而推动社会和区域的全面发展。这与我国学者费孝通先生提出的小城镇发展模式不谋而合，所不同的是，小城镇发展模式是费老基于实地考察得出的，而次级城市发展战略则是对"增长极理论"和"选择性封闭空间理论"进行折中基础上构筑的理论假说。无独有偶，还有80年代后期，昂温（Unwin）构建的"城乡间相互作用、联系、流"的理论分析框架，也属于一种理论假说，所有这些都是重新开启城乡一体化研究热潮的重要推动力量。而麦克·道格拉斯（Mike Douglass）的"区域发展网络模型"，却是将昂温的理论分析框架进一步具体化为实践操作模型，推动城乡一体化研究走向了深入。

二是各国重构城乡一体化社会的实践努力——以我国和日本为例。1983年，我国苏南地区的农村工业化和城镇化迅速发展，大量的农村劳动力转移到第二、第三产业，乡镇工业发展超过农业产值，城乡之间的科技、文化、社会交往日益频繁，城乡二元分割的发展模式已经被现实中日趋紧密的城乡联系逐渐打破，城乡人民的生活水平和生活方式的差距在缩小，城乡一体化格局初现端倪。随后，上海、天津、辽宁、江苏等经济较发达地区各种有利于消解城乡二元结构的对策思路纷呈迭出，并相继开始了城乡一体化的实践尝试。在日本，20世纪80年代中期进行了"第四次全国综合开发规划"，目的是构筑一个区域间、城乡间相互补充共同发展的一体化社会。此外，韩国以及欧洲许多国家也在促进城乡融合、一体化发展方面做了大量的实践工作，而且几乎无一例外，这种政策推动下的实践尝试都被进一步系统化为理论诠释，为城乡一体化成功回归并发展为主流理论奠定了坚实的基础。

城乡关系研究的发展——新时期城乡一体化理论的进展与趋势。第一，Desakota 模型——亚洲独特的城乡一体化空间组织结构。20世纪末，加拿大学者麦基（T. G. Mcgee）指出，新时期发展中国家城乡关系的变化除城市辐射扩散的外在拉力外，还强烈地表现为乡村"非农化"的内在推力，是二者内外交互流动之力量共同促成了"城市和乡村界限日益模糊，农业活动和非农业活动紧密联系，城市用地与乡村用地相互混杂的"空间组织结构形态。这种独特的地域单元"以城乡一体化为特征，但又处于不断变化之中，尚未定型，它实际上是城乡融合的中间地带，是城乡一体化推进过程中的必然现象，其发展前景就是更广空间范围的城乡一体化。"并基于这一地域现象构筑了著名的 Desakota 模型。该理论的提出冲击了传统意义上相对割裂的城市与乡村的空间概念，从城乡联系和相互作用的角度为城乡一体化研究提供了新的视角，增加了新的内涵。第二，区域网络模型——城乡一体化发展的动态思考。麦基的 Desakota 模型公之于世后，传统的城乡分割研究理论基本上淡出了学术主流，代之而起的是城乡联系的发展理论，道格拉斯（Douglass）的区域网络发展模型就是在这一学术背景下产生的比较典型的代表性理论。道格拉斯认为，在城乡关系演变过程中，乡村的内在推力主要是通过一系列"流"与城市的外在辐射扩散力相交合，进而导向"城乡联系的良性循环"。这一过程实际上可以被视为多个聚落的族群在一定区域内地方化的、有序的且相互关联的系统化过程，并从中获得更强程度的网络功能效应，从而促进城乡一体化发展目标的最终实现。这种以城乡相互依赖为视角构筑的理论模型，虽然在某种程度上还残存着以乡村为中心的偏向发展观的痕迹，并与朗迪勒里的次级城市发展战略理论相关，但不可否认，它已经将城乡一体化理论由单纯的城乡系统内部的静态分析转向了复杂的区域背景下的动态思考。

1.2.2　国内研究现状[①]

沿着改革开放以来中国城乡建设的道路，我们不难发现，城乡一体化是一个源于改革实践的理论课题，并随着改革开放的不断深入，研究内容日渐广泛、研究视野逐步开阔、研究思路渐趋成熟，目前已取得重要进展和阶段性成果。

1. 城乡一体化：源于改革实践的理论课题

早在学术界提出城乡一体化问题之前，苏南地区的乡村工业化和城镇

---

① 薛晴. 国内城乡一体化研究的回顾与前瞻［J］. 城市问题，2011（3）：25–30、59.

化即在改革开放的大背景下迅猛发展起来，城乡原有的二元格局被打破，表现出强劲的一体化发展之势。"城乡一体化"，这一确切表述日益紧密的新的城乡关系的概念，旋即在苏南地区广泛使用，引起了学术界的关注。借助刚刚问世不久的《求索》（1981 年创刊）、《中州学刊》（1979年创刊）、《农业经济》（1981 年创刊）、《社会学研究》（1986 年创刊）等期刊，学术界纷纷撰文对此热烈探讨。较早提及城乡一体化问题的是1984 年 6 月 29 日《江苏农业科学》期刊发表的黄文新、赵曙东的《江苏太湖地区农村经济发展的新趋向》。继《求索》1984 年第 6 期发表一篇正面论述城乡一体化问题的文章之后（当然，这篇文章还没有彻底摆脱"左"的思想的影响），各学术期刊随即组织专门文章对此展开进一步讨论。从 1984 ~ 1990 年，共有 100 多篇专门针对城乡一体化问题进行研究的文章参与其中。更多的文章将城乡一体化既作为城乡关系的目标模式，又作为经济社会发展的历史进程，其中，张雨林先生在《社会学研究》1988 年第 5 期上发表的《论城乡一体化》比较具有代表性；费孝通提出的"苏南模式""温州模式""珠江模式""民权模式"，则是对不同地区城乡一体化发展道路的经典概括。客观地说，热议中以及以后陆续发表的大量肯定城乡一体化的文章，使人们逐渐认识到城乡关系从二元对立转向一体化发展是历史发展的必然趋势。

2. 城乡矛盾凸显：促进城乡一体化研究深入开展

随着 1985 年城市经济体制改革在全国的展开，源自乡村非农化而起的城乡一体化，也由乡村单向主动推进转向了城市与乡村的双向互动作用，囿于体制束缚所造成的城乡资源配置不合理以及生产力发展不均衡的矛盾渐渐显现出来，城乡一体化发展面临的一系列新情况新问题，急需理论突破并予以实践指导。有学者立足发展农村经济，认为农村经济的发展与繁荣会在更大程度上制约整个国民经济的发展与繁荣。因此，改变农村固有的分离性，是促使城乡一体化发展的关键。由此衍生而来的农村剩余劳动力、农业与农村现代化等涉农问题，目前被进一步系统化为"三农"问题进行专门研究（如温铁军，1999 年；徐勇，2004 年等）。有学者则主张在体制上突破，认为变"地市分离、地管县"体制为"地市合并或撤地建市、市管县"体制，更有利于充分发挥中心城市对周围乡村腹地的辐射与带动作用，加速城乡一体化进程。但随着城乡关系的发展变迁，这一带有较强计划经济色彩的体制的弊端日渐暴露，改"市管县"为"省管县"的体制论证正成为当前城乡一体化理论研究的热点问题之一（如王庭槐、汴维庆，1995年；孙学玉，2004年；徐竹青，2004年等）。更有学者从经济与环境相互作用的角度出发，认为城乡一体化必须遵循生态经济规律，争取综合效益，切不可片面追求经济效益而误入歧途（如姚振贤，1989年；徐明，1991年；黄光宇，2000年；张安录，2000年；宋言奇、傅崇兰，2005年；廖正君，2009年等）。尽管该观点还不够系统和完备，但其以相对坚实的理论基础和较强的现实解释力而影响不断明显和扩大。近年来，实践中城乡资源配置不合理以及城乡生产力发展不平衡的矛盾得到抑制，社会科学界对城乡一体化研究的深入与坚持在其中所起的作用得到一定的体现。

3. 关注国外城乡一体化理论与实践：城乡一体化研究思路的不断开拓

改革开放以后，中国关于城乡关系的研究逐渐走出了苏联城乡关系、工农关系的理论窠臼，将研究视角投向欧美国家和新型工业化国家的城乡一体化发展，并将其先进的城乡建设经验和科学的城乡关系理论纳入我国城乡一体化研究的理论视野。近年来，在对国外城乡一体化理论的导入和介绍方面社会学界做出了比较大的努力。除将英国、美国、德国、澳大利亚、韩国、日本等国家城乡一体化发展的实践案例直接翻译过来进行城乡建设规范的剖析外，我国社会学界还出版了多部国外城乡一体化发展方面的译著、专著和教材，公开发表了几十篇这方面的学术文章。其中在著作方面，《明日的田园城市》（埃比尼泽·霍华德著，金经元译）、《孤立国农业与国民经济的关系》（杜能著，吴衡康译）、《国民财富的性质及其原因的研究》（亚当·斯密著，郭大力、王亚南译）、《城市发展史——起源、演变和前景》（刘易斯·芒福德著，宋俊岭、倪文彦译）、《迈向21世纪的国土规划——城乡融合系统设计》（岸根卓郎著，高文琛译）、《国际大都市的生态环境》（吴人坚、陈立民著）、《当代法国社会学——对战后法国社会变迁的观察和思考》（胡伟主编）、《国外社会学综览》（刘豪兴主编）是这一时期研究外国城乡一体化发展方面较具代表性的成果。研究成果表明，20世纪70年代以来，欧美通过立法建立城乡协调发展机制促使城乡共同发展，日韩等新型工业化国家则发起新农村运动实现城乡协调发展，二者异曲同工，都形成了城乡统筹、产业分布合理的一体化发展格局。这些研究丰富了我国城乡一体化理论，同时也在一定程度上为我国城乡一体化实践提供了启示和借鉴作用。

4. 考察中国城乡关系的嬗递：城乡一体化研究内容的全面化趋向

中国城乡关系的系统考察既是社会史学的研究课题，也是城乡一体化研究必然涉猎的一个重要领域。20 世纪 90 年代中后期，我国理论界即以历史唯物主义为研究基础，大量借鉴历史资料，开展了对我国城乡关系的系统考察。近几年来，关于这一课题的研究不断向纵深发展。有学者致力于对中国古代城乡关系的历史考察，如傅兆君在对春秋战国时期的城乡对立关系进行深入研究后，得出经济制度的创新是城乡关系发生变化的根本原因。肖建乐则考察了唐代城乡关系的演化，他指出，由于唐代前期生产力尤其是农业生产力的较大发展，促使生产关系发生了较大变化，最终促成了唐代后期城乡关系出现了历史性转变，"集中表现在城市的导向和辐射功能增强、消化和吸收农村剩余劳动力两方面"。有学者集中研究了中国近代城乡关系演进历程，认为此间中国传统封闭的城乡关系格局被打破，代之而起的是新旧城乡关系并存的局面，揭示出中国近代城乡关系在特殊环境下畸形成长的过程实质和内在规律。还有学者专门针对新中国成立以来城乡关系进行系统研究，认为新中国成立以来中国城乡关系发展经历了两个大的阶段，并从生产力和生产关系两个层面分析了每个阶段的得失，阐明了城乡关系由分离、对立走向一体化发展的必然规律。其中，张雨林对改革开放前城乡关系发展的曲折历程所做的客观描述，见解卓荦，堪为经典。所有这些研究都带有比较明显的开创性。

5. 基础理论的初步成就与研究方法的探索性分析：城乡一体化研究的阶段性进展

在城乡一体化的基础理论研究方面，国内学者也曾做过积极尝试，如陈吉元、胡必亮等以工业化为导向，认为中国实际上存在着农业部门经济、农村工业部门经济及城市部门经济所构成的三元经济结构。而乔根平则从知识对未来发展影响的角度出发，认为中国国民经济的三元经济结构应包括农业经济、工业经济和知识经济；徐庆等人又依据生产方式的层次不同，将中国经济划分为农村传统部门经济、乡镇企业部门经济、城市传统部门经济、现代部门经济的四元结构。最近，张安忠又从中国经济发展的特征出发，提出了复合型二元经济结构的论述。虽然这些论述几乎都没有彻底摆脱刘易斯二元结构理论的影响，且多徘徊于均衡发展和非均衡发展之间，然而总体上已经克服了以政策性应用研究为主的思维模式，在理论上取得了初步突破。

相对于定性研究来说，关于城乡一体化的定量研究在我国尚处于起步阶段。据中国期刊网资料显示，20 世纪 90 年代以来，对城乡一体化进行定量研究的学术论文不足 20 篇，由此可见一斑。1997 年，杨荣南在《城市研究》第 2 期上发表了《城乡一体化及其评价指标体系初探》一文，开创了我国城乡一体化定量研究的先河。2002 年，曾磊、雷军等"运用层次分析法构建了一套用以反映区域城乡关系发展特征及程度的评价指标体系"，为量化研究提供了静态分析框架。2005 年，罗雅丽、李同升以分析城乡空间介质与要素"流"的实际流量、流速、和流向来测度城乡之间的关联度和协调性，为城乡一体化定量研究提供了动态分析框架。2008 年，完世伟在前人研究的基础上，以河南省为例对城乡一体化的定量研究进行了应用性分析。结果表明，这一研究方法具有一定程度的可操作性，所分析数据也具有一定的可靠性。尽管如此，构建具有统一规范和普遍认同的评价体系还需众多学者的共同努力。

6. 区域城乡一体化研究的主要成果

据中国知网检索，近年来有关区域城乡一体化研究的论文及科技成果共 56 条，其中博士论文 2 篇，硕士论文 6 篇，会议论文 3 篇，科技成果 7 项，其余为期刊论文。在研究内容上，11 篇集中于研究城乡一体化评价指标体系，2 篇集中于研究对策，3 篇集中于研究路径，3 篇集中于研究生态环境，其余为相关研究；在区域选择上，明确以省级行政区域命名的研究有 4 篇，多以定量研究为主。其中张淑敏，刘辉，任建兰运用客观赋权法构建了一套用以反映区域城乡关系发展特征及程度的评价指标体系，并用此评价指标体系的综合评价值———城乡关联度对山东省 17 地市 2001 年城乡发展状态进行静态评价。新乡学院课题组运用专家评分法和 LOWA 算子法构建了一套城乡一体化综合测度指标体系，并运用此指标体系对河南省 18 个省辖市城乡一体化水平进行测算，针对不同地区城乡一体化的现状和存在的问题，进行了分类研究，提出城乡一体化推进策略。查德祥的硕士论文借助于 SPSS 统计分析软件，对甘肃省及其 14 个市州的区域城乡一体化发展水平进行了纵横向比较分析，查找制约因素并提出对策建议。赵旭、赵冰以运用主成分分析和聚类分析的方法，对重庆城乡一体化水平进行了评价，并将 40 个区县的城乡一体化发展水平分成了三类，最后对重庆城乡一体化的发展提出了相应的政策建议。由此可见，有关省级行政区域城乡一体化的研究目前集中于定量分析。

除以上六个方面的研究外，学者们还对城乡一体化的实现途径、发展目标以及动力机制等理论问题进行了卓有成效的研究。总而言之，改革开放以来的 30 多年是新中国城乡一体化研究的勃兴时期。城乡一体化研究随着实践的需要而产生，并随着实践的发展而不断拓宽研究领域与理论视野，更将随着实践的深入而日趋系统与成熟。

1.2.3　研究述评

由上述分析可知，国内外有关城乡一体化的理论研究既有相同之处，又有相异之处。两者的相同之处表现为：都承认城乡是不可分割的统一地域单元，发展中国家的城乡一体化与发达国家的城乡一体化是有区别的，发展中国家的城乡一体化刚刚起步，发达国家的城乡界限也已经很模糊，不再是国外学者关注的重点。近年来，正在经历城乡关系转型的发展中国家或地区成为国内外学者共同关注的研究对象。两者的相异之处表现为：理论的起点不同，国内理论尚在构建，国外理论已比较成熟；关注的重点不同，国内比较侧重对相关政策的解读，国外则比较注重理论构建；关注的重点不同，国内外有关城乡一体化的研究虽然都是多学科入手、多角度把握，但是国外学者关注的重点早已从城乡经济一体化转移到了城乡社会一体化，尤其是 20 世纪 70 年代以后，行为地理学的兴起更是将研究的重点转向城乡人口迁移、居民健康以及涉及宗教、性、邻里、社区等方面的社会问题。而国内目前所关注的重点依然是城乡经济一体化，社会问题虽然也有涉略，但并非主流；在研究的基本要素上，目前国内学者比较侧重于城乡规划、空间布局、城镇体系等宏观或中观层面的要素研究，而国外学者则更多地偏向于思考微观层面要素。比如在城乡差异方面，国内学者可能会较多地关注城乡之间的经济、社会、文化、教育等方面的差异。而国外学者认为这些差异在发达国家已经缩小了，有些甚至完全不存在了，关于城乡之间的差异，他们所关注的着眼点在于城乡居民个人或家庭行为等微观层面要素的不同，如图 1-2 所示。

通过对比国内外城乡一体化研究的异同发现：

1. 区域城乡一体化：当前城乡一体研究的重要趋向

自 20 世纪末，加拿大学者麦基（T. G. Mcgee）提出著名的 Desakota 模型后，区域城乡一体化逐渐成为进入视野的研究课题。继后，越来越多的研

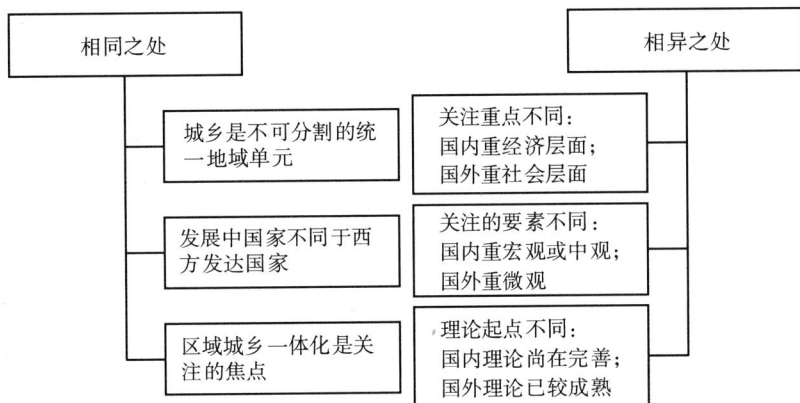

图 1 - 2　国内外城乡一体化研究异同点比较示意

究者对此展开深入研究。例如，道格拉斯（Douglass）构筑的区域网络发展模型对区域城乡一体化演进原理进行了深刻剖析。我国学者赵勇从现实解释力和实践操作性考察，提出的城乡良性互动发展战略，为推进区域城乡一体化发展提供了实践方案。此外，我国目前正在起步的城乡一体化定量研究也是以区域为重点考察对象的。所有这些都表明，有关城乡一体化的理论研究已经由单纯的城乡系统内部的静态分析转向对复杂区域背景下城乡互动发展的动态思考。

2. 省域城乡一体化：一个需要关注的研究领域①

省域作为我国行政区划的重要组成部分，历来受到社会学、经济学、政治学等多种学科的共同关注和讨论。近年来，随着我国统筹城乡改革的迅速推进，有关各省市城乡一体化发展问题也日益引起学界和政界的普遍兴趣和热议，其中不乏具有中国化个性特征②的理论成果。例如，缘起于苏南地区的"城乡一体化"概念，其本身就淋漓尽致地体现了中国传统文化中的"中和"思想，最真实地反映了中国劳动人民设想构建和谐社会的朴实愿望。同时，确立符合中国实际的研究角度和价值立场也是彰显中国化个性特征的基本标识，黄平的主张较鲜明地体现了这一特点。他针

---

① 薛晴. 国内城乡一体化研究的回顾与前瞻 [J]. 城市问题，2011（3）：25 - 30、59.

② 这里所说的中国化个性特征绝对不是简单的排外，而是指将中国的社会文化背景逐渐渗透到研究过程中，超越吸收和模仿西方传统理论的学习阶段，以综合创新的方式形成稳定的、具有中国特色的学术思想和学术行为。

对一些盲目运用西方传统理论去测评省域城乡一体化发展水平的研究，尖锐地指出"不管指标多细，技术意义上多精确，都不能取代人们在其中的实际状态和身心感受"。因此，我们对中国城乡问题的观察和研究"应该是多维度、多取向、多重的，不应该是一维的。"此外，理论命题的中国化趋势①也是近期省域城乡一体化研究的一大特色。如黄坤明以统筹城乡改革的实践思考引领理论分析的深入，总结提炼出富有浙江地域特色的城乡一体化演进路径——民本自发与政府自觉。所有这些都说明一个事实，即省域城乡一体化研究中的中国化个性特征正在逐渐形成，值得学术界高度关注。

3. 省域城乡一体化发展战略：亟待实质性研究

当前，国内有关省域城乡一体化问题的探讨仅仅停留于政策关切与措施落实层面，在现有的相关文献资料中，重政策解读轻区域差异探究仍然是一个比较普遍的现象。实际上，城乡关系的发展变迁是离不开其所在区域背景的，无论在动力因素或是实现条件上，离开区域发展环境的解释都是不充分的，难以全面而科学地筹划和指导城乡一体化发展的全局性问题。而在当前的中国，承担区域背景角色的是行政区域，特别是省级行政区域，而目前有关省域城乡一体化发展的系统性分析在研究中显得较为欠缺。

4. 河北省：必须迅速崛起的经济"塌陷区"

从全球卫星定位系统看京津冀地区，可以非常清晰地看到：京津冀地区的城市化在京津两地密集发展，而在环抱京津两市的河北省域似乎塌陷下来，这就是我们常说的经济"塌陷区"。京津冀地区一体化发展是大势所趋，但北京的辐射功能于2008年奥运会后才刚显现，天津与河北之间的竞争又多于合作，行政区将持续存在于京津冀地区也是现阶段的事实。河北省作为京津冀和环渤海地区的"塌陷区"，如不迅速崛起将直接影响京津冀区域一体化的形成，关系到国家长远发展战略。

---

① 理论命题是研究成果的重要表现形式，同时也是彰显个性特征较明显的表征之一。一方面，理论命题的逻辑结构中贯穿了源于一定社会文化环境的个性思维特征；另一方面，特定的个性思维特征在综合吸收各派理论成果的同时，必将准确凝练出深刻的理论命题。这一关系同样适用于城乡一体化研究。近几年来，立足中国城乡发展实际，并根据中国城乡建设的经验，综合中西之长，理论命题的中国化趋势已渐显现。

1.3　研究意义

1.3.1　理论意义

1. 对区域城乡一体化研究的重要补充

当前，"区域发展问题已经成为中国重大的经济和社会问题，成为党和各级政府决策的核心问题之一，也是学术界和社会所关注的重大实际问题和理论问题"，国内有关区域城乡一体化问题的研究正是顺应了这一发展趋势。然而，在未来 10～20 年，随着省域范围内人口由农村地区向城市地区迁移规模的扩大，省级行政区域必将成为城乡一体化研究关注的重点区域。但是，目前国内有关区域城乡一体化问题的研究还多以经济区为主，如长三角地区、珠三角地区，转向省级行政区域研究的趋势还不明显，这与当前区域发展的基本态势并不十分合拍。因此，本书立足未来省域城镇化发展扩大化的基本趋势，将省级行政区域作为考察城乡一体化发展的现实背景，通过剖析省级行政区域的发展基础、态势及政策走向，把城乡一体化发展战略放置于省域复杂的、动态的发展环境中考察，一则丰富区域城乡一体化内涵；二则以此为据，进一步指明该领域亟待探究的理论问题，望能抛砖引玉，引发更深层次的系统化思考。

2. 有助于中国特色城乡一体化理论的形成与发展

自 20 世纪 80 年代我国掀起城乡一体化研究的热潮以来，国内外学者纷纷提出了大量关于城乡一体化的理论和观点。但尚未完全摆脱西方理论中以城市为主的思维惯性，多数学者还认为城乡一体化"更多是从协调、规划城市及其周围地带的关系出发而形成"一种区域发展模式。当然，其中也不乏将西方城乡一体化理论直接应用于中国城乡改革实践之中的主张。然而，实践证明，在西方城乡一体化理论指导下的我国统筹城乡改革的成效并不明显，基本上是喜忧参半。因此，我们不能简单移植或照搬西方城乡一体化理论，而应加强对中国特色城乡一体化理论的研究，探索一条适合中国国情的城乡一体化发展之路。当前，我国推进城乡一体化发展，应当始终以马克思主义城乡融合理论为指导。

3. 为马克思主义城乡融合理论在中国的实际应用找到了一条便捷通道

行政区作为一个过渡性质的、组织经济社会活动的基本单元，是当前中国区域经济社会发展的一个重要现象，以此为背景对城乡一体化问题展开研究，一方面可以准确把握省域城乡一体化发展的历史方位，为政府决策部门提供政策建议；另一方面还可以基于对马克思主义城乡融合理论的深入理解，为城乡一体化发展打造坚实的承载平台，使马克思主义城乡融合理论更贴近中国经济社会发展实践，多向度彰显马克思主义城乡融合理论的现实价值，为其在中国的实际应用找寻一条便捷通道，具有一定的理论现实性。

1.3.2 现实意义

1. 增强了城乡一体化发展的实践性和可操作性

本书在对国内外城乡一体化发展战略的成功经验进行归纳的基础上，总结出以城带郊（乡）式、小城镇内生成长式和中心发散型城乡复合体式等三种对河北省城乡一体化发展具有借鉴意义的发展战略，并综合考虑河北省的优劣势条件，从陆海协调发展、城市群发展、小城镇发展、新农村建设和生态经济发展等方面构筑了具有河北省域特色的主动作为、借力发展的城乡一体化战略，具有较强的针对性和实践性。

2. 对经济"塌陷区"的迅速崛起具有指导意义

当前，中国正处在由城乡二元结构向一体化加速迈进的历史拐点上，这是我国城乡关系的历史方位。据《中国城市发展报告》（2011）公布，2011年我国城镇化率已达到51.27%，实现了城镇人口首次超过农村人口的历史性突破。这意味着城乡一体化加速发展的历史拐点已经来临。河北省作为沿海农业大省，统筹城乡发展、加速城乡一体化进程对其突破"东部区位、中部水平"的发展困局、实现经济社会迅速崛起具有决定性意义。本书在我国统筹城乡综合改革的时代背景下，尝试将河北省这一滞后、低洼区域板块的资源、区位、人才等比较优势转化为竞争优势，努力构建了主动作为、借力发展的省域城乡一体化战略，力求实现经济"塌陷区"的迅速崛起。

3. 对促进陆海协调发展也有积极的建设性意义

进入21世纪，随着全球陆地资源的日趋减少，开发利用海洋资源、发展海洋经济正在逐渐成为世界各国确保可持续发展的必然选择。如今，面对国家区域协调发展战略向陆海并举方向的逐步转变，河北省应贯彻落实科学发展观，实施陆海协调发展战略，充分挖掘河北丰富的"海洋生产力"，大力发展海洋经济，以改善资源、人口与环境的关系，实现经济社会全面协调可持续发展。本书在全面分析河北省沿海与内陆关系的基础上，提出充分发挥东出西联的地域优势，促进沿海与内地的良性互动政策建议，对于推动陆海协调发展具有一定积极的建设意义。

1.4　研究思路、方法和框架

1.4.1　研究思路

首先，在综合大量国内外相关文献的基础上，系统归纳和总结了国内外城乡一体化研究成果，指出研究中存在的主要问题，以及今后研究的方向。同时，对研究中涉及基本概念进行界定，并对与本研究相关的马克思主义城乡融合理论、二元结构理论、区域发展战略理论以及科学发展观理论进行了分析和研究。

其次，介绍河北省城乡经济资源地理概况，回顾并总结改革开放以来河北省城乡一体化的发展历程及其阶段性特征，同时构建省域城乡一体化评价指标体系，对河北省城乡一体化发展现状进行量化评估，分析其实施城乡一体化战略的有利条件和制约因素，明确构建河北省域城乡一体化发展战略的目标和努力方向。

再其次，概述国内外城乡一体化发展战略的成功经验，并总结分析这些经验对于构建河北省城乡一体化发展战略的启示，以期开阔省域城乡一体化发展战略的研究视野。

最后，立足河北省情，在提出河北省城乡一体化发展的战略思想和基本原则的基础上，根据河北省经济社会发展的现实情况，有针对性地构建起促进河北省城乡一体化又好又快发展的重要战略支点，并在此基础上进一步提出与之相适应的对策建议。

1.4.2　研究方法

城乡一体化既是一个经济问题，又是一个社会问题，涉及多学科多领域，因此，其研究方法必将是多种方法的综合应用，本书中主要运用了文献分析法、历史分析法、系统分析法、比较分析法等研究方法。

1. 文献分析法

文献分析法主要是通过搜集、鉴别、整理与研究相关的文献资料，形成对所研究问题的事实科学认识的研究方法。文献分析法是本书研究过程中运用的最基础方法，通过该研究方法搜集整理、分类查阅、细致研读了大量与城乡一体化相关的文献、论著、史料，为全面理解和准确把握城乡一体化的精神实质、基本内涵、理论基础、实践发展等方面的问题奠定了坚实基础，有利于相关研究工作的顺利开展。

查阅和研读的马克思主义经典著作主要包括：《马克思恩格斯选集》中文版第 1 ~ 4 卷，《马克思恩格斯全集》中文版第 3 卷、第 4 卷、第 23 卷、第 25 卷、第 46 卷上等，《列宁全集》中文版第 2 卷、第 4 卷、第 38 卷等，《斯大林全集》中文版第 7 卷、第 9 卷等，《斯大林选集》下卷，《资本论》中文版第 3 卷，《毛泽东选集》第 1 ~ 4 卷，《毛泽东文集》第 7 卷，《邓小平文选》第 1 ~ 4 卷等。

查阅和研读的相关史料文献有：《三中全会以来重要文献选编》（上中下）、《十六大以来重要文献选编》（上中下）、《中共十七大以来文献选编》、《中国统计年鉴》、《中国人口统计年鉴》、《河北经济年鉴》、《河北省志》等。

此外，还对近年来国内外有关城乡一体化问题的相关研究进行了搜集整理，专著 40 多部，期刊仅 1 000 余篇，为洞察国内外研究现状，以及有针对性地切入选题提供了有力的研究条件和基础。

2. 历史分析法

历史分析法是指遵循历史发展的基本规律，根据事物发展的历史线索，揭示事物发展必然性的研究方法。

本研究多处使用了该方法，如在梳理国内外研究现状、回顾河北省城乡一体化发展历程以及河北省城乡经济资源地理概况等章节中使用了该方法。运用历史分析法，将城乡一体化理论置于其产生的时代背景——20世纪 50 年代经济社会中，"以时间为经、以理论为纬，对城乡一体化的理论渊源及其嬗变轨迹进行了系统考察"，[①] 有助于准确把握城乡一体化的

---

　　① 薛晴. 城乡一体化的理论渊源及其嬗变轨迹考察 [J]. 经济地理，2010（11）：1779 – 1784、1809.

实质内涵，进而揭示其理论本质；从河北省城乡一体化起步入手，沿着其发展的历史脉络，将其划分为 1978~1984 年城乡二元格局弱化松动时期；1984~1996 年城乡二元格局波动变化时期；1996~2003 年城乡二元格局再度强化时期及 2003 年至今统筹城乡发展加快城乡一体化进程时期等四个阶段，并分析每个阶段的特点，使河北省城乡一体化发展更具有战略性和规划性。

3. 系统分析法

系统分析法源自系统科学，它首先把要解决的问题当作一个系统，然后对系统各要素进行综合分析，最后找出解决问题的可行性方案的一种研究方法，也是本书重点使用的研究方法之一。

本书运用系统分析法，将河北省城乡两大系统作为一个不可分割的统一地域单元，搜集并分类相关事实资料，正确设定假设条件，对研究对象的构成要素、影响因素和相互关系等方面进行分析，用事实检验河北省城乡一体化的实际运行状态和发展水平，并以此为依据，深刻剖析河北省实施城乡一体化发展战略的经济资源地理基础、有利条件和制约因素，从而进一步加深对河北省城乡一体化发展状况的认识，使城乡一体化发展战略的构建能够顺应河北省经济社会发展的实际需求，而不是脱离实际的孤立框架。

4. 比较分析法

比较分析法是用来确定研究对象异同的逻辑思维方法。

本书运用比较分析法对国内外城乡一体化研究现状、国内外城乡一体化发展经验等方面分别进行了纵横向对比分析，不仅有助于正确认识和把握该研究的重点及方向，而且还有利于开阔研究视野，增强战略实施能力，使城乡一体化战略付诸实践的过程更加高效、顺畅。

1.4.3 研究框架

本书共分为七章。

第 1 章是绪论。主要阐述本书的背景及问题提出，国内外研究现状与述评，研究意义，研究思路、方法与框架，并简要介绍本书的结构安排和章节内容。

第 2 章是概念界定及相关理论。概念界定主要包括本书涉及的基本概念如"城乡一体化"、"省域城乡一体化"等的重新界定和城乡一体化及其相近概念之间的辨析。相关理论主要对马克思主义经典作家的城乡融合理论、我国三代领导人关于城乡一体化的论述、二元结构理论、区域发展战略理论和科学发展观理论进行了介绍。

第3章是河北省城乡一体化发展的基础条件与现状分析。本章从介绍河北省自然环境概况、经济社会发展概况和生态环境概况等基础条件入手，对河北城乡一体化发展的优劣势条件做出了具体分析，并在此基础上，对河北省城乡一体化发展历程及特征进行了历史考察和具体分析。同时，学习和借鉴前人研究成果，构建了省域城乡一体化评价体系，对河北省城乡一体化发展现状进行了量化测评，从中发现影响其城乡一体化发展的"瓶颈"问题。本章是制定河北省域城乡一体化发展战略的基础工作。

第4章是国内外城乡一体化成功经验举隅及启迪。主要总结了国内外城乡一体化先进经验，国外主要包括英、美、法、德、日、韩等国，国内选取东中西部不同区域的典型省市，如东部沿海地区的上海市和浙江省，中部地区的河北邻省河南，以及西部我国统筹城乡综合改革示范区所在地四川省，并在此基础上从城乡一体化区域背景与基础及模式选择方面分析了对河北省城乡一体化发展的启示意义。本章旨在开阔省域城乡一体化发展战略的研究视野。

第5章结合河北省经济社会发展的现实情况，架构起以指导思想、基本原则、总体思路、战略目标、战略重点为主要内容的具有河北特色的"主动作为，借力发展"的省域城乡一体化发展战略体系。其中充分发挥沿海区位优势的陆海协调战略、着力培育经济发展新动力的城市群战略、不断增强城乡联系的小城镇战略、重点解决"三农"问题的新农村战略、认真贯彻可持续发展方针的生态经济战略是本章的核心内容。本章也是全书的重点所在。

第6章从创新城乡一体化发展体制机制、以城市群为主体形态的新型城镇化道路、培育壮大特色优势产业集群以及统筹陆海协调发展的具体措施等四个方面提出了河北省实施城乡一体化发展战略的对策建议。本章是对第5章内容的进一步补充与完善。

第7章是结论与展望部分。本章简要总结了本书所做的主要研究工作，得出的主要研究结论，可能的创新之处，并对进一步研究提出了建议和设想。

本书的研究框架如图 1-3 所示:

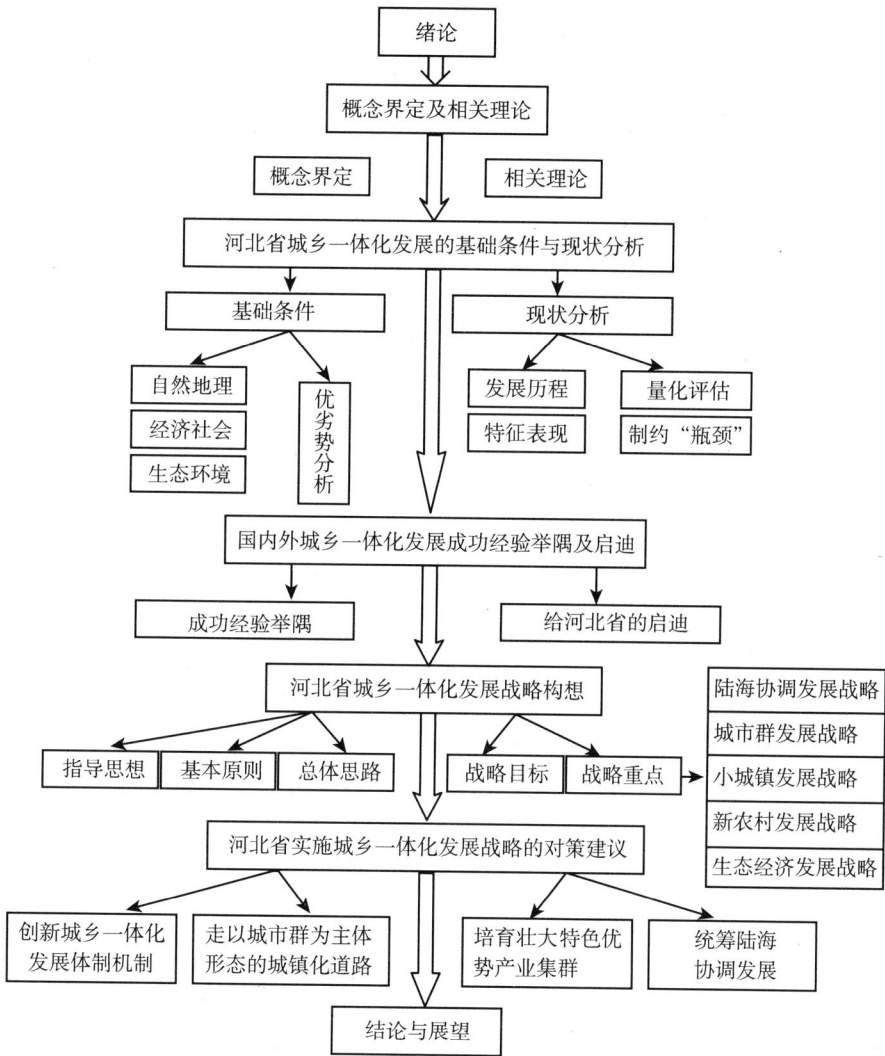

图 1-3 研究框架示意

第2章

概念界定及相关理论

2.1 概念界定

2.1.1 城乡一体化

1. 城乡一体化概念的缘起

今天耳熟能详的"城乡一体化"一词,据笔者考证,在欧美学术界比较鲜见,与其意义相近的论述大概最早见于德国经济学家杜能(von Thünen)所构筑的以工农业互换为基础的"孤立国"。19世纪30年代和40年代空想社会主义者所设想的消除城乡差别的理想社会也能体现今天城乡一体化的些许含义。而恩格斯在1847年所说的"城乡融合",即"通过消除旧的社会分工,进行生产教育、变换工种、共同享受大家创造出来的福利,以及城乡的融合,使社会全体成员的才能得到全面的发展——这一切都将是废除私有制的最主要的结果",则体现了城乡一体化的最初含义。之后,马克思恩格斯多次提到城乡融合,指出城乡关系由二元对立走向融合发展是一个漫长的社会历史过程,需要现代化、工业化与城市化的共同推进才能最终实现。马克思恩格斯的城乡融合思想指明了城乡关系演进的历史方向,揭示了社会经济发展的必然趋势,是对空想社会主义者充满乌托邦精神的城乡发展诉求的超越与蜕变。这种关于城乡发展的辩证唯物史观,即是城乡一体化概念产生的根本理论渊源。

然而,真正明确提出"城乡一体化"概念的则是中国。1983年,我国苏南地区提出了城乡一体化概念,这与其乡村非农化发展密切相关。改革开放之后，苏南地区乡村工业化和城镇化迅速发展，大量农村劳动力转移到第二、第三产业，乡镇工业发展超过农业产值，城乡之间的科技、文化、社会交往日益频繁，城乡二元分割的发展模式已经被现实中日趋紧密的城乡联系所打破，城乡人民的生活水平和生产方式的差距在缩小，促使城乡关系发生了实质性的改变。因此，城乡一体化概念所反映出来的最初含义，是改革开放初期人们对城乡关系由分割、对立转向一体化发展的强烈追求，本质上是对构建新型城乡关系的实践性探索。

这种实践性探索促使中共中央重新审视和处理城乡关系。适应国内客观形势，自20世纪80年代以来，国家为推进新型城乡关系的建立做出一系列重大决策与部署。1984年《中共中央关于经济体制改革的决定》指出，"要充分发挥中心城市的作用，逐步形成以城市特别是大、中城市为依托的，不同规模的，开放的、网络性的经济区。"1985年，中共中央在第七个五年计划的建议中再次强调，要"逐步建立以大城市为中心的、不同层次的、规模不等、各有特色的经济区网络"。这种旨在疏通城乡流通渠道、加强城乡经济联系的"开放的、网络性的经济区"或"经济区网络"，实际上就是当时中共中央对改革实践中构建新型城乡关系的系统推进。

而由系统推进上升为国家发展战略，则是在中国改革开放历经30年、取得巨大成就的新的历史时期。2007年10月，党的十七大报告提出，"要建立以工促农、以城带乡长效机制，形成城乡经济社会发展一体化新格局"。这是"城乡一体化"一词首次由实践表述上升为国家发展战略，其内容也由改革开放初期单纯的经济联系扩充为社会、政治、经济、文化等全方位的相互支持与协调推进。2008年10月，党的十七届三中全会在全面贯彻"十七大"精神的基础上，立足民生，站在新农村建设与现代化发展相统一的高度，论证了城乡一体化发展的现实意义和历史意义，进一步提出"建立促进城乡经济社会发展一体化制度"，对城乡一体化理论进行了扩充和完善，增强了富有时代特色的建设性新内涵。报告明确指出，我国总体上已进入了着力破除城乡二元结构、形成城乡经济社会发展一体化新格局的重要时期。要"尽快在城乡规划、产业布局、基础设施建设、公共服务一体化等方面取得突破，促进公共资源在城乡之间均衡配置、生产要素在城乡之间自由流动，推动城乡经济社会发展融合。"这是改革开放新时期对城乡一体化概念做出的较为完整且深刻的阐释。

从上述分析可知，随着我国社会主义现代化建设事业的发展，我们对

"城乡一体化"的理解经历了一个不断深化的过程，由改革开放初期对构建新型城乡关系的实践性探索，到后来中共中央在政策上的系统推进，并进而上升为全面调整城乡关系的国家发展战略，其基本结构和深层内涵逐步揭示出来，表现出很强的现实针对性和历史必然性，具有可靠的实践基础和一定的科学前提。所以，城乡一体化这个概念缘起于马克思主义城乡融合思想，是中国人民在深厚的马克思主义理论素养基础上，结合改革实践，勇于创新不断进取，归纳凝练出来的、具有历史特色和中国特色的、关于城乡发展的概念。至于城乡一体化概念的具体内涵，应尊重其变化规律，结合生产力发展的不同阶段、历史发展的不同时期进行具体分析，切不可一概而论。

2. 学术界关于城乡一体化概念的不同解读

长期以来，由于城乡一体化涉及的范围和领域比较广泛，人们对其概念的界定并不统一，综合现有文献，大致是从以下四个角度进行定义的：

一是从城乡关系发展变化的角度来定义，认为城乡一体化就是打破城乡相互分割壁垒，促使生产要素自由流动和优化组合，以实现生产力在城乡间的合理分布，城乡紧密结合、协调发展，缩小甚至消灭城乡差别，直至城乡融为一体的过程。

二是从经济发展与生产力布局的角度来定义，认为城乡一体化是以城乡生产力最优化分工来获得经济社会发展的最大化效益。

三是从生态环境可持续发展角度来定义，认为城乡一体化是将城乡生态系统有机结合，以自然生态过程的畅通有序促进城乡健康、协调发展。

四是从社会形态演进角度来定义，认为城乡一体化是由传统的城乡二元社会结构向现代城乡一元社会结构转变的过程。

前三种定义方法属于狭义城乡一体化，主要从城乡结构转变的角度考察城乡一体化；第四种定义方法属于广义城乡一体化，实际上包含了整个人类社会及其发展规律，而城乡一体化是人类社会发展的新阶段。如恩格斯在1847年回答废除私有制之后人类社会的发展前景时曾说过，"通过城乡融合"可以"使社会全体成员的才能得到全面的发展"，从而指明了城乡关系演进的历史方向，揭示了社会经济发展的必然规律。国内学者更是明确指出，城乡一体化是中国进入以社会建设为重点的构建现代化社会结构的一个必经阶段。

3. 对城乡一体化概念的重新界定

从上述定义可知，城乡发展尤其是农村发展是城乡一体化的显著特征之一，但城乡一体化并不能仅被狭隘地解释为城乡发展或是农村发展。因为城乡一体化是人类社会发展的新阶段，是传统城乡二元社会结构向现代城乡一元社会结构转变的过程。在这个过程中，城乡发展绝不是孤立进行的，而是与工业现代化、农业现代化、现代服务业以及区域协调发展相辅相成的，总是以制度创新、机制完善和社会结构优化等为依托的。城乡一体化发展，不仅表现为城乡空间布局的一体化规划，生态环境的明显改善，三大产业结构的优化调整，城乡经济融合度的显著提高，而且也包含着社会现代化水平和国民素质的全面提高，是一个涵盖经济社会全面协调可持续发展的概念。

然而，学术界对此尚无统一共识的事实，要求本书必须首先突破这一最基本问题。基于此，本书倾向于从概念的内涵与外延的全新角度来界定城乡一体化概念。认为城乡一体化不仅是一个静态的发展目标，更是一个动态的发展过程。作为静态发展目标，它反映的是城乡一体化概念的本质内涵——城市化和现代化尤其是农业现代化发展的新阶段目标。依据中国国情，这一新阶段新目标的愿景应该这样描述：以城市为中心、乡村为基础、小城镇为纽带而形成的城乡依托、互惠互利、互促共进、协调发展、和谐繁荣的新型城乡关系。作为动态发展过程，它则体现了城乡一体化概念的外延特征，即指在加快城乡统筹发展的推动下，通过体制改革和制度创新，国民经济社会的各个重要组成部分逐渐挣脱传统城乡二元社会结构的束缚，步入产业结构优化、人口素质提高、生态环境良好、社会渠道畅通的现代化发展轨道，进而带动整个社会系统发生深刻的相应变化过程。具体表现在以下几个方面：

（1）城乡一体化首先意味着城乡发展方式的转变，即从传统的农村附庸于城市或城市反哺、照顾农村的发展方式向城乡充分发挥各自优势的协调发展方式转变。不同的历史阶段，城乡一体化在发展方式上表现出了不同的鲜明特征，主要经历了城乡互助、城乡兼顾、以城带乡、统筹协调的变化。

（2）城乡一体化还是社会结构转型的过程，首先是农业劳动力比重下降或非农产业就业比重上升，进一步发展，则会出现具有专业知识、较强职业技能和消费能力的中产阶层比重提高。

（3）城乡一体化包括农村居民生活方式转变，即从传统的自给自足的小农生活方式向现代文明、健康科学的生活方式转变。同时，城乡一体化催生了农民对公共服务、文化消费、科学知识等现代文明成果的需求，这些需求的逐步满足改变着农民的生活方式，农民生活方式的改变又进一步推动了城乡一体化发展。

（4）城乡一体化水平的评估需要一个包含经济、社会、生态、资源禀赋、基础设施等多领域发展要求的综合指标体系，不仅要强调城乡空间演变，还要求通过经济发展和社会进步来增强城乡功能关联；不仅要反映经济社会发展状况，还要体现生态文明建设水平。

（5）城乡一体化进程是与区域发展密切相关的，当今世界，随着经济全球化和区域一体化进程的日益加快，某国或某地区的城乡一体化需要放在国际或区域发展的框架下，充分发挥区域比较优势以赢得城乡健康顺利发展。

（6）城乡一体化的目的在于探寻妥善协调城乡各方面利益关系的理念和途径，并进一步将其转化为反映人们真实意愿的道义追求和理想模式，即公正与和谐，以此激发城乡各阶层、群体乃至每个人的创造力和发展潜能，促使城乡关系实现内在的统一。①

4. 省域城乡一体化

省域城乡一体化是由"城市—区域一体化"概念逐步演变而来的。20世纪90年代中期，城市规划学者有感于建设性规划的局限，认为"传统的城市总体规划必须适应城乡一体化和规划组织的区域化趋势"，提出了"城市—区域一体化"概念，即"从城乡融合的角度考虑人类活动的空间组织"。进入21世纪，经济圈作为提升区域整体功能的载体日益受到重视，武汉市人民政府课题组在研究武汉城市经济圈的建设问题时正式提出区域城乡一体化这一概念，虽然他们没有详尽地解释这一概念，但是其所描述的"一核两翼两轴圈层"武汉经济圈空间结构，本质上就是城市规划学者提出的以城市为中心的"城市—区域一体化"空间格局。之后，国内一些地理学人和区域经济学者为了便于对某一区域的城乡一体化发展水平进行量化研究，直接借用了区域城乡一体化概念，虽然也没有相应的解释，但是已经超越了城市中心模式的原有内涵，属意是城乡同为区域单元不可或缺的发展主体。2010年2月，我国首部省域城乡一体化规划的出台，又进一步指出区域城乡一体化概念可以包含行政区与经济区两层含义。本书所使用的省域城乡一体化概念即是基于此意。

---

① 薛晴. 社会工程视阈下的城乡一体化解读 [J]. 甘肃理论学刊，2010 (4)：118 - 121.

2.1.2 相关概念辨析

1. 城乡一体化与城乡融合

城乡融合的概念最早由恩格斯提出。早在 1847 年，恩格斯在回答废除私有制之后将产生什么结果时就曾说过，"通过城乡的融合"，可以"使社会全体成员的才能得到全面的发展；——这是废除私有制的主要结果。"由此推断，恩格斯提出城乡融合概念的根本目的更多地倾向于将其作为社会整体协调发展的必要条件之一。在如何实现消除城乡对立、实现城乡融合的方式与途径上，恩格斯也提出了自己的观点，他认为"人口尽可能地平均分布于全国"，"工业生产和农业生产发生紧密联系"，扩充适应这一要求的交通工具以及"把城市和农村生活方式的优点结合起来，避免二者的片面性和缺点"，等等，都可以促进城乡关系由分割、对立走向融合。上述观点充分说明，恩格斯所理解的城乡融合是以追求城乡互补、协调发展、良性互动为主要特征的，这实际上已经蕴含了城乡一体化概念的基本内涵，二者在本质上并无二致。

马克思虽然没有明确提出城乡融合的概念，但是他却对城乡关系的发展与演进有过大量的论述，其中不乏城乡融合的思想。首先，马克思从生产力决定生产关系的基本命题出发，揭示了城乡融合的历史必然性。他指出，随着社会生产力的发展，"资本主义生产方式同时为一种新的更高级的综合，即农业和工业在它们对立发展的形式的基础上的联合，创造了物质前提。"这里的"新的更高级的综合"实际上是指以农业为主的乡村和以工业为主的城市，在分离、对立过程中必将扬弃和超越各自片面性弊端，并在此基础上逐步走向城乡融合。其次，马克思还就实现城乡融合的具体方法和途径提出了自己的观点。他认为，在推进城乡融合发展较为先进的国家，既可以采取"把农业和工业结合起来，促使城乡对立逐步消灭"，也可以使农村剩余劳动力"在农村从事工业劳动"，等等。最后，马克思进一步分析了实现城乡融合的历史意义。例如，他在《德意志意识形态》中指出，"消灭城乡之间的对立，是社会统一的首要条件之一"。在《哲学的贫困》中，马克思还强调，"城乡关系一改变，整个社会也跟着改变"。从以上论述中可以看出，马克思始终强调城乡发展与生产力水平紧密相关，当生产力发展到一定程度时，城乡之间由分离、对立走向融合、一体化发展是历史的必然。如今，随着科学技术的日新月异，社会生产力高度发展，促使城乡关系发生变化的"物质前提"已基本具备，城乡融合的时机也已基本成熟。因此，打破城乡二元对立，推进城乡一体化发展，必将实践并验证着马克思对城乡发展趋势的科学论证与预测。

概而言之，虽然由于历史背景不同，受生产力发展水平所限，马克思恩格斯关于城乡融合概念的阐述或许还不完善，但不能否认，城乡融合是城乡一体化概念提出的理论基础，包含了其本质特征。城乡一体化是对城乡融合思想的继承、发展和创新，二者是源与流的关系。城乡一体化作为新时期城乡融合思想的中国化表述，既是城乡关系的选择模式，又是经济社会发展的动态过程，更是一种发展理念和思想方法。尽管在历史发展的不同阶段，城乡关系选择的发展模式有别，对经济社会发展的影响存在差异，表现在人们的发展理念和思想方法中也各不相同，但是，城市和乡村作为人与自然协调发展、人与人和谐相处的主要载体，必然具有协调的特征和融合的功能，这种特征和功能促使城乡之间人口、经济、地理、文化等互为补充、交互渗透，城乡差别逐步缩小甚至淡化，城乡实现融合、一体化发展。在全球化与现代化快速推进的今天，选择城乡一体化的发展模式，树立城乡一体化的发展理念，加强有关城乡一体化的理论学习，对于打破城乡封闭对立的二元格局，增强生产要素的合理流动和优化组合，促进城乡融合，实现经济社会的全面可持续发展具有重要意义。

2. 城乡一体化与城市化

城乡一体化与城市化是两个内涵非常相近的概念，且都颇具百家争鸣的景象，因此，对二者进行辨析是一件有难度的事情。尽管如此，我们仍积极尝试对其进行一般阐释。

首先，自缘起审问本质有别。城市化是一个与城市产生和发展密切相关的概念，但城市的产生并不意味着城市化的开始，它是伴随着工业革命的兴起而逐渐进入理论视野的。1858年，马克思在论述城乡分离与对立以及城市发展问题时提出了"城市化"的概念。他指出，"现代的历史是乡村城市化，而不像在古代那样，是城市乡村化"。在此，城市化表达的是一种乡村区域转变为城市区域、乡村居民转变为城市居民的社会历史现象和过程，是工业文明与现代文明发展的必然产物，并随着社会生产力的发展而发展。然而，自"城市化"一词诞生至今，由于研究的多学科性和本身具有的复杂性，关于城市化的概念众说纷纭，莫衷一是。主要代表性观点有：非农化说，该观点认为所谓城市化就是乡村人口转变为城市人口、各种非农产业向城市集聚的过程；城镇化说，中国一些学者认为城镇化更能反映中国的实际状况，所以将城镇化等同于城市化；城乡一体化说则主张城市化的本质在于逐步缩小城乡差别，并最终达到城乡融合、一体化发展，所以城乡一体化是城市化的终极目标，等等。笔者比较认同非农化说，认为城市化的本质就是非农化，具体包括乡村人口不断向城市转移，第二、第三产业不断向城市聚集，从而使城市数量增加，城市规模不断扩大的过程。而城乡一体化作为一个概念性词语要晚于城市化进入学术领域，其产生缘起于城乡二元结构，并且不是理论工作者论证的学术产物，而是由实际工作者在中国改革实践中提出来的，是一个具有中国特色的关于城乡发展的概念，其本质在于构建缩小乃至淡化城乡差别的新型城乡关系，与城市化的非农化本质还是有根本区别的。

其次，以特征慎思规律相异。一般来说，城市化是以乡村不断转化为城市并最终被城市同化为主要特征的；而城乡一体化则是在尊重城乡经济社会发展差异性和互补性的基础上，以城乡差别不断缩小乃至淡化并最终走向互促共荣为主要特征的。产业革命之前，乡村是经济发展的重要载体，承担着创造社会财富的重担，所以产业革命之前的历史是"城市乡村化"的历史。产业革命的兴起与发展，撼动了农本经济的根基并促成其解体，推动了资本主义生产方式的确立，工业逐渐取代农业成为带动经济发展和社会进步的主要力量。而城市作为工业发展的重要载体，"日甚一日地消灭生产资料、财产和人口的分散状态。它使人口密集起来，使生产资料集中起来"，重要生产要素配置向城市倾斜。于是，源于工业化的城市化迅速发展起来。同时，城乡关系也由产业革命前的相互依存走向分离与对立，城市在经济社会发展进程中居于统治地位，并进而利用其政治优势剥夺乡村，城乡二元分割的格局形成。随着信息化浪潮的来临，经济全球化、区域一体化趋势日趋明显，市场竞争日益激烈，单靠城市工业及其生产要素不足以形成区域竞争力，这就需要整合工业与农业，并积极调动城乡生产要素，突破城乡二元分割的壁垒，提升区域综合实力，这是城乡关系发生实质性改变的根本前提。我国作为社会主义国家，其最本质的要求是共同富裕，因此，将城乡关系由二元对立推向一体化发展既是我们党建设社会主义事业的最根本的任务之一，又是城乡发展应遵循的基本规律。

最后，由动力明辨内在联系。如果以根源论，二者的动力都来自经济效果。经济的近代化、现代化导致了城市化运动的产生、发展与提高，同时也促使城乡关系由城市诞生前的混沌一体、产业革命前的城乡依存演变为产业革命后的分离与对立，以及现代化与信息化背景下城乡关系的重组与一体化发展；如果以前提论，农业的发展与进步是二者的必要前提。在现代化发展过程中，农业的地位举足轻重，没有农业的发展与进步，工业化也难以起步，产业革命就不可能成功。即便在产业革命取得胜利之后，农业对工业化与现代化的深入发展仍具有较强的基础作用。因此，城市化正常水平和城乡一体化健康推进，都依赖于农业发展水平尤其是农业所提供的剩余产品和劳动力转移程度；如果以基础论，工业化是二者的基础动力。城市化和城乡一体化作为现代化进程中推进人类文明演进的主要方式，是与工业化相伴而生，并互为条件、相互依存、共同促进的。英国作为世界上工业化的发起国，同时也是城市化运动开展最早的国家，其工业化发展几乎与城市化进程是同步的。工业化促使城市发展壮大，反过来城市化又为工业发展进步提供了条件。当城市化达到一定程度时，现代文明就会加快由城市向乡村的辐射与渗透，为城乡从分离、对立走向融合、一体化发展创造条件。同时，城乡一体化的着力点在于"三农"问题，而解决"三农"问题的根本途径是非农化，即在职业上实现农业向非农产业的转移，在空间上实现乡村向城市的转移，或提升乡村为城市化社区，等等，这必然推进工业化和城市化进程。

3. 城乡一体化与统筹城乡发展

进入 21 世纪，作为调整城乡关系的重要战略举措，统筹城乡发展与城乡一体化具有前后相继、一脉相承的关系，这完全可以体现在 21 世纪中国新型城乡关系的构建过程中。

2002 年 11 月，党的十六大提出"统筹城乡发展"的概念。2003 年 10 月，党的十六届三中全会提出了"五个统筹"，并将统筹城乡发展列于五个统筹之首。现在看来，当时统筹城乡发展的目标还是最基础的。由于当时我国城乡差距扩大、城市发展动力不足的国情，其发展目标更侧重于扬起和转变"让一部分人、一部分地区先富起来"的非均衡发展理念。而扬起和转变非均衡发展理念并不是对邓小平理论的否定，是经过近 30 年的改革开放之后，我国已经有能力改革调整"以乡促城"的旧有城乡关系为"以城带乡，城乡互补"的新型城乡关系，来实现并完成邓小平非均衡发展理念中"共同富裕"这一根本目标。十一届三中全会以来，以邓小平为核心的中共中央，在领导中国改革开放和现代化建设的过程中，坚持发展农业，注重城乡互助与城乡交流，并逐步认识到构建新型城乡关系的重要性。应该说，从改革开放伊始，新型城乡关系的具体内容就一直不同程度地体现在经济社会发展的总体目标之中，并随着城乡关系的发展以及对其认识程度的不断加深而得到发展和加强。然而，由于在经济社会发展总体目标中新型城乡关系内容的不确定性，使其客观上可能处于非重心地位，导致实践中统筹城乡发展难度加大，城乡二元结构问题没有得到根本改观，并长期累积为制约经济社会发展的"三农"问题，且越来越突出和紧迫。所以，必须突破原有目标的总体框架，使其凸显出来。

党的十六大以来，党中央在推进经济社会发展的进程中，进一步认识到构建新型城乡关系的重要性和紧迫性。城乡差距扩大特别是城乡居民收入差距拉大，工农关系失调，贫富悬殊加剧，"三农"问题难以破解等，都表明城乡关系落后势必会影响经济社会的全面可持续发展。在积极稳妥地处理和应对这一系列问题的过程中，以胡锦涛为核心的中共中央，对构建新型城乡关系重要性的认识不断深化，更加明确了新型城乡关系在中国经济社会发展进程中的战略地位，提出了构建新型城乡关系的重大战略任务。

2004 年 10 月，胡锦涛总书记在十六届四中全会上提出"两个趋向"的重要论断，即"在工业化初始阶段，农业支持工业、为工业提供积累是带有普遍性的趋向；在工业化达到相当程度后，工业反哺农业、城市支持农村，实现工业与农业、城市与农村协调发展，也是带有普遍性的趋向"。这表明党中央对改革调整城乡关系有了进一步的思考。2007 年 10 月，胡锦涛在党的十七大报告中明确提出了城乡一体化发展战略。此项战略举措延续了统筹城乡发展的理念，并将其具体化为构建新型城乡关系的方针和要求。2008 年 10 月，胡锦涛在党的十七届三中全会上进一步强调"要建立促进城乡经济社会发展一体化制度"，对于城乡关系的认识和处理达到了一个新的高度。在城乡一体化的认识逻辑和政策框架下，乡村不再仅仅是被城市反哺、照顾、带动的一个被动的、消极的弱者，而是具有自身优势、不可替代的发展主体，城市和乡村成为支撑中国发展的两个共同支点。

2.2 相关理论

2.2.1 马克思主义经典作家的城乡融合理论①

马克思恩格斯生活的时代是工业革命产生、发展和完成时期，这一时期也是北美和欧洲城市化兴起、城乡矛盾初显端倪的时期。马克思和恩格斯在探索人类社会发展规律的同时，指出城乡关系的分离与对立是人类社会发展到一定历史阶段的必然产物，具有其客观必然性、历史进步性和相对合理性。马克思恩格斯曾对城乡分离与对立的原因作出过历史唯物主义的阐释，指出"物质劳动和精神劳动的最大一次分工，就是城市和乡村的分离。""工商业劳动同农业劳动的分离"，引起了"城乡的分离和城乡利益的对立。"同时，马克思恩格斯也指出"城乡之间的对立是随着野蛮向文明的过渡、部落制度向国家的过渡、地域局限性向民族的过渡而开始的。"显然，分工是城乡关系由浑然一体走向分离与对立的直接原因，是生产力发展到一定历史阶段的必然产物，这也为城乡关系最终走向融合、一体化发展指明了方向和具体路径。分工的进一步发展，促使城市化浪潮滚滚而至。从此，人类社会进入了工业文明与城市文明并存的发展时代，工业城市代替"自然形成的城市"，"使城市最终战胜了乡村"，城乡关系的分离与对立进一步加深了。但与此同时，城乡关系的新变化也在此间被不知不觉地孕育并发展着。一方面，大批农民由乡村向城市转移，"城市人口比农村人口大大增加起来，因而使很大一部分居民脱离了农村生活的愚昧状态"；另一方面，工业的进一步发展推动了生产力的巨大进步，由此而起的交通工具的改进使乡村逐步摆脱了"孤立"、"隔绝"的落后状态，而随着城市的迅速发展，人类社会逐步进入工业文明时代，科学、文化、教育、卫生、交通等生产、生活方式也逐渐向乡村渗透，长期处于对抗状态的城乡关系也日趋缓和。

除了从分工理论角度论及城乡之间分离与对立的历史必然性、合理性和进步性外，马克思恩格斯还重点从批判资本主义生产方式进程中对城乡分离与对立这一社会现实进行了深刻批判，指出私有制是城乡分离与对立的制度

---

① 薛晴. 马克思主义城乡融合思想的中国化进程 [J]. 改革与战略，2012 (2)：19–21.

根源，并且认为在私有制基础上产生的不同利益集团赋予了城乡分离于阶级意义，"是个人屈从于分工、屈从于他被迫从事的某种活动"，"这种屈从把一部分人变为受局限的城市动物，把另一部分人变为受局限的乡村动物，并且每天都重新产生二者利益之间的对立。"这完全背离了人自由而全面发展——人类解放的最高境界和必然归宿，因此，"消灭城乡之间的对立，是共同体的首要条件之一。"所以，马克思恩格斯在指出城乡之间的分离与对立具有其历史必然性、合理性和进步性的同时，论及城乡融合实现的条件、路径及模式等问题。

1. 恩格斯关于城乡融合的观点

早在 1847 年，恩格斯在《共产主义原理》中回答"彻底废除私有制以后将会产生什么结果"这一问题时说："由社会全体成员组成的共同联合体来共同而有计划地尽量利用生产力；把生产发展到能够满足全体成员需要的规模；消灭牺牲一些人的利益来满足另一些人的需要的情况；彻底消灭阶级和阶级对立；通过消除旧的社会分工，进行生产教育、变换工种、共同享受大家创造出来的福利，以及城乡的融合，使社会全体成员的才能得到全面的发展——这一切都将是废除私有制的最主要的结果。"1876 年，恩格斯在《反杜林论》中指出："城市和乡村的对立的消灭不仅是可能的。它已经成为工业生产本身的直接需要，正如它已经成为农业生产和公共卫生事业的需要一样。只有通过城市和乡村的融合，现在的空气、水和土地的污毒才能排除，只有通过这种融合，才能使现在城市中病弱的大众的粪便用于促进植物生长，而不是引起疾病。"恩格斯对城乡关系的论述是针对城乡分离、城乡对立造成的社会矛盾和环境恶化，并日益成为人类社会进一步发展的障碍而提出的，设想在城乡关系良性互动中逐步走向城乡融合，并进而发展为城乡一体。因此，恩格斯论述的"城乡融合"是今天有关城乡一体化问题研究的理论根源。

2. 马克思关于城乡融合的观点

马克思虽然没有像恩格斯一样对"城乡融合"问题进行正面论述，但是他曾经论述过城市和乡村的关系。马克思在《政治经济学批判（1857～1858 年草稿)》中指出："古典古代的历史是城市的历史，不过这是以土地财产和农业为基础的城市，亚细亚的历史是城市和乡村无差别的统一（真正的大城市在这里只能干脆看作王公的营垒，看做真正经济结构上的赘疣)，中世纪（日耳曼时代）是从乡村这个历史舞台上出发的，然后，它进一步发展是在城市和乡村对立中进行的；现代的历史是乡村城市化，而不是像古代那样是城市乡村化。"有意义的是，马克思曾指出："消灭城市和乡村之间的对立，是社会统一的首要条件之一，这个条件又取决于许多物质前提，而且一看就知道，这个条件单靠意志是不能实现的。"尽管由于历史条件的限制，马克思仍然为城市和乡村指明了发展的目的，揭示了城市和乡村由对立必然走向统一的原理，为继承者们消除城乡对立和发展城乡一体化思想指明了方向。

3. 列宁关于城乡融合的观点

列宁也没有对"城乡融合"问题进行过正面论述，但是他曾经预言，当城市和乡村生活方式的优点结合起来，不再存在它们固有的缺点的时候，城市和乡村的对立就能够克服了。他指出："城乡分离、城乡对立、城市剥削乡村（这些是发展着的资本主义到处都有的旅伴）是'商业财富'（西斯蒙第的用语）比'土地财富'占优势的必然产物。""城市比乡村占优势（无论在经济、政治、精神以及其他一切方面）是有了商品生产和资本主义的一切国家（包括俄国在内）的一般的必然的现象……如果城市的优势是必然的，那么，只有把居民吸引到城市去，才能削弱（正如历史所证明的，也确实在削弱）这种优势的片面性。如果城市必然使自己处于特权地位，使乡村变成从属的、不发达的、无助的、闭塞的，那么，只有农村居民流入城市，只有农业人口和非农业人口混合和融合起来，才能使农村居民摆脱孤立无援的地位……正是农业人口和非农业人口的生活条件的接近才创造了消灭城乡对立的条件。"

4. 斯大林关于城乡融合的观点

斯大林则不同意恩格斯的观点，他认为城乡关系不是城市和乡村之间对立的消灭。在《苏联社会主义经济问题》一文中，斯大林明确指出："城市乡村之间对立的消灭，应当引导到'大城市的毁灭'。不仅大城市不会毁灭，并且还有出现新的大城市，它们是文化最发达的中心，它们不仅是大工业的中心，而且是农产品加工和一切食品工业部门强大发展的中心。这种情况将促进全国文化的繁荣，将使城市和乡村有同等的生活条件"。从现在科技和经济的发展趋势来看，斯大林的看法比较符合实际。在这里，斯大林显然把"城市和乡村有同等的生活条件"作为实现城乡一体化的一个标志。这与恩格斯的看法（工农差别的消失，城乡人口均衡分布）在本质上是一致的。

总之，马克思主义经典作家有关城乡融合理论的论述，既从社会分工角度指明了城乡关系由浑然一体走向分离、对立的客观必然性、现实合理性和历史进步性，又从批判资本主义生产方式角度对这一客观现实进行了认真审视和深刻剖析，并以此为基础，深刻阐述了城乡关系由分离、对立走向融合、一体化发展的条件、路径及模式等问题，充分表达了唯物史观的辩证本性，集中体现了生产力与生产关系矛盾运动规律对人类社会发展的巨大推动作用。由此可以说，城乡融合理论是马克思主义唯物史观的重要组成部分。

2.2.2　我国领导集体的城乡一体化思想[①]

1. 以毛泽东为代表的城乡一体化思想

新中国成立初期，决定新中国城乡关系发展方向的一是如何发展农业，解决中国人的吃饭问题；二是如何为工业化积累资金，尽快实现工业化的问题，而且第二个问题是核心问题。关于第一个问题，中共中央和全党高度关注和希望大力发展农业，确立了农业在国民经济中的基础地位。在《论十大关系》中，毛泽东指出：虽然"重工业是我国建设的重点"，"但是决不可以因此忽视生活资料尤其是粮食的生产"。《在省市自治区党委书记会议上的讲话》中，毛泽东又明确指出："全党一定要重视农业。农业关系国计民生极大"。这说明新中国成立之初，虽然工作重心转移到了城市，但是中共中央和全党从中国的实际国情出发，并不否认乡村在革命与建设中的重要地位和作用，不否认农业在整个国民经济中的基础地位，为新中国城乡关系的健康发展提供了良好的政策支持和理论支撑。

至于第二个问题，中共中央和全党更是从中国实际出发，提出了工农业并举、城乡兼顾等具有开拓性的城乡发展理路。在《关于正确处理人民内部矛盾的问题》一文中，毛泽东指出："我国是一个农业大国，农村人口占全国人口的百分之八十以上，发展工业必须和发展农业同时并举，工业才有原料和市场，才有可能为建立强大的重工业积累较多的资金。"工农业并举的发展战略决定了在中国城乡关系发展中城市和乡村是同样重要的，不能因为发展城市而抛弃乡村。为此，毛泽东进一步指出："城乡必须兼顾，必须使城市工作和乡村工作，使工人和农民，使工业和农业，紧密地联系起来。

---

① 薛晴. 马克思主义城乡融合思想的中国化进程 [J]. 改革与战略，2012 (2)：19-21.

决不可以丢掉乡村，仅顾城市，如果这样想，那是完全错误的。"1957年，毛泽东进一步指出："我们的方针是统筹兼顾，适当安排。"

2. 以邓小平为代表的城乡一体化思想

党的十一届三中全会前后，邓小平对新中国成立以来指导城乡关系发展的理论与实践进行了反思。一方面纠正了在实践中重城轻乡的思想；另一方面继承和发展了毛泽东关于工农并举、城乡兼顾的思想，为具有中国特色的城乡一体化思想的形成提供了政策支持和实践准备。

首先，强调城乡、工农业相互支持和促进。1975年，邓小平在国务院讨论《关于加快工业发展的若干问题》时谈道："工业支援农业，促进农业现代化，是工业的重大任务。工业区、工业城市要带动附近农村"，同时，"工业支援农业，农业反过来又支援工业"。1992年，面对改革开放后城乡、工农业在相互支持和促进下发生的巨大变化，邓小平进一步指出："农业和工业，农村和城市，就是这样相互影响、相互促进。这是一个非常生动、非常有说服力的发展过程。"充分体现了邓小平的城乡、工农业相互支持和促进的思想，为充分发挥城市和乡村各自独特的优势、促进生产力在城市与乡村之间的合理分布提供了思想上的准备。

其次，通过改革缩小城乡差距。一是改革农村经济体制，发展商品经济。十一届四中全会通过的《中共中央关于加快农业发展若干问题的决定》指出："社员自留地、自留畜、家庭副业和农村集市贸易，是社会主义经济的附属和补充"，"应当鼓励和扶持农民经营家庭副业"。二是改革农产品流通体制。1985年1月，中共中央和国务院下达的《关于进一步活跃农村经济的十项政策》，规定大部分农产品价格由市场调节，从而结束了实行30年的农产品统购统销制度。三是改革户籍管理制度，允许农民进城务工经商。十四届三中全会通过的《中共中央关于建立社会主义市场经济体制若干问题的决定》明确指出："逐步改革小城镇的户籍管理制度，允许农民进入小城镇务工经商，促进农村剩余劳动力的转移。"这就从体制机制上为打破相对发达的城市和相对落后的农村之间分割的坚实壁垒创造了条件，有利于逐步实现生产要素的合理流动和优化组合，促进了城乡经济和社会生活的结合与协调发展，从而为城乡一体化思想的形成提供了政策和理论准备。

3. 以胡锦涛为代表的城乡一体化思想

进入21世纪以来，城乡差距的持续扩大已引起中共中央的高度重视，国家一系列支农惠农政策相继出台，有力地遏阻了城乡二元格局的进一步强化。2004 年，胡锦涛在党的十六届四中全会上提出了"两个趋向"的著名论断，并在随后的中央经济工作会议上进一步指出，我国总体上已经进入到"以工促农、以城带乡"发展的新阶段。根据对城乡关系的新认识，2005 年 12 月 29 日，中共中央做出了废止农业税条例的决定，中国农民从此告别了 2600 多年的"皇粮国税"，是城乡关系实现历史性转折的突出标志。在此背景下，各地也开始逐步推翻了向农村"汲取"资源的一系列行政措施，并加大对"三农"的支持力度。主要包括积极探索并建立农村社会保障制度，逐步增加对农村基础设施的财政资金投入，千方百计促进农民增收、农业增效和乡村繁荣，注重在制度上解决农民工的权益保护问题，摒弃"城乡分治"的传统理念与做法，实施城乡"同城化"管理方案，逐年加大对"三农"的财政支持力度，不同程度上缓和了城乡分割体制与市场机制对城乡二元格局的强化效应，遏阻了城乡差距的进一步扩大。

2005 年，党的十六届五中全会提出了建设社会主义新农村的战略任务。这是党在新的历史条件下，以科学发展观为指导，推动农村综合改革、矫治城乡失衡、进而谋划城乡一体化发展的新起点。2006 年，中共十六届六中全会提出了构建社会主义和谐社会的问题，更加突出了矫治城乡失衡发展的重要性。2007 年，党的十七大报告进一步明确提出建立以工促农、以城带乡长效机制，加快形成城乡一体化发展新格局的战略任务。2008 年，党的十七届三中全会通过的《中共中央关于推进农村改革发展若干重大问题的决定》提出，要建立促进城乡经济社会发展一体化制度，并对此进行了部署。这一重要决策，对于推进改革创新、打破城乡二元结构、加强农村制度建设，对于加快农村发展、促进农民富裕、实现全面建设小康社会奋斗目标，具有重大意义。此外，2004～2011 年中央连续八个关注"三农"问题的"一号文件"相继出台，也对独具中国特色的城乡一体化思想的形成与实践的开拓起到了极大的推动作用。

2.2.3　二元结构理论

20 世纪 50 和 60 年代，随着发展中国家出现的经济性和社会性分化现象，即城市发展现代工业为主的非农业活动，乡村从事本土传统农业活动，一些经济学家不约而同地将研究的目光投向工农业关系的问题上，从而形成二元结构理论，其主要特征是发展中国家存在现代工业和传统农业两个不同的生产部门，与之相应地也存在城乡二元社会结构。他们认为在经济社会发展过程中，现代工业部门的不断扩张和传统农业部门的日渐萎缩，是导致城乡二元社会结构形成的主要原因，当二元经济结构消失时，经济社会发展的根本目的就达到了。早期的二元结构理论主张将工业化作为促进经济增长和消除城乡二元结构的主要路径，后来的学者则更注重对传统农业自身发展及其现代化改造的研究。

1. 国外二元结构理论

（1）刘 – 费 – 拉二元结构理论。

虽然在发展经济学的文献中，荷兰经济学家伯克（Booke）最早提出了二元结构的概念和理论，但从对发展中国家经济发展的影响力的角度看，刘易斯的二元结构模型（即刘易斯模型）的影响较大。刘易斯认为"在那些相对资本和自然资源来说人口是如此之多，以至于经济的较大部门中的劳动力边际生产力很小，等于零，甚至为负数的国家里，可以说存在劳动力的无限供给。"在劳动力无限供给的前提下，现代工业部门的劳动边际生产率较高，是带动经济发展和社会进步的主要力量；而传统农业部门的劳动边际生产率较低，甚至是零或负数，是发展中国家经济长期停滞不前、社会落后的根源。因此，发展中国家消除二元结构、摆脱贫困的主要途径是促使农业剩余劳动力向现代工业部门转移。① 当农村剩余劳动力全部转移到现代工业部门，劳动力也如其他要素一样成为稀缺资源时，劳动力无限供给的条件将消失，诱发产业结构演变，提高城市化发展水平，进而实现经济一元化发展。费景汉和拉尼斯认为刘易斯的二元结构理论存在两个缺陷，一是没有重视农业对工业增长的促进作用；二是没有注意因生产效率提高出现的农业剩余产品是农业剩余劳动力向现代工业部门流动的先决条件，二人对此做出补充，构筑了费景汉 – 拉尼斯模型。

刘易斯二元结构模型和费景汉 – 拉尼斯二元结构模型虽然属前后相继的关系，但二者的通性是都强调工业化是推动发展中国家经济二元结构转换的基本途径，虽然他们也注意到了工农业平衡发展对于发展中国家经济发展的

---

① 薛晴. 城乡一体化的理论渊源及其嬗变轨迹考察［J］. 经济地理，2010（11）：1709 –1784、1809.

重要意义，但主张工业化在促进二元经济结构转变过程中居于支配地位、农业（至少在农业剩余劳动力转移完毕之前）居于从属地位的鲜明倾向，却暴露了该理论的许多假设与发展中国家实际不符，如农业剩余劳动力转移去向狭窄、忽视消费需求会随现代工业部门的扩张而相应扩大的事实，等等。

（2）舒尔茨二元结构理论。

在西方 20 世纪 50 和 60 年代的唯工业化经济文献中，舒尔茨是重视并研究农业问题的典型代表。他否认传统农业部门存在大量边际生产力为零甚至负数的剩余劳动力，相反他认为农民具有较强的经济理性，是"时刻算计个人收益的'经济人'"，是他们个人生产和分配领域的"企业家"，反对将农民作为传统农业低效的主要原因。他认为传统农业低效、不能促进经济增长的根本原因在于传统生产要素投入成本高、收益低，农民缺乏足够的储蓄和投资方面的经济刺激。为此，舒尔茨提出改造传统农业的三个要素：第一，引入现代生产要素改造传统农业、发展现代农业；第二，通过直接传授经验、培训和学校学习三种方式提高农民的人力资本素质；第三，提倡引入市场机制，减少甚至取消政府不必要的干预。

舒尔茨的二元结构理论，是在以工业化为主导促进二元结构转变理论暴露出诸多弊端的基础上，建构起的一种以农业现代化带动二元结构转变的新型发展模式。他充分肯定了农业在促进经济增长，以及缩小城乡二元经济差距上的积极意义，并提出农业现代化发展的重点、途径和机制，对发展中国家有较好的借鉴意义。但同时我们也应看到，舒尔茨较少肯定工业化对农业发展的促进意义，似乎农业现代化可以独立于工业化之外单独进行。实际上，这在一定程度上是对刘－费－拉模型忽视农业发展思想、强调工业化作用的矫枉过正。事实上，工业化和农业现代化对发展中国家而言，是促使二元结构转变为一元结构的两个重要方面，缺一不可，这不能不成为舒尔茨理论中的一大缺憾。

（3）钱纳里的结构转变理论。

钱纳里长期从事的结构转变理论研究中，包含有丰富的二元结构理论内容。他认为经济结构转变对经济增长具有重大的作用，其实质是资源在不同生产部门间的重新配置，且"随人均收入增长而发生的需求、贸易生产和要素使用的全面转变"，这对消除发展中国家的城乡二元结构具有十分重要的意义。在对比了 100 多个发达国家与发展中国家的经济发展和结构转变的情况后，按照人均收入的变化，钱纳里提出了结构转变"三阶段"理论，即他把现代与传统两大部门并存的二元结构向现代部门一元结构转变的过程，分为初级产品阶段、工业化阶段和发达经济阶段。钱纳里认为，初级产品阶段人均收入水平较低，初级产品的产出成为总产出的主要来源，国际贸易以初级产品为主；工业化阶段，随着人均收入水平提高，经济发展资源由初级产业转向制造业，制造业对经济增长的贡献率将高于初级产业，资本、劳动等生产要素也随之由生产率较低的传统农业部门向现代工业部门转移；发达经济阶段，人均收入水平不断增高，传统农业产值份额与就业比重持续降低，且与之相伴的是农业现代化程度的日益提高，现代工业产值与就业比重不断增加，整个国民经济呈现代一元结构。

钱纳里的结构转变理论是建立在大量经验数据基础之上的，比较客观地反映了经济发展过程中二元结构的转变规律，对于发展中国家而言，较之刘－费－拉模型更具有参考价值和借鉴意义。但与舒尔茨相比，其理论模型也犯了如刘－费－拉模型一样的错误，即对农业发展重视不够。虽然他也看到"如果农业部门维持高速增长的能力有限，那么这个扩张过分迟缓的部门，仍然可能阻碍整个经济增长，"但由于他关注的焦点在工业化，因此，不够重视农业，强调农业对工业的从属和依赖也是其理论中必然显现的不足之处。

（4）乔根森二元结构理论。

乔根森对刘－费－拉模型中的农业剩余劳动力转移的前提条件——边际生产率为零或负数提出质疑，并试图在一个纯粹新古典主义框架内探讨工业部门的增长是如何依赖农业部门发展的。他认为，人口增长是与农业产出相适应的，当人口增长高于农业产出增长时，人口增长速度会自行降低，最终达到与适应农业产出的发展水平。当农业产出增长高于人口增长时，因为人均消费结构与水平不变，于是就出现了农业剩余。农业剩余是现代工业部门实现积累资本的先决条件，以及农业剩余劳动力向工业部门转移的前提条件，而农业剩余劳动力转移的速度与农业剩余增长速度和工业部门的技术水平成正比，农业剩余越多，工业部门的技术水平越高，农业剩余劳动力向工业部门转移的速度越快，数量越多，经济增长越快，从而实现二元结构的转变。

乔根森二元结构理论相对于刘－费－拉二元结构理论而言，有些假定条件比较接近发展中国家实际。比如，他肯定农业对经济增长的促进作用，以及对工业发展的基础推动作用，同时肯定了技术进步的积极意义等等，所有这些都对发展中国家的二元结构转变具有积极地借鉴意义。当然，其存在的缺陷也是比较明显的，例如，他否定粮食的需求收入弹性，意味着人们只追求消费工业品，而对粮食消费的需求永远不变，是新古典主义一般缺陷的具体体现。此外，乔根森还忽视了服务部门对经济增长的推动作用，而事实上，没有教育、信贷、维修、运输、通信、金融等服务部门，工农业两大部门的发展必将受到较大影响。

（5）拉克西特二元结构理论。

20 世纪 80 年代，许多发展中国家在经济还没有完全摆脱劳动剩余的特征之前，出现了较为严重的有效需求不足问题。大量过剩生产能力不能与剩余劳动力相结合，推动二元经济转变。古典经济学和新古典经济学都无法对此做出合理的解释。于是，一些学者在二元结构分析框架中引入凯恩斯理论，形成凯恩斯主义二元结构理论，拉克西特的二元结构模型最具代表性。

拉克西特认为，发展中国家有效需求不足的原因主要有四点：第一，商品市场发育滞后致使交易不畅，加剧有效需求不足产生的可能性；第二，组织性较差的信贷市场影响有效需求水平的提高；第三，不发达的金融市场也对有效需求水平的提高有所限制；第四，发展中国家居民对投资具有高度不可流动性的土地的特殊偏好，往往会降低有效需求。基于上述原因，拉克西特提出农业部门和非农业部门均衡发展的理论主张。他认为发展中国家在经济发展方面存在两种生产制度，一种是家庭生产制度，主要实行于具有劳动"无限"供给条件的农业部门；另一种是资本主义制度，主要实行于存在过剩生产能力的非农业部门。两部门实现均衡发展的关键在于通过政策调节，保持均衡的投资水平。很显然，拉克西特的二元经济转变理论具有较强的政策含义。

综上所述，国外学者在二元结构理论的研究上，主要形成了以刘易斯、费景汉－拉尼斯和钱纳里为代表的工业化带动论、以舒尔茨为代表的农业自身发展论，以及新古典主义转变论和凯恩斯主义转变论。各派观点均有利弊，其中工业化带动论正确指出工业在二元经济转变、农业剩余劳动力转移过程中的重要推动作用，但却忽视了对传统农业改造以促进农业自身现代化发展的重要意义。农业自身发展论虽突出了农业的重要地位，但却否定了工业化的战略意义，将农业发展与工业化分割开来。新古典主义从工资差异方面、凯恩斯主义从有效需求方面补充了前两者的不足。科学的思路应该是，既重视工业化的作用，也不忽视农业自身的现代化发展，并综合考虑工资差异和有效需求因素，只有这样，才能真正实现二元经济转变。

2. 国内二元结构理论

我国作为发展中国家，正处于计划经济向市场经济、农业社会向工业社会转变的历史阶段，因此，经济体系中的二元特性比较明显，这既为国内学者提供了深入研究二元结构的现实背景，又为二元结构问题成为学术研究的热点与难点创造了条件。尽管我国学者多以刘－费－拉模型为研究该问题的理论基础，但由于把握的重点不同，对我国二元经济问题的认识各有侧重，于是形成众多相异主张。

（1）二元结构论。

这种主张基本上与刘－费－拉模型相吻合，强调工业化对推动二元经济转变的重要作用，指出农业剩余劳动力向城市及其工业部门转移的实质就是工业化过程。持这种主张的学者比较多，一般从我国二元经济结构的存在特征、影响等方面进行研究，并运用刘－费－拉模型提出适合我国二元结构转变的对策建议，主要集中于调整农业产业结构、推动农业现代化发展、创新城乡体制机制、畅通城乡资源要素流动渠道、优化城乡资源配置、协调城乡关系等方面。

（2）三元结构论。

持这种观点的学者认为，乡镇企业是与工业经济和农业经济相并列的一种经济形式，主张自乡镇企业异军突起之时，我国自近代以来的二元经济结构就已不复存在，以农村工业为主体的乡镇企业并不能如其他国家一样归入农业部门，而是独立于我国传统农业部门之外的农村工业部门。因此，我国经济体系实际上存在农业部门、农村工业和城市部门"三元经济格局"。同时指出，这种格局是我国传统二元经济向现代一元经济转变过程中的一种特殊过渡结构。当代持"三元经济结构论"的学者主要有陈吉元、胡必亮（1994年）、赵勇（1996年）、赵荣祥（2000年）等。

然而，随着经济社会的发展，尤其是科技信息的迅猛发展，在我国"第三元经济"的界定问题上学者们有较多争议。如陆海沧、孙芳伟（2002年）、乔根平（2002年）等学者认为信息产业对推动我国二元经济结构转型功不可没，应将信息产业界定为我国第三元经济。黄泰岩、张培丽（2006年）等学者则认为知识经济完全可以成为我国经济结构中的独立一元。此外，还有将小城镇产业、后现代经济、镇或国有农场等界定为第三元经济的，等等，不一而足。

（3）四元结构论。

　　持这种观点的学者立足经济发展同质化目标，反对将产业类别作为划分经济结构的标准，认为二元结构论者和三元结构论者都忽略了第三产业的发展，辨不清经济同质化的发展方向，将导致片面工业化，或遏制第三产业及农业现代化发展。认为基于经济发展同质化目标，发展中国家的经济结构应该是多元的。而我国由于是计划经济向市场经济转型，其经济结构呈现出比较明显的四元结构，即城市传统部门、城市现代部门、农村传统部门、乡镇企业部门。与此类似的还有城市正式部门、农村正式部门、城市非正式部门、农村非正式部门以及农村农业产业、城市正规行业、农村非农产业、城市非正规行业等等。持这种观点学者主要有徐庆（1996 年），谭崇台（2002年），朱农（2005 年），汪段泳、刘振光（2005 年）等。

　　（4）环二元结构论。

　　持这种观点的学者认为我国自改革开放以来，在工农、城乡等宏观层面持续呈现二元结构持续的同时，区域、企业、社区和产业等微观层面也出现了二元分化现象。因此，他们认为我国经济结构不是一般意义上的二元结构，而是宏观与微观大小不等的二元环状重叠结构，称为"环二元经济结构"。并且认为这种二元结构更为复杂，转变的难度更大，为此，要加大对传统农业的改造力度，加快推动农村非农产业发展，促进落后地区迅速崛起。

　　综上所述，国内二元结构理论的研究成果较丰，虽然是对刘－费－拉经典模型的修正，但是表现出较强的理论创新性和现实关切性，对推动发展中国家二元经济转变具有积极地借鉴意义。但同时我们也应看到，其理论研究仍存在一定的缺陷，具体表现为对我国二元结构的特征缺乏系统研究，对我国结构性反差的实质性原因的探究缺乏深度，对经济结构转变的动力机制没有细致考察，对二元经济结构的转变效应认识不足，等等。

2.2.4　区域发展战略理论

1. 区域发展战略概念的缘起、演变和发展

　　"战略"一词，一般认为它渊源于军事用语，意指"对战争全局的筹划和指导"，后来"泛指重大的、带全局性的或决定全局的谋划"。率先将经济发展上升到战略高度进行研究的是美国著名经济学家赫希曼（A. D. Hirschman），他于1958 年在《经济发展战略》一书中提出了"发展战略"的概念，重点探索发展中国家为达到"理想"秩序，如何综合利用自己的资源与环境优

势，谋划区域经济社会发展的宏观策划。此后，有关战略问题的研究也超越了军事范围，逐步被引申到经济、社会、科技、教育等多个领域。20 世纪60～80 年代，联合国先后制定了三个 10 年"国际发展战略"，使"发展战略"超越了发展中国家的狭隘范围，而广泛运用于世界各国。1964 年，英国科学家贝尔纳（J. D. Bernal）从科学的角度出发论述了科学战略问题，并提出了科学研究战略学；1973 年，美国战略理论家约翰·柯林斯（John Collins）综合了许多种类战略而成的《大战略：原则与实践》一书，论述了大战略的主要结构，成为西方战略理论的经典之作；1978 年，美国战略管理专家威廉·R·金（King W. R. ）以及戴维·I·克里兰（Cleland D. I. ）在《战略规划与政策》一书中构筑了六大战略规划系统；1986 年，美国学者弗雷德·R·戴维（Fred R. David）在《战略管理》一书中系统地阐述了现代战略管理理论，并秉承"全球经济影响着所有企业战略决策"的主题思想，将企业战略管理放到国际经济与商务的大背景中去考察，全面论述了企业战略制定与实施的组织管理方法问题。该著作与《战略管理概念》、《战略管理案例》并称主流战略管理教科书，自问世以来，平均每两年修订一次，至今已是第 10 版，却仍畅销不衰，使战略管理思想在全球广泛应用。

2. 国外区域发展战略的理论研究与实践案例

发展战略理论的创始人之一赫希曼曾对发展战略的内涵进行了阐述。他认为，发展战略就是充分发挥本国或本地区的发展潜力、资源和环境等比较优势，谋求区域经济效益的最大化发展。之后，有关发展战略的理论研究逐渐兴盛起来，并形成多个论派，如以纳尔逊（R. R. Nelson）的低水平陷阱理论、赖宾斯坦（Harvey Leeibenstein）的临界最小努力命题、罗森斯坦·罗丹（Paul Rosenstein-Rodan）的大推进理论以及罗格纳·纳克斯（Ragnar Nurkse）的贫困恶性循环理论共同组成的区域平衡增长论派。他们认为各部门、各行业之间相互协调、共同增长才能推动区域经济发展；以弗朗索瓦·佩鲁（Francois Perour）的增长极理论、贡纳尔·缪尔达尔（Gunnar Myrdal）的循环积累因果理论以及艾伯特·赫希曼（A. O. Hirschman）的依附理论共同组成的区域不平衡增长论派。他们认为，经济增长的实际过程是不平衡的，因此应有选择地投资某些部门，通过外在经济"内在化"的形式促使区域经济增长；而威廉姆森（J. G. Williamson）将库兹涅茨（Simon Kuznets）的收入分配"倒 U 型"曲线理论应用到区域经济发展研究中，揭示了区域经济发展阶段与区域差异之间实际存在的"倒 U 型"关系，形成区域阶段论派;阿朗索(W. Alonso)则描述了区域经济发展的变化次序,认为这个次序模式如同"钟型",即区域经济发展早期存在着社会不公与贫富悬殊等现象,从而形成钟型发展论派。

美国在开发不发达地区时采用的是"均衡战略",其主要措施有七条:一是实行不同税制,将发达地区的增量税收补贴给不发达地区;二是利用转移支付手段补贴不发达地区,甚至利用军事拨款支持落后地区的工业发展;三是政府出面组建经济开发区以加速不发达地区的经济发展;四是政府出资建设水利、交通等基础设施,带动不发达地区经济发展;五是运用财政金融手段,鼓励和引导私人企业投资不发达地区;六是注重优化人力资本,提高劳动力素质;七是重视保护生态环境。由于目标明确、措施得当,美国均衡战略取得了积极成效。一方面,不发达地区的经济实力明显增强;另一方面,缓和了社会矛盾,推进了民主化进程。与美国不同,苏联在开发不发达地区时采用的是"倾斜战略",其主要措施是通过指令性计划给不发达地区配置人才、资金、技术等资源,集中发展重工业、基础工业以及新工业,促进不发达地区经济发展。这一战略的优点在于能短期内迅速调配国家有限资源,改变不发达地区落后的生产力布局;缺点在于排斥市场,且片面强调重工业,不利于轻工业和农业的发展。巴西"发展极战略"的主要措施是在不发达地区划分开发范围,依托当地资源建立主业各异"发展极",并形成发展网络,带动不发达地区经济发展。日本区域综合开发战略是具有典型意义的层级递进梯度式开发战略。为缩小地区差距,日本先后六次制定国土综合开发规划,采取开发"据点"、建设"定居圈"和发展"技术集成城市"等多种措施促进区域经济协调发展。

3. 国内区域发展战略的理论研究与实践案例

自古至今,我国就是世界上最善于筹划与谋略的国家之一。中国古代,孙武的《孙子兵法》应该是世界上公认的最早的军事战略著作。另据史学界考证,中国历史上以"战略"一词命名的著作大概是西晋史学家司马彪所撰《战略》一书,可惜早已散佚。此外,通过检索《二十五史》发现"战略"一词出现 8 次,可见"战略"作为一种观念,在中国史书古籍中虽然并不多见,但也是存在的。除"战略"一词外,中国古代与之相近的词汇还有很多,如权谋、韬略、方略和妙算(特指朝廷制定的克敌谋略),等等,尽管当时并没有"战略"一词流行,但其所包含的丰富意蕴远远超越"战略"一词。抗战时期,毛泽东的军事战略思想更是博大精深,独树一帜。改革开放时期，邓小平的"两个大局"战略和胡锦涛的科学发展观战略，又充分彰显了我国当代领导人在战略问题上的远见卓识。但从学术研究的角度论，相对于国外而言，我国关于战略问题的学术研究起步较晚，大约起始于20世纪70年代。刘国光在《中国经济发展战略问题研究》（1984年）一书中，曾对经济发展战略的内涵进行了分析。他认为，经济发展战略就是综合区域经济发展的条件、因素，从关系到区域发展全局的方方面面出发，对区域经济发展做出较长时期的规划，主要包括目标、重点、阶段、部署和对策措施等五个方面。于光远在《经济社会发展战略》（1984年）一书中较为科学地架构起研究区域发展战略的框架体系。之后，陆大道（1987年）、周起业（1989年）、杨万钟（1999年）、方创琳（2002年）、聂华林（2006年）等对区域发展战略概念的内涵做过深刻的界定。其中，陆大道、周起业等学者将区域发展战略界定为指导区域经济社会发展的宏观性谋划与对策。如陆大道在《我国新时期经济地理学的区域综合研究方向》中指出，区域发展战略"是地区经济社会发展全局性行动的谋划和对策。"周起业、刘再兴等在《区域经济学》中，也认为区域发展战略是一个区域在较长历史时期内经济社会发展全局的总目标、总任务以及实现该目标、该任务的根本性对策。杨万钟则在肯定区域发展战略是对区域发展蓝图总体勾画意义的同时，还明确了其部分经济功能。如他在《经济地理学导论》中指出，区域发展战略是进行区域规划和产业布局的重要前提；方创琳也在强调区域发展战略的宏观性谋划与对策意义的基础上，比较注重区域发展的现实条件以及进一步发展面临的机遇与挑战。如他在《区域发展战略论》中指出，"区域发展战略就是根据区域发展条件、进一步发展要求和发展目标所做的高层次全局性的宏观谋划。"聂华林、高新才等在前人研究的基础上，突出强调了区域发展战略对经济社会发展的重要意义，特别指出了区域发展战略对指导地区经济发展、促进地区经济腾飞的重大作用。

在我国，区域发展战略实际上表现为两大类：即非均衡发展战略和区域协调发展战略。其中非均衡发展战略又可以分为向内地倾斜和向沿海倾斜两种类型。20世纪80年代以前，由于受前"生产关系决定论"的影响，并且我国沿海与内地实际上也表现出较大的差距，我国选择了向内地倾斜的区域发展战略，在内地建设大批重工业、新工业发展基地，重工业内迁和"三线建设"就是这一发展战略的主要表现。通过实施向内地倾斜战略，对缩小沿海与内地差距、发展民族地区的经济、科技、文化、教育等经济社会事业起到了积极的促进作用。但是，也出现了重工业比重较高、产业结构不合理、沿海地区发展落后、经济运行效益低等方面的问题。20 世纪 80 年代以后，解放思想、实事求是的思想路线为深化认识区域经济理论、全面推进市场经济体制改革创造了条件。此外，世界经济重心转向亚太地区的国际发展趋势，也是我国选择向沿海倾斜战略的重要原因之一。自"五五"后期，国家逐步加大了对沿海地区的投资力度，到"六五"期间就与内地投资水平基本持平。"七五"至"八五"时期，国家进一步扩大了对沿海地区资金与政策的支持力度，向沿海倾斜的战略特征极为明显。通过实施向沿海倾斜战略，沿海地区的经济迅速发展起来，并成为我国经济增速最快、效益最好的地区。但同时也产生了一些新问题，沿海与内地尤其是沿海与西部的发展差距扩大是最突出的问题。20 世纪 90 年代以后，世界多极化前景日渐明朗，全球化、区域一体化趋势不可逆转，综合国力的竞争日趋激烈。而 90 年代的中国则是整体经济效益不高，东中西部差距较大，严重制约综合国力提升。同时，经过多年的改革积累，加快中西部发展的条件和时机均已成熟，区域协调发展战略成为历史与现实的必然选择。对东部而言，即在保持经济快速发展的同时，加大对中西部的帮扶力度；对中西部而言，则要立足自身优势，大力促进区域特色经济发展；东中西部要在国家统一规划指导下，"因地制宜、合理分工、各展所长、优势互补、共同发展"，而不是东中西部同时、共同发展，更不是抑制东部发达地区发展。"十六大"以来，在科学发展观的指导下，我国区域协调发展战略进一步发展为统筹区域协调发展战略，这是新一代领导集体在马克思主义区域发展的一般理论基础上对我国区域发展实践经验的总结，更是当前国内外背景下我国经济社会继续发展的现实需要。

4. 国内外区域发展战略的影响与评价

从"战略"到"发展战略"再到"区域发展战略"的演变历程可以看出，国外学者关于战略问题的探讨多侧重于微观发展战略与战略管理方面，对区域发展战略这一概念较少有直接的界定或比较明晰的阐述。尽管如此，这些微观战略理论依然对正确把握区域发展战略的总体规律以及系统构筑区域发展战略的理论框架起着不可或缺的重要作用。相比较而言，国内学者还是比较热衷于对区域发展战略的概念进行界定的，虽然表述的方式各异，但其实质内涵基本一致，都比较认同区域发展战略是一门宏观性决策科学，相异之处主要在于对其内涵的完善程度。

方创琳教授认为，区域发展战略是20世纪初西方发达国家"加强宏观调控，指导资源优化配置，激发经济增长，促进社会进步和提高国际竞争力的有效手段"。改革开放以来，我国也开始逐渐重视区域发展战略的研究与制定工作，并把它提高到各级政府甚至企业的议事日程上来，进而掀起一场全国范围内的"战略热"。"从国内外战略研究与实施效果来看，把不同类型与不同时空尺度的区域发展战略作为一门高层次高品位的决策科学，都不同程度地对区域经济和社会可持续发展做出了重大贡献，但同时又暴露出一系列亟待解决的问题。"

2.2.5 科学发展观理论

1. 科学发展观理论提出的背景

（1）科学发展观是适应我国新时期新阶段的发展特征及要求提出来的。

改革开放以来，我国在经济和社会发展方面取得了举世瞩目的成就，生产力与生产关系、经济基础与上层建筑均发生了深刻变化，社会主义现代化建设事业面临许多发展机遇。然而，问题的另一方面是我国基本国情未变，社会基本矛盾未变，长期形成的粗放式增长方式还没有得到彻底扭转，结构性矛盾依然存在，城乡、区域差距扩大趋势仍未彻底遏制，经济社会协调发展的任务艰巨异常，这一系列新矛盾新问题又给我国经济社会发展带来严峻挑战。在这个关键时期，如果举措得当，则经济社会快速而平稳发展，反之，则可能出现经济徘徊不前甚至衰退及社会动荡不安。科学发展观正是在准确把握我国经济社会发展的这个阶段性特征、适应新形势发展需要的基础上提出来的，旨在开拓中国特色的社会主义事业的成功之路。

（2）科学发展观是在对我国改革开放实践总结的基础上提出来的。

改革开放30多年来的实践告诉我们，经济发展是人类社会全面发展和进步的物质基础，只有抓住经济建设这个中心，才能解放和发展生产力，推动人类社会不断进步。但同时，经济与政治、文化等方面的发展又是紧密相连、互为依存的，经济发展决定着政治和文化的发展方向，反过来，政治和文化又对经济发展具有反作用，在一定意义上影响着经济发展。此外，在经济发展过程中，还要正确处理速度与效率、数量与质量、经济发展与环境保护、效率与公平等各方面的关系。

（3）科学发展观是在借鉴国外发展观的有益成果基础上提出来的。

"二战"以后，世界各国都把经济增长奉为发展的最高准则，国际上一度出现前所未有的经济增长奇迹。然而，在片面追求经济增长的前提下，社会发展与社会公平问题得不到重视，导致社会发展滞后、经济结构失衡、贫富悬殊、能源资源日渐枯竭、生态环境日益恶化等诸多社会问题，人类面临着严重威胁。在此背景下，有关发展观的问题再次成为世界各国探讨的热点问题。20 世纪 80 年代以来，国外关于发展观的讨论大概集中于三个方向：第一是以弗朗索瓦·佩鲁为代表的横向扩展发展观，他认为"经济增长不过是手段而已"，发展是"整体的"、"内生的"、重视"各种文化价值"的、综合概念；第二是可持续的纵向扩展发展观，强调人类与自然生态系统的可持续生存与发展；第三是以人的实质自由发展为核心的内涵扩展发展观，这与马克思主义"人的自由全面发展"思想基本一致。科学发展观吸收并借鉴了国外发展观的有益成果，并结合中国国情，对其进行丰富和发展，以反映当代最新发展理念。

2. 科学发展观的主要内容

2003 年 10 月，胡锦涛在党的十六届三中全会上提出，"坚持以人为本，树立全面、协调、可持续的发展观，促进经济社会和人的全面发展。"其主要内容包括以下几个方面：

（1）发展是第一要义。

发展作为马克思主义理论的基本范畴之一，是社会主义国家实现现代化目标的根本途径，而且只有通过切实的发展、科学的发展，社会主义国家才能不断解决现代化进程中面临的诸多问题，最终实现现代化。"科学发展观，是用来指导发展的，不能离开发展这个主题，离开了发展这个主题就没有意义了。"对此，胡锦涛曾做出深刻阐释，他指出，"强调第一要义是发展，是基于我国社会主义初级阶段的基本国情，基于人民过上美好生活的深切愿望，基于巩固和发展社会主义制度，基于巩固党的执政基础、履行党的执政使命做出的重要结论。""发展，对于全面建设小康社会、加快推进社会主义现代化，具有决定性意义。要牢牢扭住经济建设这个中心任务，坚持聚精会神搞建设、一心一意谋发展，不断解放和发展生产力。"并且"调整经济结构和转变经济增长方式是落实科学发展观的必然要求。保持我国经济社会的良好发展势头和发展后劲，必须坚持以科学发展观为指导，着力提高经济增长的质量和效益，努力实现速度和结构、质量、效益相统一，经济发展和人口、资源、环境相协调，努力保护和增强发展的可持续性。"

（2）以人为本是核心。

以人为本是马克思主义理论的重要内容之一，全心全意为人民服务是中国共产党的根本宗旨，中国共产党领导社会主义发展的根本目的是为了"实现好、发展好、维护好人民的利益"。胡锦涛指出，"我们党来自人民，植根于人民，服务于人民。在任何情况下，与人民群众同呼吸共命运的立场不能变，全心全意为人民服务的宗旨不能变，坚信人民群众是真正英雄的历史唯物主义观点不能变。""坚持以人为本，就是要以实现人的全面发展为目标，从人民群众的根本利益出发谋发展、促发展，不断满足人民群众日益增长的物质需要，切实保障人民群众的经济、政治和文化权益，让发展的成果惠及全体人民。"科学发展观理论中"以人为本的根本含义，就是坚持全心全意为人民服务，立党为公、执政为民，始终把最广大人民的根本利益作为党和国家工作的根本出发点和落脚点"。

（3）全面协调可持续是基本要求。

科学发展观本身就是对只关注经济增长，忽略甚至无视生态环境及不注重人与自然和谐关系的传统发展观的否定，其所主张和倡导的是能够正确处理经济与环境、数量和质量、速度与效益关系以促进人类社会进步的发展观，即"必须在经济发展的基础上，推动社会全面进步和人的全面发展，促进社会主义物质文明、政治文明、精神文明协调发展。"所以，全面协调可持续发展是科学发展观的基本要求。胡锦涛曾对其做过深刻解读，他指出"全面发展，就是要以经济建设为中心，全面推进经济、政治、文化建设，实现经济发展和社会全面进步。协调发展，就是要统筹城乡发展、统筹区域发展、统筹国内发展和对外开放，推进生产力和生产关系、经济基础和上层建筑相协调。推进经济、政治、文化建设的各个环节、各个方面相协调。可持续发展，就是要促进人与自然的和谐，实现经济发展和人口、资源、环境相协调，坚持走生产发展、生活富裕、生态良好的文明发展到路，保证一代接一代地永续发展。"

（4）统筹兼顾是根本方法。

统筹兼顾是科学发展观的根本方法，是将全面协调可持续发展付诸我国当前全面建设小康社会实践的桥梁。统筹兼顾，就是要根据全面小康社会的实践进程及要求，"统筹协调各方面利益关系，妥善处理社会矛盾"，既促进经济健康可持续发展，又促进社会、文化、环境等各领域与经济发展和谐共进，也就是说，"按照统筹城乡、统筹区域、统筹经济社会发展、统筹人与自然和谐发展、统筹国内发展和对外开放的要求，更大程度地发挥市场在资源配置中的基础性作用，增强企业活力和竞争力，健全国家宏观调控，完善政府社会管理和公共服务职能，为全面建设小康社会提供强有力的体制保障。"同时，我们还应认识到"只有坚持统筹兼顾，我们才能真正处理号我国这样一个十多亿人口的发展中大国的改革发展稳定问题，真正处理好全体人民的根本利益和各方面的利益问题。"

3. 科学发展观的重大意义

（1）科学发展观是对马克思主义社会发展理论的继承和创新。

首先是对马克思主义生产力思想的继承和创新。马克思指出，人类社会发展的"第一个历史活动"是"生产物质生活本身"。也就是说，物质生活资料的生产不仅是人类社会赖以生存与发展的前期条件，而且是一切社会关系形成与发展的物质基础，对人类社会的发展与进步起着决定性的作用。科学发展观的第一要义是发展，而且主要是指经济发展，是在此基础上的社会、政治、文化、生态的发展。这一认识是建立在对马克思主义社会发展理论的准确把握、对中国所处历史发展新阶段的准确把握以及对当代经济全球化发展浪潮的准确把握基础之上的；其次是对马克思主义人民主体思想的继承和创新。马克思曾明确指出，人民群众是"一切生产工具中""最强大的生产力"。列宁也有类似的观点，他说："全人类的首要的生产力就是工人和劳动者"。毛泽东更是一直强调人民群众在历史进程中的主人翁地位，认为人是世间万物中"第一可宝贵的"。他们的观点都一致强调了人民群众在生产力中主体地位与作用，认为人民群众对推动历史发展具有决定性的意义。科学发展观的核心是以人为本，这充分体现了马克思主义人民主体理论的精神实质，即人民群众是社会历史活动的主体，是社会物质财富和精神财富的创造者，是社会发展的决定力量；第三是对马克思主义社会全面生产思想的继承和创新。马克思在《1844 年经济学——哲学手稿》中指出，"动物的生产是片面的，而人的生产则是全面的"，"动物只是依照他所属的那个物种的尺度和需要来进行塑造，而人则懂得按照任何物种的尺度来进行生产，并且随时随地都能用内在固有的尺度来衡量对象。"马克思之所以说人类社会的生产是全面的，是因为他认为社会"是一个能够变化而且经常处于变化过程中的有机体。"而科学发展观就是要求根据中国特色社会主义事业的总体规划，整体推进经济、社会、政治、文化、生态等人类社会各个方面的现代化建设，促进物质文明和精神文明的全面协调发展，是马克思主义全面生产思想的当代诠释。

（2）科学发展观是中国特色社会主义发展观的重要组成部分。

自新中国成立以来，毛泽东、邓小平等国家历代领导人都为寻求中国特色的发展之路做出过不懈努力和艰辛探索，取得了众多思想成果和理论财富。毛泽东领导的时代是新中国起步于一穷二白起跑线上的时代，与之相适应的发展观是对革命与战争结束之后中国发展问题的深刻思考。他首先做出了符合时代特征的正确选择，指出"只有社会主义才能救中国"，中国必须走社会主义道路，并以此为前提思考中国的现代化发展问题。他认为发展以重工业为核心的工业化是促使中国"由农业国变为工业国"、"建成伟大社会主义国家"的基本途径，指出要"在几个五年计划之内，将我们现在这样一个经济上、文化上落后的国家，建设成为一个工业化的具有高度现代化程度的伟大国家。"并于1959年末1960年初提出了"四个现代化"的发展目标。然而，由于受赫鲁晓夫和平竞赛的影响，一直强烈希望中国摆脱贫穷落后面貌的毛泽东，于1958年提出"7年赶上英国，再加上8年或10年赶上美国"盲目赶超口号，造成了巨大损失。邓小平领导的时代是和平与发展已成为时代主题的时代，作为新时代背景下中国社会发展问题的总设计师，他提出了一系列具有时代特点的发展思想。邓小平坚持了毛泽东的社会主义发展方向，指出"在改革中坚持社会主义，这是一个很重要的问题。"同时，他还坚持了马克思主义生产力理论，认为"贫穷不是社会主义，发展太慢也不是社会主义"，社会主义的本质是"解放生产力，发展生产力，消灭剥削，消除两极分化，最终达到共同富裕。"并针对中国处于社会主义初级阶段的现实国情，科学构思了独具特色的社会主义现代化发展"三步走"战略。并在此基础上，明确指出社会主义初级阶段的发展目标是全面建设小康社会，同时高度重视科学技术的发展与创新，提出"科学技术是第一生产力，而且是先进生产力的集中体现和主要标志。"党的十六大以来，以胡锦涛为代表的新一代领导集体面对纷繁复杂的国际环境和矛盾突出的国内形势，坚持毛泽东思想、邓小平理论重要思想，紧密结合中国社会经济发展实际，"站在历史和时代的高度，进一步明确了新世纪新阶段我国要发展、为什么发展和怎样发展的重大问题"，从而完成了对中国特色社会主义发展观的伟大变革。因此，"科学发展观是运用马克思主义立场、观点、方法认识和分析社会主义现代化建设的丰富实践，深化对经济社会发展一般规律认识的成果，从而成为我们推进经济建设、政治建设、文化建设、社会建设必须长期坚持的根本指导方针。"

（3）科学发展观是实现经济社会可持续发展的根本保障。

新世纪新阶段，国内外形势都发生了深刻而复杂的变化。当前，国际金融危机的余波尚未平息，世界经济复苏之路仍坎坷难平。国内二元结构调整任务艰巨，生态环境保护压力巨大。中国经济社会发展既有新优势又有新挑战。从国际形势看，金融危机后期新技术、新产业将成为推动世界经济复苏的主要力量，中国作为新兴发展中国家，完全有能力抢占新技术、新产业竞争的制高点，以夺取新一轮全球化发展的新优势，成为推动全球经济发展的重要力量。从国内形势看，中国必须尽快转变经济发展方式，调整收入分配结构，集中表现在对城乡差距、地区差距、贫富差距等不平衡发展问题的有效解决。树立和落实科学发展观，"就是要以经济建设为中心，实现经济发展和社会全面进步；就是要统筹城乡发展、统筹区域发展、统筹经济社会发展、统筹人与自然和谐发展、统筹国内发展和对外开放，推进生产力和生产关系、经济基础和上层建筑相协调；就是要促进人与自然的和谐，走生产发展、生活富裕、生态良好的文明发展道路。""经验表明，一个国家坚持什么样的发展观，对这个国家的发展会产生重大影响，不同的发展观往往会导致不同的结果。在当今新的时代条件下，应该坚持以人为本，实现全面、协调、可持续的发展。"

第3章

河北省城乡一体化发展的
基础条件与现状分析

3.1　河北省城乡一体化发展的基础条件

3.1.1　自然地理条件

河北省简称"冀"，位于中华人民共和国北部的华北平原北麓，兼跨内蒙古高原的东南部，全省怀抱京、津两市，北邻辽宁和内蒙古，西连山西，南接河南与山东，东濒渤海，地处北温带，中纬度，在东经 113°04′~119°53′，北纬 36°01′~42°37′之间，全境南北长约 750 千米，东西宽约 650 千米。春秋战国时期，河北省所在区域多属燕赵两大诸侯国，故以"燕赵"之名代称。"河北"正式以行政区之名出现在中国历史上，大概始于唐朝。封建社会后期，元明清三个朝代先后建都北京，因河北省在地理位置上可作为国家都城的保护屏障而备受重视，由中央直接统辖，故更名为"直隶省"，并有"畿辅重地"、"京畿首善之区"的美誉。同时，又因河北省"其地有险有易，帝王所都，乱则冀治，弱则冀强，荒则冀丰也"，且属于古代九州之冀州，因此其简称为"冀"，取"寄予希望"之义。中华民国成立后，因为当时的国民政府将首都建立在南京，以"直隶省"命名河北已经名不符实，于是 1928年，国民政府将"直隶省"更名为"河北省"，至今仍沿用此名。

河北省地形地貌齐全，农业和矿产资源丰富，素有"粮棉之乡"、"燕赵煤仓"之誉。全省地势西北高东南低，西北部多山地、丘陵和高原，兼有盆地和谷地，占全省总面积的 56.6%。种类齐全的地形地貌使河北省自然风光旖旎独特，旅游资源得天独厚。如秦皇岛的黄金海岸、承德的避暑山庄、太行上奇峰嶂石岩、天桂山的山岳古刹、涞源独一无二的大理石峰林地貌，等等。中部及东南部多为平原，约占全省总面积的 43.4%。农业基础较好，是我国重要的粮棉油生产基地之一。据统计，2009 年粮食播种面积为 621.7 万公顷，占全国粮食播种面积的 5.7%，粮食总产量为 2 910.2 万吨，占全国粮食总产量的 5.5%。[①] 矿产资源丰富，已发现 151 种矿种，查明储量 120 种，煤、铁、锰、铜等 53 种矿产资源储量居全国前 10 位。其中，境内赋存有地质史上 6 个主要聚煤期的含煤地层，且分布广、煤类齐全、开采规模大，是我国确定的 13 个煤炭生产基地之一。境内已探明油田储量 27 亿吨、天然气储量 1 800 亿立方米。但河北省水资源匮乏，全省年均降水量仅为 541 毫米，多集中在 6～9 月，人均水资源拥有量 386 立方米，亩均水资源占有量 243 立方米，两者均相当于全国平均水平的 1/8，且部分山区的地表水多供给与京津两市专用。

此外，河北省还是中国革命的圣地，是新中国诞生的摇篮。1949 年 7 月 12 日，河北省全境解放，7 月 28 日，华北人民政府决定撤销原冀东、冀中、冀南等根据地性质的区划，恢复河北省行政区划，将省会驻地定于保定市，后几经迁移，于 1968 年 1 月 29 日，迁至石家庄市至今。现河北省面积为 18.47 万平方公里，下辖 11 个地级市，114 个县，总人口达 7 100 多万。2011 年 3 月，推进京津冀区域经济一体化发展，打造首都经济圈，重点推进河北沿海地区发展，已经上升为国家发展战略。其中，"京津冀区域经济一体化发展"的地理范围几乎涵盖河北全境；"首都经济圈"所涵盖的空间范围虽然尚未确定，但河北省环首都周边的 14 个县市区都有希望被列入规划；而河北沿海地区的秦皇岛、唐山、沧州三市已明确纳入国家发展战略。2011 年 6 月，位于冀中南地区的石家庄、保定、邯郸、邢台四市被划分为国家重点开发区域。经过 30 多年的改革开放，河北省经济和社会发展取得了长足进步，可谓是农业经济大省、矿产资源大省、沿海隆起带、历史文化资源大省、交通枢纽重地、旅游休闲胜地和国家经济社会发展重要区域。

3.1.2　经济社会条件

就经济发展总趋势而言，河北省的经济发展水平较好。由表 3-1、表 3-2

---

① 根据《河北经济年鉴》(2010) 和《中国统计年鉴》(2010) 的相关数据整理、计算得出。

和图 3 - 1 可知，河北省近 20 年的 GDP 是逐年增加的，特别是从 2003 年之后，经济增长的幅度明显加大，2009 年的 GDP 为 17 026.6 亿元，是 1991年的 15.89 倍，① 位居全国第 6，虽然比 2008 年稍有回落，但总体上升趋势依然没变，表现出强劲的增长势头。但据有关统计数据显示，同位于环渤海地区山东省 2009 年的 GDP 达 33 805.3 亿元，与其相比，河北经济发展还有很大的空间和潜力，如表 3 - 1、表 3 - 2 和图 3 - 2 所示。

表 3 - 1 　　　　　　　　　中国 1991 ~ 2010 年 GDP

年份	国内生产总值（GDP）（亿元）	年份	国内生产总值（GDP）（亿元）
1991	19 343. 98	2001	109 655. 17
1992	26 923. 47	2002	120 332. 68
1993	35 333. 92	2003	135 822. 80
1994	48 197. 85	2004	159 878. 30
1995	60 793. 72	2005	184 937. 40
1996	71 176. 59	2006	216 314. 00
1997	78 973. 04	2007	265 810. 00
1998	84 402. 27	2008	314 045. 00
1999	89 677. 05	2009	340 902. 00
2000	99 214. 55	2010	397 983. 00

资料来源：《中国统计年鉴》（1992 ~ 2011）。

表 3 - 2 　　　　　　　　　河北省 1991 ~ 2010 年地区 GDP

年份	国内生产总值（GDP）（亿元）	年份	国内生产总值（GDP）（亿元）
1991	1 072. 07	2001	5 516. 76
1992	1 278. 50	2002	6 018. 28
1993	1 690. 84	2003	6 921. 29
1994	2 187. 49	2004	8 477. 63
1995	2 849. 52	2005	10 012. 11
1996	3 452. 97	2006	11467. 60
1997	3 953. 78	2007	13 607. 32
1998	4 256. 01	2008	16 011. 97
1999	4 514. 19	2009	17 026. 60
2000	5 043. 96	2010	20 197. 10

资料来源：《河北经济年鉴》（1992 ~ 2011）。

① 根据《河北经济年鉴》（1992）和《河北经济年鉴》（2010）的相关数据整理、计算得出。

（亿元）

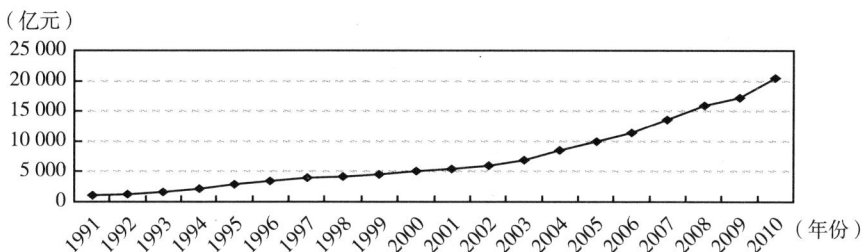

图 3 - 1 1991~2010 年河北省 GDP 变化趋势

就地区经济发展水平来看，河北省地区发展不平衡趋势比较明显。由表
3-3 可知，唐山和石家庄两市是河北省经济发展较快的集中区域，其次是
邯郸、沧州、保定、廊坊和邢台，发展较为落后的地区是张家口、秦皇岛、
承德和衡水。2010 年，省域中心城市唐山和石家庄 GDP 总量约占全省 GDP
总量的 38.76%，形成南北两个经济增长极，为提高其自身经济整合能力并
在沿海地区和冀中南地区发展城市经济带创造了良好环境。以唐山为核心的
沿海城市经济带，以及以石家庄为核心的冀中南城市经济群的发展，必将充
分发挥其集聚效应、释放其辐射能力，增强人口吸纳能力，减轻资源环境承
载经济发展的巨大压力。河北省高耗能高污染产业已经成为夕阳产业，发展
绿色低碳可持续产业已迫在眉睫，而提高科技创新能力、促进经济发展方式
转变是发展绿色低碳可持续产业的基础。

表 3 - 3 2010 年河北省各地区 GDP 排名

排名	地区	GDP 总量（亿元）	排名	地区	GDP 总量（亿元）
1	唐山	4 300	7	邢台	1 160
2	石家庄	3 400	8	张家口	966.12
3	邯郸	2 300	9	秦皇岛	930.5
4	沧州	2 100	10	承德	880.5
5	保定	2 050	11	衡水	781.5
6	廊坊	1 300			

资料来源：《河北经济年鉴》（2011）。

就三次产业结构来说，还需进一步优化。2010 年，河北省实现地区生
产总值 20 197.10 亿元，按可比价格计算，比 2009 年增长 12.2%，同比增
速 2.2 个百分点。其中，第一产业增加值 2 562.8 亿元，增长 3.5%；第二
产业增加值 10 705.7 亿元，增长 13.4%；第三产业增加值 6 928.6 亿元，增

长 13.1%。三次产业对经济增长的贡献率由 1995 年的 22.1∶44.6∶31.3 演变
为 2010 年的 12.7∶53.0∶34.3,[①] 第一产业比重下降,第二、第三产业比重
增加,经济结构由改革开放初期的"二一三"格局发展为如今的"二三一"
格局,呈现渐趋合理的发展之势,产业结构得到进一步优化。但与同期全国
三次产业比例 10.2∶46.8∶43 相比,河北省的第一产业比重高于全国平均水
平约 2.5 个百分点,这说明河北是个农业大省。河北省第二产业比重高于全
国平均水平近 13 个百分点,这反映出河北省工业较发达。河北省第三产业
比重低于全国平均水平约 9 个百分点,这反映出河北省第三产业发展滞后的
现状,也与河北省农业大省的实际较吻合。

就社会资源基础来说,河北省是个人口资源大省。目前,全省劳动力总
资源为 4 260 万人,从业的社会劳动者达 3 253 万人,占劳动力总资源的
76.36%,并且是京津两市流动人口重要的来源。河北省社会资源的另一个
优势是旅游资源,全境共有 304 处古建筑、古遗址,均为省级以上重点保护
文物。历史名胜星罗棋布,出土文物数量较多,占全国总量的 1/6,自然景
观和人文景观交相辉映。

此外,河北省"十二五"规划中,提到要构建以城市群为主体形态的
"两群一带"城镇化空间格局(如图 3 - 2 所示)。"两群"是指以承德、张
家口、廊坊、保定市为主体的环首都城市群,以及以石家庄、衡水、邢台、
邯郸市为主体的冀中南城市群。"一带"是指以秦皇岛、唐山、沧州市为主
体的沿海城市带。

总之,自改革开放以来,河北省经济社会发展取得了长足进步,经济结
构不断调整,产业结构不断优化,为城乡一体化发展奠定了良好基础。但全
国以及其他发达省份相比,还需在转变发展方式、提升自主创新能力等方面
进一步加强。同时,河北省的生态环境脆弱,承载经济发展的压力非常巨大,
在推进城乡一体化发展进程中,必须处理好经济发展与生态环境保护的关系。

3.1.3 生态环境条件

河北省地处温带和暖温带交界区域,全省动植物种类繁多,植被结构复
杂。据不完全统计,全境现有湿地面积达 110 万公顷,植物 3 000 多种,包

---

① 根据《河北经济年鉴》(1996) 和《河北经济年鉴》(2011) 的相关数据整理、计算得出。

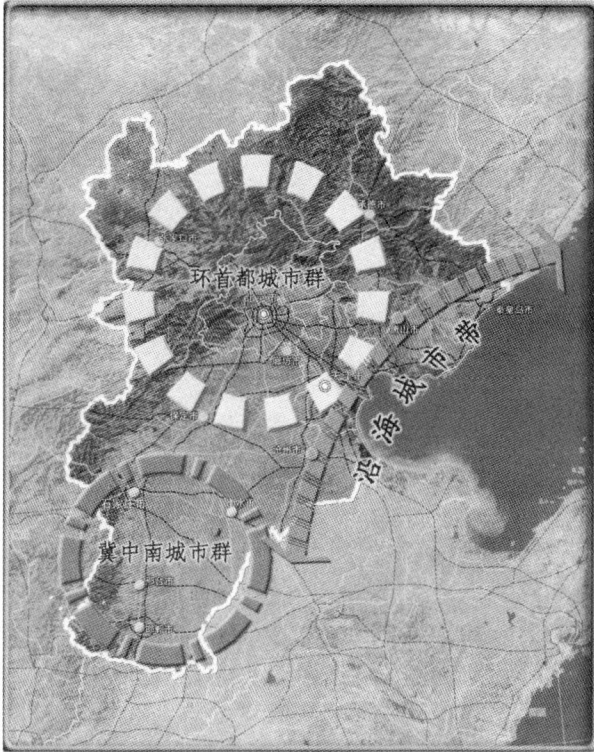

图 3 - 2　"两群一带"城镇化空间格局示意

括国家重点保护品种水曲柳、野大豆、紫椴、珊瑚菜等。其中木本植物达
500 多种，如驰名中外的青杨、栓皮栎、香椿等。草本植物丰富，仅张家口
坝上地区就有 300 多种。已被利用的药用植物有葛根、甘草、大黄、知母、
防风、党参、枸杞等 800 多种。陆生脊椎动物 530 多种，约占全国总量的
1/4，其中有国家一级保护动物丹顶鹤、褐马鸡、金钱豹、金雕等 17 种，二
级保护动物 74 种。此外，河北濒临渤海，拥有广阔的海面和海岸滩涂，可
供养殖的海域面积达 93 万亩，仅次于福建和山东两省，居全国地位。湿地
资源比较丰富，种类齐全，既有浅海、滩涂，又有湖泊、沼泽及河流，也是
300 多种迁徙鸟类中途的栖息地和迁徙通道。

　　但同时，由于河北省属于温带大陆性季风气候，地处牧区与农区的交界
区域，降水量较少，且年内变化大，生态系统自我调节能力差，资源开发强
度大，再加上滑坡、泥石流、崩塌、塌陷、海水入侵等自然灾害的侵袭，导
致境内水土流失严重，森林覆盖率低，土地荒漠化问题突出，工业污染导致

水环境污染、土地污染加剧，等等。据调查，目前，河北省水土流失面积达6.3万平方千米，占全省土地面积的34%；土地沙化面积达2.4万平方千米，占全省土地面积的12.8%；草场退化面积为2.6万平方千米，占全省草场面积的53%。其中，张家口6县（阳原、蔚县、怀来、怀安、涿鹿、宣化）、保定6县（涞水、涞源、满城、顺平、唐县、易县）、石家庄1县区（井陉及其矿区）、邢台1县（邢台县）、唐山2县市（迁安、滦县）等地为全省生态环境重度脆弱区（如图3—3所示）。因此，恢复与建设生态脆弱区是河北省必须长期坚持的艰巨任务，常抓不懈，持之以恒。

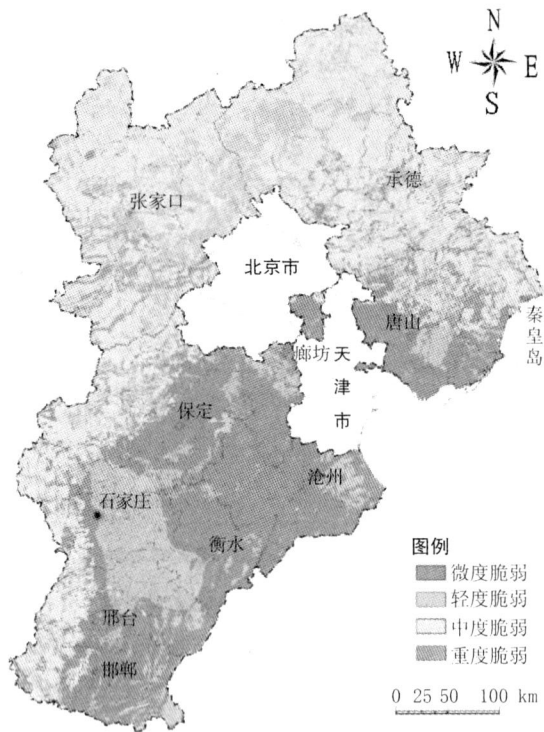

图3－3　河北省生态环境脆弱性空间分布

3.1.4　基础条件的优劣势分析

1. 基础条件的优势因素

（1）优越的区域地理位置。

区域地理位置是影响城乡经济社会发展的一个重要因素，尤其对区域内城乡生产要素和资源配置的影响程度较为显著。城乡生产要素的重组方式与资源优化的配置方式在不同区域地理位置中表现不同，其由二元性向一元性转变的形式也与区域地理位置有很大关联。因此，区域地理位置不仅为城乡一体化发展提供着承载基础，还制约着城乡一体化发展的速度，在一定意义上决定着城乡一体化的发展格局。从区域地理位置比较优势的利用程度可以看出一个地区城乡经济社会发展的程度，因而，应在正确审视区域地理位置比较优势的基础上，并在不损害城乡经济社会效益的前提下不断增强区域地理位置的比较优势，从而最大化区域地理位置功能，最终达到城乡生产要素和资源配置的最优化目的。

从自然地理位置上看，河北省位于东经 113°～120°、北纬 36°～42°之间，属于温带大陆性季风性气候，其特点是四季分明，冬季寒冷雨雪较少，夏季炎热雨水偏多，春季干旱多风沙，秋季晴和日照充足。年平均气温为 4°～13°，全年日照时数为 2 320～3 100 小时，无霜期为 81～203 天，年平均降水量分布很不均匀，一般在 400～800 毫米，总的趋势是东南部多西北部少，且春季降水较少，夏季降水集中，春旱夏涝现象时有发生，对农业生产影响较大。同时，河北省境内地形地貌复杂，集中了高原、山地、平原、丘陵、盆地等多种类型，在地势上呈现出三大地貌单元，即坝上高原，属内蒙古高原的一部分，平均海拔为 1 200～1 500 米，约占全省总面积的 8.5%，主要包括张家口市的张北县、康保县和沽源县以及承德市的围场县、丰宁县和尚义县等 6 个县市区；太行山和燕山山地，也是河北省境内丘陵和盆地集中的地区，平均海拔在 2 000 米以下，约占全省总面积的 48.1%。其中太行山地位于河北省西部，主要包括石家庄、保定、邯郸、邢台四市的 25 个县市区。燕山山地位于河北省的西北部，主要包括承德市大部及唐山、秦皇岛与张家口三市的一部分；河北平原，属于华北平原的重要组成部分，平均海拔一般在 50 米以下，约占全省总面积的 43.4%，主要包括石家庄、保定、唐山、廊坊、秦皇岛、邢台、邯郸、沧州、衡水等 9 个市及其 119 个县市区。

从经济地理位置上看，河北省东临渤海，海岸线长达 487 公里，内环首都北京市和北方经济中心天津市，西与煤炭资源大省山西省邻接，西北及北部与矿产资源丰富的内蒙古自治区接壤，东北与联结欧亚大陆桥的重要门户辽宁省相连，东南与经济大省山东省相交，南与农业大省河南省相邻，南北最大跨度约 750 公里，东西最大跨度约 650 公里，全省总面积达

18.47万平方公里，既是首都连接全国各地的重要通道，又是全国各地相互沟通的枢纽重地，更是北方内陆各省通向海上门户——天津、秦皇岛、京唐、黄骅等港口的重要桥梁，其地理位置的重要性显而易见。就河北省与周围地区的联系而言，由于历史及地理位置的因素，河北省同近邻——北京和天津两地在人缘、地缘与血缘上有着千丝万缕的联系，并且语言相通、习俗相似、文化交融，经济往来的运输成本与交通费用很低，信息沟通渠道广泛又灵便，三地间的联系比较紧密。河北省煤炭、矿产资源丰富，农业发达，京津发展所需要的能源、资源，特别是生活物资与环境保障，绝大部分依托河北省提供。同时，北京、天津发展的需要，以及其先进的科技、文化、人才、信息等资源也成为推动河北经济社会发展不可或缺的外部条件。因此，北京与天津的发展离不开河北，同样，河北的发展也离不开北京与天津，三地之间的经济发展相互渗透、辐射，形成我国当前重要的经济增长区域，即京津冀经济区。就河北省自身的发展情况来看，虽然地处我国东部沿海地区，具有一定的发展基础，但是其发展水平却相当于中部地区，甚至有些区域还赶不上中部较发达地区。亦即如前河北省委书记白克明所言，河北省现在还没有突破"东部区位，中部水平"的发展困境。当前，在国内产业与资本加速转移时期，河北省正在成为承接京津经济辐射与扩散的第一梯度地区，面临着发展的大好机遇，可以此为契机，将其独特的经济地理位置优势转化为促进经济社会又好又快发展的区位优势，实现省域跨越式发展。

（2）较强的经济基础。

经济基础是促进城乡关系走向一体化发展的根本条件。首先，经济基础是密切城乡联系的前提。中国经济社会发展的历史表明，当乡村经济发展水平较低、城乡经济实力差距较大时，城乡之间的联系较弱。而当乡村经济发展水平提高甚至与城市经济发展水平相接近时，城乡之间的联系加强。如乡镇企业的异军突起，加速了乡村工业化的发展，提高了乡村经济发展水平，城乡相互隔绝的状态也随之改变，城乡联系日趋紧密且范围不断扩大，推动了城乡生产要素的结合，开启了城乡一体化发展的进程。其次，经济发展也是区域城乡空间结构优化发展的基础。经济的发展促使地方财政收入不断增加，投资到乡村建设中的资金比例必然提高，交通运输通信邮电等基础设施建设也将向乡村扩展延伸，从而逐步提高土地利用的集约化和产业结构的优化升级，这将有助于区域城乡空间结构的日趋优化。

由图 3 - 4 可以看出，改革开放三十多年来，河北省的经济发展状况随国家经济发展情况的变化而变化，1992 年以前，由于复杂多变的国际局势和追求经济高速增长的国内状况，河北省乃至全国的经济增长一直处于"大起大落"局面，最高达到 16%（1984 年），最低仅为 4% 左右（1989 年和 1990 年）。1992 年以后，河北省与全国的 GDP 增长率的变化一直比较平稳，除 1994～1995 年有稍大波动外，其余年份的变化都比较平缓，而且呈现出平稳快速发展的总趋势。2009 年，河北省 GDP 总量达 17 026.6 亿元。2010 年，河北省 GDP 总量突破 2 万亿元大关，为 20 197.1 亿元，连续两年全国排名第 6，具有一定的经济基础。

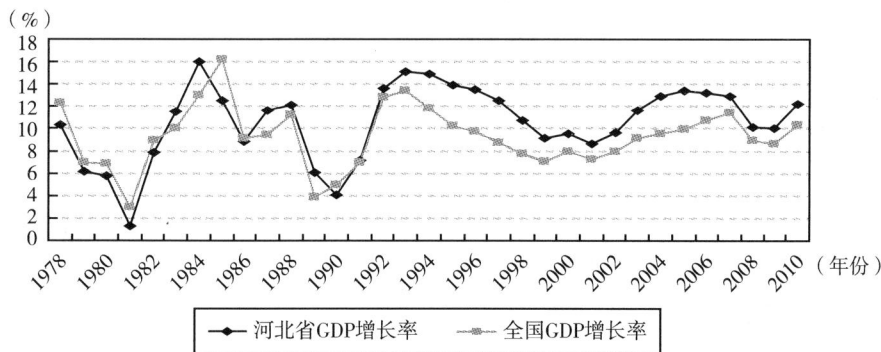

图 3 - 4　1978～2010 年河北省与全国 GDP 增长率比较

（3）加快推进的农业现代化。

河北省是中国农业的发祥地之一，发掘于磁山遗址的窖藏粮食、配套成龙的农具与渔猎工具以及畜禽骨骸等都记载了中国种植业和养殖业的发达与繁荣。新中国成立以来，河北省一直积极探索具有河北特色的农业发展模式。早在 1960 年人民公社化时期，河北省各地就在集体副业基础上兴办起一批社队企业，为本地农民生活与农业发展提供简单的物质资料。改革开放以来，乡镇企业的异军突起为河北省农业发展积累了一定的资金与经验，并开辟了工业带动农业的发展模式。可以说，河北省已经具备了发展现代农业的基础与条件。近年来，河北省发达地区现代农业发展的速度与进程正在加快，特征日趋明显，为全省发展现代农业、转变农业增长方式积累了诸多经验，成为城乡关系走向一体化发展的内在动力。

从农产品生产结构来看，正在从单一结构向多元化结构转变，特色产业集聚初具雏形。河北省在推进现代农业的发展进程中，逐步摆脱了传统农产品品种单一的限制，向品种多样化与特色化方向发展。以邯郸市为例，目前该市以发展生态、安全、优质、高效的现代农业产业集群为核心目标，形成了六大产业集群，即大名面粉产业集群、曲周天然色素产业集群、鸡泽辣椒产业集群、馆陶禽蛋产业集群、魏县鸭梨产业集群和临漳獭兔产业集群。河北省还形成了区域特色优势产业带，以充分发挥各地资源特点与区域优势，将区域优势特色农业做大做强。目前，河北省的农业特色优势产业带的区域布局正渐趋合理，如粮食生产区域特色产业带（如表3-4所示）。同时，立足各地优势，依托中心市场，形成了环京津地区精特蔬菜、冀南地区茄果类蔬菜、冀东地区中小棚和露地蔬菜、冀中地区日光温室蔬菜、张承地区无公害错季蔬菜、沧衡地区大中棚蔬菜六大特色蔬菜产业格局。此外，还着力培育和发展高效农作物生产基地，如平泉食用菌生产基地、安国中药材种植基地、保定苗木花卉生产基地等。

表3-4　　　　　　　河北省粮食生产区域特色优势产业带发展现状

特色粮食产业带	所在区域	规模
优质专用小麦产业带	京山、京广铁路沿线	1 350 万亩
优质玉米产业带	京山、京广铁路沿线和张承坝下地区	1 300 万亩
优质大豆产业带	沧州、廊坊等地	223 万亩
马铃薯产业带	张承地区	321 万亩
甘薯产业带（建设中）	冀东卢龙、冀中永清、冀南大名	
优质棉花产业带	邯郸、邢台、沧州、衡水为重点的黑龙港流域	1 035 万亩

资料来源：根据《河北农村统计年鉴》（2010）的相关统计数据整理、计算得出。

（4）功能齐全的城乡基础设施。

基础设施是指"在社会生产和人民生活中起基础作用的公共设施和公共工程"，是构成城乡两大系统经济社会可持续发展的基础要素。一般可以分为经济性基础设施和社会性基础设施两大类，"经济性基础设施包括交通运输、能源、邮电通信等设施，社会性基础设施包括教育、科研、卫生等设施。"城乡基础设施①作为省域经济社会发展的基本要素，可以为城乡一体化发展奠定坚实的物质基础和支撑条件。

---

① 本书提到的城乡基础设施，特指经济性基础设施。

　　首先，初步建成了"东出西联、南北通衢"的综合性立体交通新格局。截至 2009 年年底，全省农村公路总里程达 13.3 万公里，基本上实现了全省 99% 的行政村通油路；高速公路总里程达 4 307 公里，平均每百平方公里 2.3 公里，实现了全省 95% 的县城可以在 30 分钟内上高速，初步形成了以石家庄为中心、省内各区县间以及与省外重要省市和港口间布局合理、高效快捷的公路网络；本着"支撑全省、服务全国"的发展思路，河北省着力构建并完善我国北部地区路网布局体系，省域内铁路营业里程接近 6 000 公里；此外，河北省的航空与海运业也十分便利，在航空方面，河北省已建成并启用的有正定国际机场与唐山、山海关、邯郸三个民用机场；在海运方面，已建成并投入使用的有秦皇岛港、曹妃甸港、京唐港、黄骅港等，初步建成了"东出西联、南北通衢"的综合性立体交通新格局。其次，河北省能源资源禀赋较好，矿产资源丰富，主要以煤炭、石油和铁矿石为主。截至 2009 年年底，拥有的能源资源储量是：炼焦煤储量 27.61 亿吨，居全国第 5 位；铁矿石储量 72.49 亿吨，居全国第 3 位；石油储量 26.1 亿吨，居全国第 1 位。此外，河北省矿产资源品种也齐全。省域内发现矿种达 120 种，其中已探明储量的达 74 种，储量位居我国大陆省份前 10 的就达 43 种，且分布广泛，体系较完整，为河北省发展综合性工业基地及石化和煤炭等工业提供了良好的基础条件。最后，近年来河北省传统邮电通讯设施逐渐减少，现代化邮电通信设施发展迅速。以 2010 年为例，与"十五"末期相比，全省邮政所由原来的 1 957 个减少为 1 789 个，固定电话交换机容量由原先的 149.1 万路端下降为 34.3 万路端，移动电话交换机容量却由原来的 2 693 万户增加为 8 080 万户，互联网宽带接入户由原来的 606 万户增加为 667 万户。

　　(5) 日益明晰的区域功能定位。

　　区域功能定位是基于对不同区域"资源环境承载能力、现有开发密度和发展潜力"，将特定区域规划为不同主体功能类型的空间单元，"提高城镇综合承载能力，按照循序渐进、节约土地、集约发展、合理布局的原则，积极稳妥地推进城镇化，"逐步改变城乡二元结构。因此，明晰的区域功能定位不仅是区域协调发展的重要途径，更是城乡一体化发展具有特色的先决条件。

　　近年来，河北省在国家宏观发展战略的指导下，逐步明确了省域角色定位，制定并完善了相关主体功能区发展规划，最终确定"一圈一带一区"

的发展空间格局。"一圈",即环首都绿色经济圈。以近邻首都北京的保定 2 个县市（涿州市、涞水县）、张家口 3 个县（涿鹿县、怀来县、赤城县）、承德 3 个县（丰宁满族自治县、滦平县、兴隆县）、廊坊 6 个县市区（大厂回族自治县、香河县、固安县、三河市、广阳区、安次区）为重点,在充分发挥其独特区位优势的基础上,加大承接京津产业转移的支持力度,深刻调整该区域的产业结构与布局,形成辐射周边、带动全省的环首都新兴绿色经济圈; "一带",即沿渤海经济隆起带。以近海临港的唐山 4 个县市区（乐亭县、滦南县、唐海县、丰南区）、秦皇岛 5 个县市区（昌黎县、抚宁县、山海关区、海港区、北戴河区）、沧州 2 个县市（海兴县、黄骅市）为重点,在充分发挥其沿渤海优势的基础上,加大政策支持力度,倾力优化沿海地区的生产力布局,统筹谋划沿海经济隆起带; "一区",即冀中南经济区。以石家庄、邯郸、邢台、衡水四市为重点,充分发挥该区域优越的交通和产业基础优势及其被列为国家重点开发区域的有利条件,突出强化省会石家庄市在冀中南地区的中心城市地位,着力培育冀中南区域经济社会发展的新优势。

2. 基础条件的劣势因素

（1）地处京津周边的区位资源劣势。

河北省地处京津周边,既是一个显著优势,也是一个显著劣势。就北京而言,其对河北的虹吸效应持续到 2008 年奥运会之后,由于其主城区面积限制、平原土地紧张才有所减弱。而天津目前却处于集聚期,其对河北的虹吸效应不但没有减弱,相反却有增强的趋势。以水资源为例,为确保京津水源地的清洁优质,承德先后禁止高效益工业项目达 800 多项,全市每年损失利税 10 多亿元。张家口赤城县为节水,将耗水较大的水稻种植面积由 1996 年的 3 600 多公顷削减至 2009 年的 210 多公顷。近年又关停化肥厂、人造板厂等 59 家耗水量较大的企业,年均直接经济损失达 5 000 多万元。当前,该县人均年收入达 2 300 元（国家确定的贫困线标准）以上的仅有 4 个乡镇,只占全县乡镇的 22.2%。同时,"京津风沙源治理工程"要求张承地区大范围封山育林,不仅提高了该地区畜牧业生产成本,而且制约了以畜牧业为增收主渠道的农民收入的持续增加,致使"环京津贫困带"陷入脱贫与援京津的两难困境（如图 3-5 所示）。

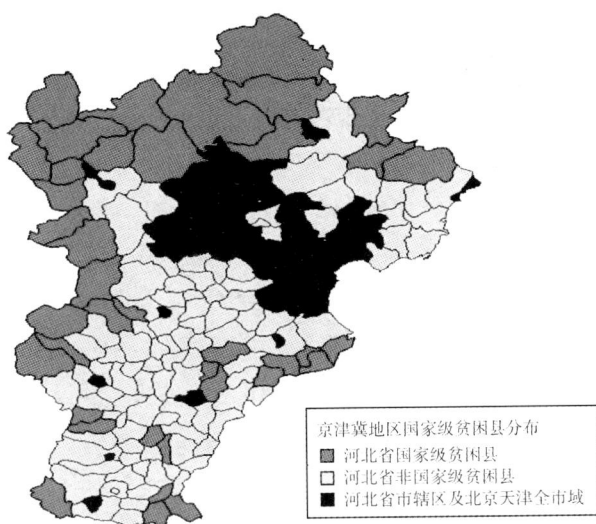

图 3 - 5　河北省环京津贫困县分布示意

　　此外，京津两市经济的快速发展及其为促进经济发展而推行的各种优惠政也造成了河北省资金和人才等生产要素的大量流失。近年来，河北省以年均 0.5% 幅度流失大量工程技术和科研人员，处于年富力强时期的高校毕业生也多数流向京津民营企业，加剧了河北省资金与人才短缺的矛盾，严重限制了河北经济的发展（如图 3 - 6 所示）。据有关统计资料显示，2006 年，河北省经济综合竞争力在全国排位处于上游区的第 10 位，但 2007 年、2008 年连续两年均降为中游区的第 12 位，2009 年再次降到中游区的第 13 位，且落后于中部地区的内蒙古自治区和湖北省及西部地区的四川省。在东部沿海地区各省市中排倒数第 2，综合竞争力的分值仅略强于上海市分值的一

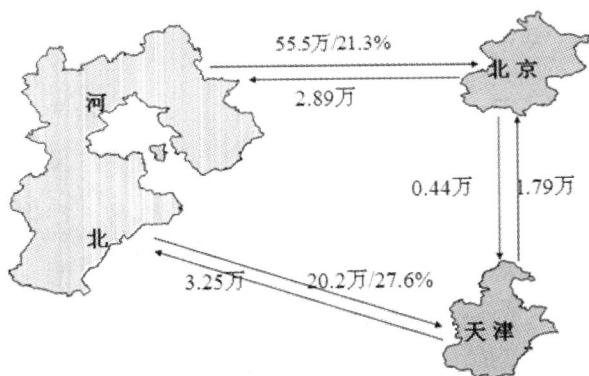

图 3 - 6　2000~2005 年河北流向京津人口示意

半，与北京和广东两省市的分值差距更大。这充分说明，京津对河北虹吸效应的强大，河北的区位优势和地缘优势还难以得到充分彰显。

（2）中心城镇的辐射带动功能较弱。

中心城镇是区域经济社会发展的增长极，只有强化中心城镇的带动能力，中心城镇才能以城带乡，促进城乡协调发展。河北省设有 11 个地级市，但规模偏小、经济实力较弱，对全省经济社会发展的辐射带动作用不够明显。2010 年年底，全省城区人口规模在 100 万人以上的城市仅有唐山、石家庄、邯郸和保定 4 市，设区城市平均人口规模 104 万人，占全省人口总数的 15.9%。而同期的广东省人口规模在 100 万人以上的设区城市有 21 个，设区城市平均人口规模 150.26 万人，占全省人口总数的 33.4%；浙江省人口规模在 100 万人以上的设区城市有 11 个，设区城市人口平均规模为133.47 万人，占全省人口总数的 29%；相邻的山东省人口规模在 100 万人以上的设区城市有 17 个，设区城市人口平均规模为 158.01 人，占全省人口总数的 28.7%。此外，石家庄市在全国 27 个省会城市中，市区人口规模位居第 15，城市经济规模排第 16，① 与省会地位极不相称。同时，河北省县级市数量也仅占全省县级行政单位的 15.9%，而江苏、广东、山东比重分别达 48.4%、41.8%、35.8%。② 县级市市区人口平均不到 15 万人，其中4 个市不足 10 万人，尚未达到小城市规模。而且建制镇数量多、基础差。1984 年国家放宽设镇标准以来，河北省建制镇增加 18 倍。除县城及白沟、燕郊、胜芳、留史、大营等少数建制镇规模较大外，多数属于与乡没有多少区别的"翻牌镇"，建制镇镇域平均人口只有 3 万人，镇区平均人口不足5 000 人。按小城镇发展综合指标，我省在全国排第 21 位。整体来看，河北省中心城镇聚集人口的能力与先进省份相差较大。

（3）缺乏持续稳定的发展战略。

"东部区位、中部水平"，"中国东部沿海塌陷区"等等，这些形象的描述都真实、准确地反映了河北长期落后于东部其他沿海省份的经济社会发展现状。究其原因，则与其缺乏持续稳定、持之以恒的发展战略不无关系。在区域发展战略格局上，河北多年来也一直在寻求突破，自 20 世纪 90 年代的"两环开放带动战略"到 21 世纪初的"一线两厢"战略，再到今天的"两

---

① 根据《中国城市统计年鉴》（2011）的相关统计数据整理得出。

② 根据《中国城市统计年鉴》（2011）中相关统计数据整理、计算得出。

群一带"或"一圈一区一带"战略,无一不体现出河北希望借助区位优势
谋划省域崛起的不懈努力与奋斗。然而,任何一个区域发展战略都是带有全
局性和长远性的重大谋划,应该具有一定的稳定性和持续性。缺乏持续性和
稳定性的区域发展战略将会加剧经济社会的脆弱性,不利于统筹城乡协调发
展,进而阻滞或延缓城乡一体化进程。事实上,河北省的"两环开放带动
战略"自1995年提出到2000年深入实施再到2005年被"一线两厢"战略
正式取代,前后只有10年的时间,而之后的"一线两厢"战略也在从提出
到实施不到10年的时间里,逐渐被现今的"一圈一区一带"战略取代。虽
然这三大发展战略都是基于河北区位优势而构筑的省域整体发展规划,但是
三者之间并不是具有极强内在联系性的层级递进战略,造成河北发展方向摇
摆不定,与发展方向共时态存在的比较优势在丧失、发展潜能被压制。如
今,河北省具有战略意义的支撑产业依然是钢铁、煤炭、化工等资源型产
业,而不是具有极强辐射带动作用的高、精、尖、特、新产业,其在环首都
经济圈构建进程中,发展势头也远不如内蒙古和天津,从而出现改革开放
30多年,河北难以实现重大突破的被动发展局面。

(4) 城乡制度环境尚需进一步优化。

城乡差距的扩大,表面上看是数据,实质是固若"坚冰"的制度障碍,
这是城乡关系失衡的根源所在。① 改革开放后,河北省虽然也曾逐步废除了
一些阻碍城乡关系协调发展的制度,但却并未从根本上消除城乡二元结构,
全省城乡之间仍然没有形成规范而合理的一体化融通促进机制。城乡的发展
状态、户籍管理、利益关系、社会保障与公共服务以及要素市场等方面依然
存在不协调、不合理的现象,城市发展工业、乡村发展农业,城市代表先进
与文明、乡村代表落后与愚昧的二元壁垒并未从根本上破除。近年来,河北
省将较多的物力和财力倾注在改善城镇面貌、提升城镇发展水平上,开展了
一系列诸如"三年大变样"的形象工程。在这种制度环境下,各地纷纷抓
城市建设、促城市经济,城市优先发展且享受社会资源的更多配置。而被忽
视的乡村却承受着自然、市场与制度三重压力,因为河北省不论农业生产组
织形式,还是农产品经营方式,都与现代市场经济要求的大规模、集约化组
织生产有一定的差距,因此其产业竞争往往居于弱势地位。这种城乡二元化
割据的制度环境,严重影响了城乡一体化发展进程。

---

① 薛晴. 国内城乡一体化研究的回顾与前瞻 [J]. 城市问题, 2011 (3): 25 – 30、59.

(5) 农业经济结构不合理。

农业经济结构主要是指农业经济中的诸多要素及诸多方面的构成比例情况，它既是衡量或判断一个区域农业素质和效益的客观尺度之一，又是加速推进城乡一体化发展进程的重要基础。改革开放以来，河北省农业经济总量持续增长，农业经济结构也不断优化。但是，相对于构建城乡一体化发展新格局的要求而言，河北省农业经济结构调整的整体水平尚待提高。2009 年，河北省农民人均纯收入 5 150 元，与全国平均水平 5 153 元基本持平，但与相邻的山东省（6 119 元）相比，却有近 1 000 元的差距。① 这主要表现在：第一，尚未跳出传统重粮的小农发展模式，农业发展的整体效益不高。长期以来，河北省在农业发展中一直片面强调粮食作物的栽培和种植，忽视经济作物的普及与推广。以 2009 年为例，粮食、棉油与蔬菜在耕地面积中所占的比重分别为 94.7%、17% 和 16.8%，② 致使农产品发展相对不足，很难满足市场对农产品多元化与优质化的需求，制约了河北省农业整体效益的提升；第二，优势农产品缺乏系统的区域性规划，产品结构趋同性严重，特色不突出，缺乏比较优势产业，农业产业化与规模化经营格局难以形成；第三，农产品加工业发展缓慢，省域内年销售额过亿元的农产品加工企业仅有几十家，且多为常规产品，绿色优质的中高端产品较少，安全问题突出。龙头企业带动能力较弱的发展事实延缓了河北省促农致富的步伐，农民增收的潜力尚待进一步挖掘。

(6) 社会保障体系还处于初级阶段。

社会保障体系被称为社会发展的"稳定器"、经济发展的"激励器"和收入分配的"调节器"。完善的社会保障体系是人类社会文明进步的标志。建立健全社会保障和救助机制，是社会稳定和国家长治久安的重要保证，更是城乡一体化发展的必然要求。近年来，河北省在构建社会保障体系方面做出了积极的探索，取得了一定的成绩。尤其是近两年，河北省围绕"以民为本、改善民生"的发展目标，积极构建社会保障体系，收到了较好效果。2009 年，河北省启动了新型农村养老保险试点，2010 年，全省新型农村合作医疗的参合率达到了 94%，基本覆盖全省农业人口。但是必须看到，当

---

① 根据《河北经济年鉴》(2010)、《中国统计年鉴》(2010) 和《山东统计年鉴》(2010) 的相关统计数据整理得出。

② 根据《河北经济年鉴》(2010) 的相关统计数据整理得出。

前，我们的社会保障和救助体系还处在起步阶段，运行机制的科学化、信息化系统还不健全，还无法很好地解决日益突出的社会问题。例如，农民工作为城乡改革的参与者与推动者，其流动性很大，极易形成社会管理与服务的死角，进而产生无身份记录的社会保障"死档"，致使工伤事故、工资拖欠等劳动纠纷无法得到及时有效解决，产生新的阶层分化，社会新旧结构的冲突及其衍生的新矛盾，必将延缓城乡一体化发展进程。

3.2　河北省城乡关系发展历程及特征

当代中国城乡关系的演进主要从新中国成立之日始，大致以改革开放为界。新中国成立初期，中国面临的最根本问题就是改变工业化落后的面貌，认为只有发展工业才能最终解决农村问题。所以，新中国成立初期的城乡关系实际上是由工农关系决定的。虽然党中央也高度重视农业问题，也曾试图协调工农关系，如在 1949～1952 年曾一度出现过城乡自由、开放、交流的发展阶段，但随着优先发展重工业战略的实施，制度化隔绝的城乡关系在我国延续了 25 年。改革开放之后，中国城乡关系进入了一个新的历史发展阶段，过去完全被制度化的城乡关系开始逐步迈向市场化调节，但是在 2003 年以前，农业支持工业、农村支持城市的城乡关系发展格局并没有根本转变。2003 年以后，随着我国经济 26 年的持续高速增长，已经具备了工业反哺农业、城市支持农业的综合国力，由此才开启了以城带乡、城乡互促共荣的城乡一体化发展新时代。

河北省城乡关系的发展历程根植于中国城乡关系演进的历史变化过程中，两者的阶段性特征都比较鲜明且一致，但又因其特殊的区位条件和丰富的资源禀赋，河北省的城乡一体化发展也不乏其鲜明的个性特征。早在改革开放之初，河北省就在国家宏观经济政策的调整下，逐步形成了以城市和工业为主导的"带动型"城乡发展格局，具备了一定的推进城乡一体化发展的基础和条件。这也决定了在其后城乡一体化进程中，"以城带乡、以工促农"的发展特点非常明显，一方面以城市为龙头带动城乡共同发展，促进城乡一体化进程；另一方面立足资源优势，着力打造以重化工业为主导的现代产业体系，走新型工业化道路，促进全省社会经济又好又快发展。时至今日，河北省城乡一体化发展虽然历经 60 多年的坎坷，构筑了较为完善的城镇体系，农村改革创新的力度也在不断加大，但城乡一体化水平总体上还处于城乡一体化初期的起步阶段。

3.2.1　河北省城乡关系发展历程

城乡关系由二元对立走向一体化发展是一个循序渐进的过程，具有鲜明的阶段性特征。从历史的角度看，河北省的城乡一体化进程不仅受省域比较优势的影响，而且较多地受国家不同时期经济社会发展战略及区域发展战略的影响。改革开放以来，河北省城乡一体化大致经历了四个发展时期，已经具备了加快推进城乡一体化发展的基本条件，但同时也应看到，尚有一些深层次的制约因素亟待破解。

1. 城乡二元格局弱化、松动时期（1978～1984 年）

1978 年，党的十一届三中全会的召开，开启了中国改革开放新时代，改革首先从农村开始。据有关资料显示，河北省农村家庭承包责任制的实践探索早于小岗村。但是，由于当时"左"的思想影响还比较大，这一做法并未如小岗村一样幸运地从一开始就得到省级决策层的肯定与支持，而只是得到少数基层领导的默许，不能公开，更没有推广。直到 1981 年 7 月河北省才在全省农村推广普及家庭联产承包责任制，1983 年底完成。1982 年 12 月，乡镇作为我国社会的基层行政区域被写进了国家宪法。至此，河北省废除了"队为基础，三级所有"体制，终结了"一大二公"的人民公社制度，长期被压抑的农业生产潜力得到了极大的释放，农民生产积极性迅速提高，农业生产率快速提升，农业连年增产。1983 年河北省粮食总产量比 1978 年增长 12.6%，棉花总产量比 1978 年增长 5.53 倍，油料总产量比 1978 年增长近 1 倍，全省农民人均纯收入比 1978 年增长 1.6 倍。农民温饱问题初步解决，农村面貌迅速发生巨大变化。而同年河北省工业总产值也比 1978 年增长了 18.6%。河北省工农业的增长关系较之改革开放前有了明显改善，总体上表现为比较协调的发展态势。

在此情况下，河北省在国家启动农产品价格体制改革的基础上，大幅度提高粮食、棉花、油料以及畜产品、水产品等主要农副产品的收购价格。进入 80 年代，河北省已形成计划价格和市场价格并存的"价格双轨制"。此后，由国家定制价格的商品数量逐年减少，由市场供求关系决定价格的商品数量逐年增多，到 1986 年，全省由国家统一定价的商品只有 25 种，其余商品价格全部由市场调节。与此相应，农副产品集贸市场也开始活跃起来，并

由此孕育和萌发了生产要素市场。1983 年年底，全省共有各类集贸市场
1 902 个，同时包含多个生产资料、技术、资金、劳动力等市场，有力地促
进了生产要素在乡村内部以及城乡之间的流动。就劳动力流动趋向看，这一
阶段河北省农村劳动力的流动趋向是跨产业流动，实现从农业到非农业产业
的转移。但这种转移不是永久的，而是以"离土不离乡"模式为主。另外，
也出现了一些城市劳动力流向乡村的现象，主要表现为乡镇企业或私营企
业。从城乡资金流动看，1978～1984 年河北省工农业产品价格"剪刀差"
显著缩小，省级财政用于支持农业的财政支出以及由金融途径流向乡村的资
金也有所增加。另外，河北省在改革开放初期还出现了城市科技与管理人员
流向乡村乡镇企业的现象，明显加快了科技成果转化为农业生产力的速度。
总而言之，这一时期河北省城乡关系得到较大改善，改革开放前形成的刚性
城乡二元格局有所松动，带动城乡关系步入良性循环的新局面。

2. 城乡二元格局波动、变化时期（1984～1996 年）

在 1985 年以前，我国城市改革尚未起步，工业产品价格体制改革未被
启动，大幅度提高农产品的收购价格以及广泛开放农副产品市场，大大缩小
了工农产品之间交换的"剪刀差"，进而改变了原有以城市为中心的城乡利
益格局。然而，改革不仅是经济体制改革，而是与之密切相关的社会体制的
根本变革，并且计划经济体制下遗留的问题也不可能在短期内得到根本解
决。因此，改革也会出现许多新问题、面临许多新矛盾，城乡二元格局的发
展变化也是如此。自 1985 年之后，河北省城乡二元格局又在起伏波动中渐
趋失衡，突出表现为城乡收入差距波动性增大，农民工问题日渐显现、城乡
社会发展趋向失衡等。

城乡收入差距波动性增大。1978～1984 年期间，家庭联产承包责任制
极大地激发了农民的生产积极性，促使农业超常规增长，再加上农产品收购
价格的不断提高，使得河北省城乡居民收入差距一度由 1978 年的 2.42∶1 缩
小为 1984 年的 1.51∶1。然而，随着 1984 年城市改革的启动，为了保证城市
改革的顺利进行，财政资金和资源配置逐步向城市倾斜，自 1985 年之后，
河北省城乡居民收入差距出现了波动性增大。1993 年城乡居民收入差距增
大为 2.74∶1，虽然在 1995 年和 1996 年两年中曾回落到 2.20∶1 和 2.16∶1，
但始终未能改变继续增大的趋势。这一点可以通过城乡居民收入差距的绝对
值来体现，以 5 年为一个时间段进行考察可知：1978～1982 年，河北省城
乡居民收入差距不足 200 元；1983～1987 年，收入差距增大到 400 元；1988～

1992 年，差距继续增大，突破了 1 000 元；1993～1997 年，差距比前一阶段增长了 1 倍，达到了 2 672.66 元。

农民工问题日渐显现。进入 80 年代中期以后，随着乡镇企业与城市改革的双向推动，从土地上解放出来的大量农村剩余劳动力开始向非农产业转移。1996 年，河北省乡村人口 5 171.3 万人，其中纯农业人口 3 036.8 万人，占全部乡村人口的 58.7%；农业兼业人口 929.9 万人，占全部乡村人口的 18%；非农兼业人口 804.3 万人，占全部乡村人口的 15.6%；非农业人口为 400.3 万人，占全部乡村人口的 8%。[①] 据有关统计资料估算，河北省在 1982～1988 年，共转移农村剩余劳动力 453.4 万人，平均每年达 64.8 万人。同时，纯农业从业人员逐年下降，在 1983～1994 年，纯农业从业人员在全省就业人群中下降了 22.29%，相反，全省新就业人群中约有 1/3 为农民工。农民工的出现，虽然迅速为非农产业提供了劳动力资源，但是也因最初流动的盲目与无序以及素质低下等原因而产生了一些问题。首先，在择业方式上，河北省农民工主要依靠"血缘、人缘、地缘"关系，具有明显的自发性，缺乏规范化的职业指导，更没有形成真正意义的农民工市场，致使不断增加的农民工数量与狭隘闭塞的转移空间的矛盾越来越突出；其次，就所从事的职业性质而言，呈现出临时性和季节性。一方面是因为传统的城乡管理体制和严格的城乡分离政策束缚了农民工择业的手脚；另一方面河北农民特有的恋土情结制约着农民工的职业定位，返乡回流率较高，农民到市民的角色转换很难实现；最后，就业层次较低，据有关资料显示，河北省约有 75% 的农民工从事搬运、建筑等重体力劳动，远低于同期其他沿海省市（如江苏、浙江）经商的比例，直接影响了农民工的职业发展和河北省的城市化质量。

城乡社会发展趋向失衡。教育是反映城乡社会发展状况的重要指标之一，其中生均教育经费的配置可以从一定程度上折射出城乡教育的落差。以中小学生均教育经费配置为例，1993 年，全国城市小学为 476.1 元，乡村小学为 250.4 元，城乡差距为 1.9 倍；城市初中为 941.7 元，乡村初中为 472.8 元，城乡差距为 2 倍。到 1999 年，全国城市小学为 1 492.2 元，乡村小学为 476.1 元；城市初中为 2 671.2 元，乡村初中为 861.6 元，两者城乡差距均增至 3.1 倍。由此可窥见城乡失衡趋向之一斑。在医疗方面，随着家

---

　① 根据《中国第一次农业普查资料综合提要·中国 1996 年分省市区农村住户及人口情况统计》（1996 年 12 月 31 日采集）数据整理得出。

庭联产承包责任制的推行，农村公共财政积累率急剧下降，依靠集体经济互
助共济的福利性合作医疗制度也迅速瓦解，农村医疗基本上处于自费状态。
据调查，整个 20 世纪 90 年代，占全国人口 60%～70% 的农民仅消耗全国卫
生总费用的 1/3。在社会保障方面，城乡失衡趋势最为明显。据 1992～1997
年有关统计资料显示：1991 年，城市人均社会保障支出为 250 元，乡村人
均社会保障支出为 5.1 元，城乡差距之比为 49∶1；到 1996 年，城市人均社
会保障支出为 802 元，乡村人均社会保障支出为 9.5 元，城乡差距之比扩大
为 84.4∶1。[①]

3. 城乡二元格局再度强化时期（1996～2003 年）

进入 1997 年以后，中国国民经济面临通货紧缩的威胁，城市下岗职工
大幅增加，就业和再就业形势严峻，传统国有经济在资源配置方面缺乏效率
的弊端越来越突显，逐渐成为生产力发展的制约因素。同时，波及全球的亚
洲金融危机爆发，给中国经济发展带来了较大冲击，尤其是对中国农业的冲
击不可低估。其表现是中国农产品出口困难，农民的增收渠道进一步缩小。
为了维护社会稳定及解决金融危机对中国百姓生活的影响，宏观调控部门加
大了对城市经济部门的扶持力度，河北省也再度将改革和调整的重心转向城
市，这在很大程度上推动了城市的发展与建设，但对乡村的影响相对较小。
因此，城乡二元格局的波动性失衡趋向不仅没有改变，相反却进一步强化，
突出表现在城乡收入差距持续扩大、"三农"问题凸显、城乡经济社会发展
严重失衡等方面。

城乡收入差距持续扩大。如果说在 1985～1996 年期间，城乡收入差距
还曾经出现过小幅回落的话，那么在接下来的 1997～2003 年的 7 年时间里，
乡村经济社会发展的后劲日益显现不足，农产品价格下跌，各种税费负担过
重，外出务工困难，等等，致使农民收入增长明显放缓。而城市则在国家财
政金融及社会福利等政策的支持下，逐步扭转了通货紧缩和金融危机所造成
的不利局面，经济社会发展日渐强劲，城市居民收入增长、消费活跃。在这
样的状况下，城乡居民的收入及消费差距持续扩大，更加促进了城乡二元格
局的巩固而不是瓦解。就河北省的城乡收入状况而言，二者的差距也比较明
显，可以在时间序列和空间比较两方面进行分析。从时间序列上来看，1997
年，河北省城镇居民家庭年人均可支配收入为 4 958.67 元，乡村居民家庭

---

① 根据《河北经济年鉴》（1993～1998）的相关统计数据整理、计算得出。

年人均纯收入为 2 286.01 元，城乡居民收入差距之比为 2.17∶1。到 2003
年，河北省城镇居民家庭年人均可支配收入为 7 239.1 元，乡村居民家庭年
人均纯收入为 2 853.29 元，城乡居民收入差距之比扩大为 2.54∶1。① 在
1997～2003 年的 7 年时间里，河北省城镇居民家庭人均可支配收入平均每
年增长 325.78 元，乡村居民家庭人均纯收入平均每年仅增长 81.04 元，城
乡居民年年平均增长速度之差为 4.02∶1②；从空间比较上分析，河北省所辖
11 个市域的城乡居民收入差距普遍呈扩大趋势，其中承德、张家口两地的
城乡差距扩大化程度尤为突出。据有关统计资料计算得知，1997～2003 年
河北省除承德、张家口两地外，其他各地城乡收入差距之比基本介于 1.7～
2.5 之间，而承德与张家口两地期间的最大值曾分别达到 4.27 和 3.45。特
别是承德市曾连续 4 年城乡收入差距之比接近甚至超过 4，乡村居民人均纯
收入不及城市居民人均可支配收入的 1/3。③

　　"三农"问题凸显。农民收入增长的迟缓，城乡收入差距的持续扩大，
致使河北省的"三农"问题更加凸显。在农业问题上，1997～2003 年期间，
河北省 GDP 增长速度平均为 9.7%，而农业 GDP 平均增长速度仅为 4.5%，
农业 GDP 只占全省 GDP 比重的 16.16%，且一直呈下降趋势，农业发展徘
徊不前的状况非常突出。在农民问题上，一是社会保障覆盖率低，2003 年
全省乡村新型合作医疗覆盖率仅为 2.17%，低于同期城镇职工医疗保险覆
盖率约 57.8%。乡村居民中 60 岁以上的老人能够领取足额养老保险金的仅
占全省乡村老人的 0.64%，远低于城镇 61% 的比例。此外，在就业、教育、
公共基础设施使用等方面，乡村居民待遇也远不如城镇居民；二是综合素质
低，2003 年河北省乡村居民人均受教育年限为 7.6 年，低于同期城镇居民 2
年，仅相当于初中二年级水平，而初中及以下文化程度的乡村居民占到全省
农村劳动力的 37% 以上，万人拥有的科技人员不足 3 人。④ 在科技信息高度
发达的今天，数量庞大的低素质农民显然不利于河北省经济社会发展；在农
村问题上，河北省农村存在生存条件差、剩余劳动力转移困难及社会发展明
显滞后等弊端。据统计，2002 年河北省仍有 102 个乡（镇）不通油路，770
个行政村不通公路，13 679 个行政村不通油路，出行环境较差。全省

---

① 根据《河北经济年鉴》（1998～2004）的相关统计数据整理得出。
②③ 根据《河北经济年鉴》（1998～2004）的统计数据整理、计算得出。
④ 根据《河北经济年鉴》（2004）的相关统计数据整理得出。

96.6%农户仍在使用柴草、煤炭等非清洁燃料,水冲式厕所的普及率不及2%,10 户以下未通电的自然村高达 568 个,40 万农民存在饮用水困难或水质严重不达标问题等等,① 生存条件比较恶劣。文化设施更为匮乏,大多数乡村居民除观看电视节目外,几乎没有其他文化娱乐活动。在剩余劳动力转移方面,由于综合素质不高,很难适应就业形势与社会需求,转移空间较小,难度较大。而乡镇企业作为转移农村剩余劳动力的主渠道,吸纳劳动力的能力也在逐年减弱,到 2003 年已减弱至 2%。② 所有这些都表明,"三农"问题在 1997～2003 年期间已经成为制约河北省经济社会发展的阻碍因素。

城乡经济社会发展严重失衡。河北省是一个农业大省,约有 2/3 的人生活在乡村,城乡二元结构非常典型,一直面临着经济与社会发展的双重任务。然而,城乡收入差距的不断扩大和"三农"问题的日渐凸显,致使河北省经济社会发展极不平衡。首先,人口质量与素质的提高与经济发展速度不同步。1997～2003 年,河北省年均经济增长率为 10.2%,③ 超过国家的年均经济增长率 8.2%,④ 成为充满较强活力与竞争力的省域经济。随着经济的快速发展,河北省的社会发展也取得了一定的成就。如在人口质量和素质的提高方面,以国际上常采用的人类发展指数(HDI)的三项指标考察,河北省的人均 GDP、平均预期寿命和教育获得方面均有很大程度的提高。然而,与经济发展速度相比,其社会发展的速度明显滞后。据有关统计数据显示,2003 年,河北省人均 GDP 为 10 481.58 元,高于全国人均 GDP 9 030.16 元,排名第 11。而同年,河北省的人类发展指数(HDI)为 0.828,略高于全国平均指数 0.816,排名第 12。也就是说,河北省人类发展指数(HDI)的排名落后于人均 GDP 的排名。这表明河北省人口质量与素质的提高与经济发展的速度是不同步的,即社会发展滞后于经济发展。其次,社会保障福利体系与经济发展水平不适应。完善健全的社会保障福利体系是经济可持续发展的基础,它不仅可以减少国际经济动荡局势的影响,而且还有利于缓解社会冲突,维护社会安定,从而为经济发展营造良好的社会环境。然而直到2003 年,河北省社会保障福利的政策与措施依然多侧重城镇居民,较少专门针对乡村居民,全面覆盖城乡的完整体系更未构建。最后,消除贫困的速

---

① 根据《河北经济年鉴》(2003) 的相关统计数据整理得出。
② 根据《河北经济年鉴》(1998) 和《河北经济年鉴》(2004) 相关统计数据计算得出。
③ 根据《河北经济年鉴》(1998～2010) 的相关统计数据整理、计算得出。
④ 根据《中国经济年鉴》(1998～2010) 的相关统计数据整理、计算得出。

度与经济发展的质量不协调。河北省是全国贫困人口较多的省份之一。2001年，河北省尚有未解决温饱及初步解决温饱但不巩固的人口共计570万，占乡村人口总数的10.7%。尤其是环京津地区更是贫困人口的集中区域，俗称"灯下黑"，人数达272万人，其人均年收入不足625元，远远低于全省农民人均年收入2 853.3元的平均水平，这显然与其经济发展质量不相协调。

4. 统筹城乡发展，加快城乡一体化进程时期（2003年至今）

从1978年改革开始到2003年前后，河北省城乡二元格局大致经历了弱化松动、波动变化及再度强化三个时期。在这三个时期中，虽然出现过局部的、初级阶段的城乡一体化，但并未改变城乡关系在经济社会发展中优劣的二元化态势或状况，并且这种态势或状况对河北省经济社会可持续发展是极为不利的。从2003年开始，河北省委省政府在中共中央的领导下，加大了统筹城乡发展力度，有力地"遏阻"了城乡二元格局的进一步强化，促使城乡关系从二元分割向一体化发展。

进入21世纪以来，城乡差距的持续扩大已引起中共中央的高度重视，国家一系列支农惠农政策相继出台，有力地遏阻了城乡二元格局的进一步强化。2002年，党的十六大把统筹城乡经济社会发展，建设现代农业、发展农村经济、增加农民收入作为全面建设小康社会的重大任务。2004年，胡锦涛总书记在党的十六届四中全会上提出了"两个趋向"的著名论断，并在随后的中央经济工作会议上进一步指出，我国总体上已经进入到"以工促农、以城带乡"发展的新阶段。根据对城乡关系的新认识，2005年12月29日，中共中央做出了废止农业税条例的决定，中国农民从此告别了2 600多年的"皇粮国税"，是城乡关系实现历史性转折的突出标志。在此背景下，河北省委省政府也开始逐步推翻了向农村"汲取"资源的一系列行政措施，并加大对"三农"的支持力度。主要包括积极探索并建立农村社会保障制度，逐步增加对农村基础设施的财政资金投入，千方百计促进农民增收、农业增效和乡村繁荣，注重在制度上解决农民工的权益保护问题，摒弃"城乡分治"的传统理念与做法，实施城乡"同城化"管理方案，逐年加大对"三农"的财政支持力度，不同程度上缓和了城乡分割体制与市场机制对城乡二元格局的强化效应，遏阻了城乡差距的进一步扩大。

2005年，党的十六届五中全会提出了建设社会主义新农村的战略任务。这是党在新的历史条件下，以科学发展观为指导，推动农村综合改革、矫治城乡失衡、进而谋划城乡一体化发展的新起点。2006年，中共十六届六中全会提出了构建社会主义和谐社会的问题，更加突出了矫治城乡失衡发展的重要性。2007 年，党的十七大报告进一步明确提出建立以工促农、以城带乡长效机制，加快形成城乡一体化发展新格局的战略任务。2008 年，党的十七届三中全会再次强调城乡一体化发展是新时期推进农村改革的根本要求。此外，2004～2011 年中央连续八个关注"三农"问题的"一号文件"相继出台，也对城乡一体化发展起到了极大的推动作用。河北省在认真贯彻落实中共中央一系列强农惠农政策的同时，结合本省实际，制定颁布了《关于推进社会主义新农村建设的指导意见》、《关于加快农业和农村信息化建设的指导意见》、《社会主义新农村建设联系县政策试验指导意见》、《关于进一步推进农村改革发展的意见》、《关于 2009 年促进农业稳定发展农民持续增收的实施意见》、《关于 2010 年加快推进农村新民居建设的工作意见》以及《关于进一步统筹城乡发展加快社会主义新农村建设的若干意见》等等诸多关于发展农村、推进城乡一体化的政策文件，积极探寻解决城乡失衡的现实路径，谋划城乡一体化发展新格局。

3.2.2　河北省城乡关系发展特征

纵观河北省城乡关系由二元分割向一体化发展的演进历程可知，其与国家城乡关系发展的历史进程几近相似。但是这并不代表河北省城乡一体化的发展没有特色。相反，经过 30 多年的改革与实践探索，河北省城乡一体化发展呈现出其独有的特征，重点表现在顺应生产力发展的历史性特点与生产关系发展的和谐性特点。当前，河北省城乡一体化发展的特征主要表现在以下几个方面：

1. 以城镇"三年大变样"为抓手，全力加速城镇化发展进程

城镇化是经济社会发展的必然历史趋势，更是实现城乡一体化发展的重要途径之一。国际经验表明：当城镇化发展水平约为 50% 时，是破解城乡二元结构、推进城乡一体化发展的最佳时期。而据有关统计资料显示，2008 年河北省城镇化率仍然处于偏低状态，仅为 41.9%，比全国平均水平低 3.8 个百分点，居第 20 位，更低于广东 63.4%、辽宁 60.1%、浙江 57.6%、江苏 54.3%、山东 47.6% 的水平。[①] 同时，城镇化严重滞后于工业化。国际上

---

① 根据《中国城市统计年鉴》（2009）的相关统计数据整理得出。

一般以工业增加值和城镇人口比重来衡量工业化与城镇化的关系。2006年全国城镇人口比重首次超过工业增加值比重，意味着城镇化已经赶上了工业化步伐。但河北省直到2008年，城镇人口比重仍低于工业增加值比重7.5个百分点。基于此，从2008年开始，河北省在全省范围内深入开展了以"城镇建设水平和整体面貌显著改观"为基本目标的城镇面貌"三年大变样"活动。经过三年的努力，到2010年年底，河北省城镇化率达到45%，城镇人口与工业增加值之间的比重差距缩小为2.3个百分点，① 表明河北省城镇化速度明显加快，城镇化发展日趋接近工业化步伐。此外，在完善城镇功能、提升城镇承载能力、优化城镇建设与发展环境等方面也取得了实实在在的成效。所有这些成效的取得，不仅有效地加速了城镇化发展的进程，而且促使农业基础设施不断完善、农村面貌大为改观，为进一步确保河北省城乡一体化工作顺利推进奠定了坚实基础。

2. 以农村新民居建设为载体，积极追求城乡居民生活条件的基本一致

恩格斯指出，城乡关系由二元对立走向一体化发展的基本途径是"把城市和农村生活方式的优点结合起来，避免二者的片面性和缺点"。斯大林更是将"城市和乡村有同等生活条件"作为城乡一体化的重要标志之一。河北省在统筹城乡发展、推进城乡一体化的过程中，特别注重改善和提高城乡居民尤其是农村居民的生活条件。2008年2月，河北省建设厅发布了《农村新民居"十百千"示范工程实施方案》，标志着河北省新民居建设的正式启动。7月，河北省建设厅再次发布《关于进一步加强农村新民居示范工程建设的指导意见》，对新民居示范工程提出具体指导意见。2008年10月，河北省委省政府在七届四次全会上作出了实施农村新民居建设的重大战略决策，且将其作为全省深化农村改革的10项重点工作之一。2009年，全省确定了1 000个省级示范村，2010年又确定了2 000个省级示范村。此外，各地也分别确定了一些市级、县级新民居示范村，2010年全省共启动各级新民居建设示范村6 500个，占行政村总量的12.95%。2011年，河北省更是将新民居建设写入到"十二五规划"。新民居建设作为建设社会主义新农村的一项重大工程，在推动农村经济社会的全面发展（如优化农村生活环境、完善农村基础设施、提高农村生活质量以及节约利用土地，等等），尤其是缩小城乡居民的生活差距方面起到了极大的促进作用。通过新民居建设，既可以延伸和完

---

① 根据《2011河北城镇化发展报告》的相关统计数据整理得出。

善城市基础设施和公共服务设施，切实改善和提高乡村居民的生活条件；又可以减少农民建房资金，并将节省下来的建房资金投入生产，增加农民的收入。同时，大规模的新民居建设还可以为农民提供大量就业机会，增加工资性收入。住房投入的减少与就业收入的增加，促使乡村居民的生活质量与水平不断提高，城乡居民的生活条件日益接近并趋向一致。比如邯郸市曲周县白寨村作为河北省农村新民居"十百千"工程示范村之一，目前已建成二层别墅式新民居 113 套，多层住宅楼 6 栋 175 套；其中 56 套别墅精装修到位，实现了通电、通水、通暖气、通煤气、通有线、通宽带、通太阳能等"七通"，完全达到甚至超过同期城市居民的入住条件。

3. 以编织通达路网为手段，倾力拉近城乡距离

长期研究中国乡村建设问题的美国里德学院教授丹尼斯·海尔认为，中国经济发展不平衡的根本原因是城乡差距的持续扩大。当前，中国政府加大对乡村投资力度，尤其是在村镇之间修建高速公路等基础设施，虽然对改善中国经济发展不平衡的现状不能起到"立竿见影"的效果，但将为乡村的长远发展奠定坚实的基础。近年来，河北省在党中央的领导下，逐步加大了对农村的投资力度，特别是在高速公路建设方面，仅"十一五"期间就累计完成投资 1 483 亿元，达到"十五"时期的 5.5 倍，到 2010 年年底，全省高速公路通车里程达 4 307 公里，密度为 2.3 公里/百平方公里，基本上形成了"五纵六横七条线"[①] 的交通架构（如图 3 - 7 所示）。此外，河北省还不断加大对一般国省干线、乡村公路的投资力度，以 2009 年为例，一般国省干线投资 40 亿元，通车里程达 315.1 公里。乡村公路投资 35 亿元，到2009 年年底，全省"村村通工程"覆盖率达 99%。基本上在城乡之间架构起了以高速公路为"主动脉"、国省干线为"经络"、市县公路为"支脉"、乡村公路为"毛细血管"的比较完善的公路交通网络，既为广大乡村带来

---

① 五纵：(1) 冀蒙界（赤峰）—承德—遵化—唐山—天津—黄骅—冀鲁界（滨州）；(2) 北京—廊坊—天津—沧州—德州；(3) 北京—霸州—任丘—衡水—威县—冀豫界（开封）；(4) 北京—保定—石家庄—邢台—邯郸—冀豫界（安阳）；(5) 冀蒙界（宝昌）—张北—万全—涞源—石家庄。六横：(1) 冀辽界（朝阳）—平泉—承德—北京—怀来—张家口—冀蒙界（集宁）；(2) 冀辽界（山海关）—秦皇岛—唐山—宝坻—香河—北京；(3) 北戴河—京唐港—天津—霸州—徐水—阜平—冀晋界（五台）；(4) 黄骅港—黄骅—沧州—石家庄—冀晋界（阳泉）；(5) 冀鲁界（临清）—威县—邢台—冀晋界（五台）；(6) 冀鲁界（聊城）—邯郸—涉县—冀晋界（长治）。七条线：(1) 承德—秦皇岛；(2) 宣化—阳泉—冀晋界（大同）；(3) 密云—平谷—三河—香河—廊坊—霸州；(4) 唐山—乐亭—京唐港（支线、青坨营—唐海）；(5) 沧州—河间—高阳—保定；(6) 冀鲁界（夏津）—清河—南宫—宁晋—赵县—石家庄；(7) 衡水—德州。

了大量物流、客流、资金流和信息流，又大大缩短了城乡之间的空间距离，形成"以城带乡、城乡协调"的交通新格局，为进一步加速城乡一体化发展进程起到了积极的推动作用。

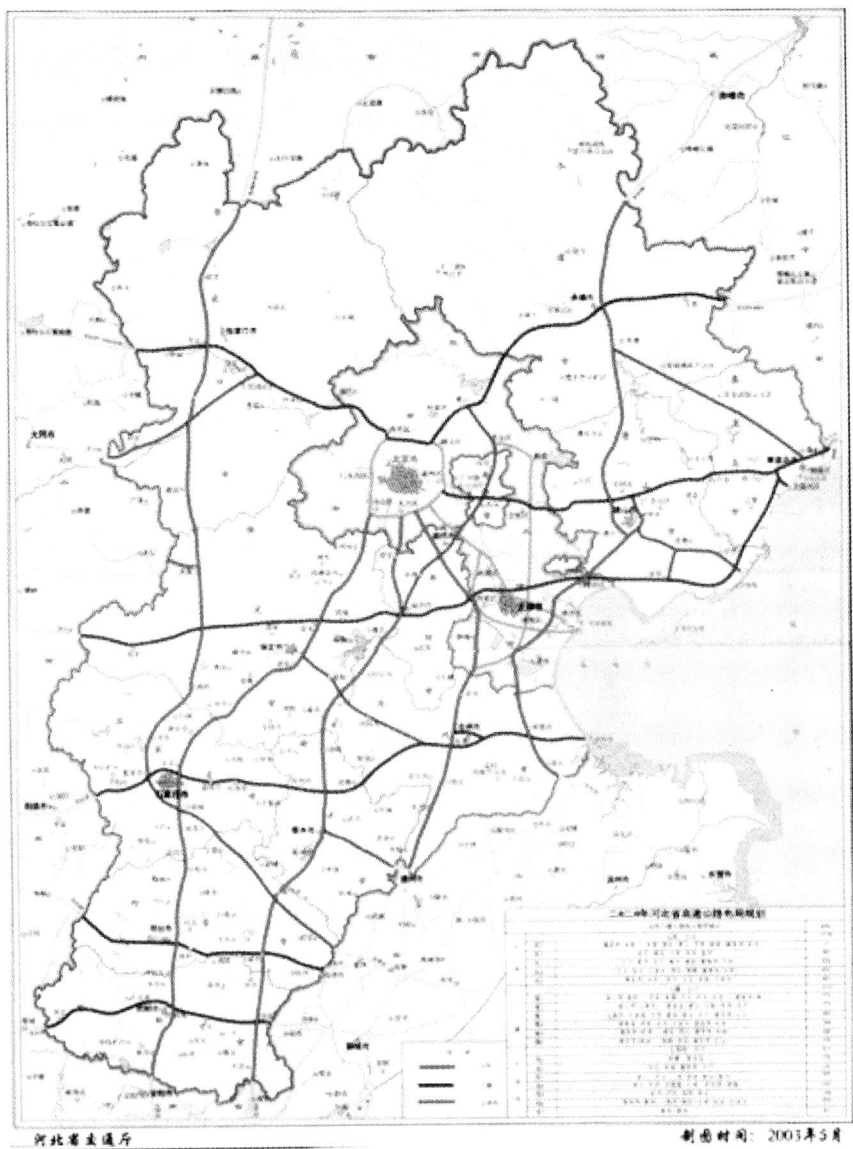

图 3-7　河北省 2020 年高速公路规划示意

4. 以发展现代农业为重点，着力破解"三农"难题

河北省作为一个农业大省，农业人口与农产品产量在我国占有举足轻重

的地位。然而，河北省的农业在很大程度上仍处于传统农业发展阶段，整体发展水平不高，制约农业和农村的发展，"三农"问题较之全国更为突出。解决"三农"问题是河北省经济社会发展进程中最艰巨的任务，也是推进城乡一体化发展面临的最大难题。众所周知，"三农"问题千头万绪、错综复杂，诸如农村经济社会发展迟缓、农民收入过低、农村劳动力过剩以及农业生产技术落后，等等。但"农业是安天下、稳民心的战略产业"，"农业兴则百业兴"。近年来，河北省着力推动传统农业向现代农业转型，将优化农业经济结构、改善农业生产条件、不断提高农业产业化生产与经营水平以及提升农民生活水平等作为促进现代农业发展的战略支撑。以 2010 年为例，在农业经济结构方面，蔬菜、果品、畜牧三大产业产值占全省农林牧渔业总产值的 68.1%，经济与饲料作物占农作物播种面积的 1/3，初步形成了专用玉米、优质小麦、棉花、蔬菜、果品、牛奶等优势农产品产业带，农业现代化实现程度达 49%。在农业生产条件方面，农村公路通车里程达 13.2 万多公里，全省行政村通路（柏油路与水泥路）率达 99%。农田有效节水灌溉面积达 6 872.8 万亩，占全省农田面积的 78.1%；在农业产业化生产与经营方面，立足本省资源优势，加大培育一批农业龙头企业和农业合作经济组织，到 2010 年低，全省共有 32 家国家级重点龙头企业，38 家农业部定点批发市场；在提升农民生活水平方面，建设省级新民居示范村 3 000 个，解决 1 308 万农村居民饮用水安全，实现 84 万人脱贫，"新农合"参合率达 94.5%，农民人均纯收入由 2005 年的 3 482.6 元提高为 2010 年的 5 958 元。① 城乡一体化的本质在于追求城乡经济社会发展地位的平等，发展现代农业是城乡一体化发展的必然要求。

3.3　河北省城乡一体化发展现状分析

科学谋划区域城乡一体化发展战略的重要前提是对该区域城乡一体化发展状况作出客观判断。当前，国内有关区域城乡一体化发展状况的客观判断，基本上都是通过量化评价指标体系进行实证研究获得的，一方面有利于廓清该区域的城乡关系；另一方面也可以加深对其城乡一体化发展现状及其

---

① 根据《河北农村统计年鉴》（2011）的相关统计数据整理得出。

存在问题的认知。国内代表性的学者主要有杨荣南、李同升、顾益康、曾磊、修大亮等。

3.3.1 相关评价指标体系

1. 杨荣南的评价指标体系结构

杨荣南在阐释城乡一体化含义、实现条件及指标体系构建原则的基础上，参照国内外社会发展指标体系，构建了以经济、人口、空间、生活、生态环境等方面、35个领域为内容的指标体系（如表3-5所示）。该指标体系的基本框架虽然是从不同方面反映城乡关系发展状况的，但也可以通过相应数学计算从总体上观察城乡一体化实现程度，开创了我国城乡一体化定量化研究的先河。该指标体系有两个特征：一是指标体系涵盖范围较广，几乎囊括了城乡经济社会发展的方方面面，尤其是对生态环境因素的考虑特别值得称道，体现了不以牺牲环境为代价的可持续发展理念；二是指标的获取性较强，且简单易行便于操作，但尚存在一些指标与现实相互脱节的问题。如人均居住面积与住宅成套率并不能真实反映出城乡实际居住水平，还应包括区域环境、居住空间、建筑质量等更现实的指标。

表3-5　　　　　杨荣南城乡一体化评价指标体系基本框架

一级指标	二级指标	三级指标
城乡经济融合度	城乡人均国民生产总值	
	城乡三大产业结构比	城乡第一产业占GDP比
		城乡第二产业占GDP比
		城乡第三产业占GDP比
城乡人口融合度	城乡社会劳动生产率比	
	城乡非农就业率比	
	城乡同年龄青年受高等教育的比重之比	
	城乡劳动力平均受教育年限比	
	城乡人口迁移率比	
城乡空间融合度	城乡每万人拥有运营公共汽车车辆比	
	城乡高等级公路密度比	
	城乡人均邮电业务量比	
	城乡每百人拥有电话数比	

续表

一级指标	二级指标	三级指标
城乡生活融合度	城乡居住水平比	城乡人均居住面积与成套率比
	城乡收入水平比	城乡居民人均储蓄余额比
	城乡消费水平比	城乡恩格尔系数比
	城乡社会保障程度比	城乡基尼系数比
城乡生态环境融合度	城乡绿化覆盖率比	
	城乡工业废水处理率比	
	城乡工业固体废弃物利用率比	
	城乡每万人拥有清洁卫生工作人员数比	

说明：以上评价指标来源于杨荣南撰写的《城乡一体化及其评价指标体系》一文，该文刊载于《城市研究》1997 年第 2 期。原文包含 5 个一级指标、24 个二级指标和 18 个三级指标，限于篇幅，这里有所简略。

2. 曾磊、雷军等的城乡关联度分析

曾磊、雷军等在分析影响城乡一体化发展诸要素的基础上，运用层次分析法建构了一套包括城乡空间关联与功能关联为内容的、反映区域城乡关联程度与特征的指标体系，用来静态分析 2000 年我国 31 个省市（直辖市）的城乡关系发展状况（如表 3 - 6 所示）。该指标体系将经济、社会、自然基础、城镇体系与基础设施等指标分别考虑，能比较清晰地反映区域城乡关系的关联性与协调程度，是比较典型的方法。

表 3 - 6　　　　曾磊、雷军城乡关系评价指标体系及评价目的

目标层	功能指标层	分析指标层	评价目的
城乡关联度	空间联系	自然基础	山地面积比例 人均水资源指数 建成区面积	自然条件对城乡之间要素流转的阻隔情况和自然资源承受能力
		城镇体系 城市密度 20 万人以上城市数量 小城镇数量	城镇的密集程度及对连接城乡之间要素流转其关键作用的小城镇发展程度
		基础设施 铁路网密度 公路网密度 内河航道里程 每万人拥有邮电局个数 三废处理率 人均用电量	交通、邮电、能源及环境治理能力，主要反映城乡要素流载体的发展水平

续表

目标层	功能指标层	分析指标层	评价目的
城乡关联度	功能联系	经济联系 人均 GDP 非农产业产值比 劳均乡镇企业产值 转移劳动力比例 限额批发零售市场个数 消费品零售额 农业产出占财政支出比例	城乡居民生产、生活水平即物质流、资金流与人流、技术流、信息流状况
		社会联系 非农人口比例 文盲半文盲数 农村居民家庭人均收入 城市恩格尔系数 农村恩格尔系数 户均电话拥有量 每万人拥有医院床位数 每万人拥有的图书馆个数 绿化率	城乡社会服务水平及服务的广度和深度，主要反映城乡居民享受社会服务的公平程度

资料来源：曾磊，雷军等. 我国城乡关联度评价指标体系构成及区域比较分析 [J]. 地理研究，2002 (2).

3. 顾益康、许勇军的评估指标体系

顾益康、许勇军在把握城乡一体化概念及其内涵的基础上，借鉴 1998 年诺贝尔经济学奖获得者阿马特亚·森关于社会福利指数的研究成果，构建了包括城乡一体化发展度、差异度和协调度为内容的三维综合评估指标体系，用以评估和反映城乡一体化发展进程（如表 3 - 7 所示）。该指标体系的特别之处在于，它没有将经济、社会、自然生态、基础设施等这些常规的静态指标作为考察对象，而是从城乡一体化发展度、城乡差异度与城乡关系协调度等三个方面来动态地、综合地展示城乡一体化发展状况。虽然方法比较独特，但在一些基础性指标的可获取性方面考虑得稍欠充分，搜集数据的难度偏大。如绿色 GDP 与 GDP 之比在理论上确实能够体现经济可持续性发展的程度，但绿色 GDP 很难直接获取统计数据，需要进行较为复杂的数学计算，并且计算方法很多，国内尚未有统一的核算体系，因此指标的可获取性较差，不利于实践操作。

表 3 – 7　　　　　　　　顾益康、许勇军城乡一体化评估指标体系

一级指标	二级指标	三级指标	四级指标
城乡一体化发展度	现代化发展程度	现代化发展综合指数	
	城市化发展水平	城市化率	
	市场化水平	农林牧渔业商品率与农村居民现金收入之比	
	经济综合发展水平	人均 GDP	
	政府宏观调控能力	人均财政收入	
城乡一体化差异度	经济差异指标	三次产业劳动生产率差异	第一产业劳动生产率与全社会劳动生产率之比
		城乡工业边际收益差异	第一、第二、第三产业劳动生产率标准差系数
	城乡居民差异指标	城乡居民收入增加差异	农村居民收入增加幅度与城镇居民可支配收入增加幅度之比
		城乡居民消费档次差异	农村居民恩格尔系数与城镇居民恩格尔系数之比
	区域差异指标	人均 GDP 差异	人均 GDP 标准差系数
		农民人均收入差异	农民人均收入标准差系数
		人均财政收入差异	人均财政收入标准差系数
	城乡基础设施与社会环境差异	城乡有线电视覆盖率差异	农村家庭与城镇家庭有线电视覆盖率之比
		城乡安全饮用水差异	农村与城镇自来水覆盖率之比
		城乡居民维权差异	农村居民与城镇居民上访率之比
		城乡环境差异	农村与城镇生活垃圾无害化处理率
财政支出结构优化度	财政支出结构优化度	农村居民人居财政支出与全社会人均财政支出之比	
	最低生活保障度	最低生活保障水平与居民收入之比	
	合理失业率	登记失业率与4%之差	
	经济可持续发展	绿色 GDP 与 GDP 之比	
	三废综合治理率		
	城乡一体化制度安排	专家咨询法获得数据	

资料来源：顾益康，许勇军. 城乡一体化评估体系研究［J］. 浙江社会科学，2004（6）.

4. 修春亮、许大明等的评估指标体系

修春亮、许大明等以乡镇为研究单元，利用综合指数法构建了评价区域城乡一体化发展进程的指标体系。该指标体系由"经济发展水平、农村非农化水平、社会公平和福利、交通及日常联系等方面的相对指标构成，通过乡村各微观地域（乡镇、县）各项指标与中心城市的比值加权求和而得"（如表3-8所示）。

表3-8　　　　　　　　　修春亮、许大明城乡一体化评价指标体系

专项分类指标	详细指标	专项分类指标	详细指标
经济发展水平	人均 GDP 农村人均收入 人均财政收入 人均社会总产值	社会公平与福利	人均教育事业经费 人均卫生经费 人均抚恤救济金
非农化水平	社会劳动力非农比重 非农业人口比重 总收入中非农收入比重 新型产业园区建设	交通及日常联系	客流量 客运交通条件 与中心城市的时空距离

资料来源：修春亮，许大明，祝翔凌. 东北地区城乡一体化进程评估［J］. 地理科学，2004（3）.

该指标体系有两大优点一大缺点。优点之一在于把社会公共服务（如社会公平和福利、交通等）吸收进评价体系中，拓宽了城乡一体化评估的范围；优点之二在于用非农业人口比重作为评价非农化水平的重要指标，而没有用传统的城镇人口占总人口的比重去测量，更有利于真实地反映出农村经济社会发展的实际状况。缺点在于没有将环境因素纳入评估指标体系中。因为城乡一体化不仅要求经济社会发展水平的逐步提高，而且对生态环境建设与保护有更高要求，且强调人与自然的和谐发展。缺乏这方面数据，显然是在指标体系最明显的不足之处。

5. 罗雅丽、李同升的评价指标体系

罗雅丽、李同升结合英国学者昂温（Unwin）有关城乡关系的分析，构建了基于城乡协调视角的城乡关联性测度的指标体系，并以西安市1980～2003年城乡关系的演进历程为例验证了该指标体系的科学性。他们认为，"城乡关联性可以通过测度促进城乡间各种要素'流'形成的空间介质的质

与量及要素'流'的实际流量、流速和流向来评价",进而选取空间联系介质水平、经济联系强度、社会联系强度、生态联系强度、城乡差异等 5 方面信息为功能层指标,选取城镇密度、公路网密度等 24 个指标为分析层指标,构建了城乡关联度综合评价指标体系(如表 3 - 9 所示)。从表 3 - 9 中可以看出,该指标体系非常注重城乡关系发展的动态变化。这给我们一个启示,考察城乡一体化发展现状不仅要有静态的分析,而且还要有动态的研究,二者需辩证统一。

表 3 - 9　　　　　　罗雅丽、李同升城乡关联度评价指标体系

目标层	功能指标	分析指标层	评价目的
作用介质	空间联系水平	城镇个数 公路路网密度 电话普及率 卫星电视地面站 互联网年末用户	空间联系介质的质量和数量,特别是对城乡连接结点——城镇及通道——基础设施,主要反映城乡要素流的载体发展水平
作用强度	经济联系强度	通勤人口数量 农民对非农业居民零售额 限额批发零售市场个数 第二、三产业 GDP 比重 乡村从业人员中非农产业人员比重 农业机械总动力	基于城乡之间生产联系的劳动力、原料、资本和产品流动,以及基于城乡生活联系的收入、消费和商品流状况
	社会联系强度	自来水受益村比例 每万人拥有大学生人数 支援农村生产支出比例 人均邮电业务总量 科技文化下乡人次	基于城乡居民个人、社会团体、政府组织等之间交流的人口、信息与技术流以及城乡公共服务受益率
	生态联系强度	废水处理率 化肥和农药使用量 建成区绿化覆盖率	基于城乡自然资源合理利用和相互影响的污染物排放与处理率和农药化肥使用量
协调度	城乡差异水平	收入变异系数 比较劳动生产率二元对比系数 消费结构变异系数 基础教育投资偏向系数	基于城乡经济社会生态的协调发展及城乡居民公平享受社会服务的目标,反映宏观政策对城乡关系状况的影响

　　资料来源:罗雅丽,李同升. 城乡关联性测度与协调发展研究——以西安市为例 [J]. 地理与地理信息科学, 2005 (5).

从以上分析可知，当前国内理论界分析城乡一体化的关键指标主要集中于经济、社会、环境、生活等方面。但是以全国各省市区域为视角，这些指标并不完全具有普适性应用价值。因为我国地域广阔，各省市区域的资源环境不同、经济社会发展的优势、机遇有别，加之信息、科技发展的瞬息万变，都不断对城乡一体化评价标准产生新的影响，提出新的要求。所以在衡量各省市区域城乡一体化发展水平时，应选取经济发展水平、乡村非农化与信息化程度、城乡交通与日常联系程度、社会公平与福利指数、基础设施建设与生态环境和谐发展水平等多重指标，力求更加客观且全面地反映实际情况。

3.3.2　省域城乡一体化评价指标体系的构建

1. 基本评价指标

通过对城乡一体化相关评价体系的梳理，在已有研究成果的基础上，并考虑目前影响城乡一体化的主要因素，本书确定以经济、社会、文化、空间布局、生活与文化信息、生态环境以及城乡发展综合状况等 6 个方面为主要内容构建城乡一体化评价指标体系，以期做出更全面且客观地分析判断。下面对各方面内容及计算方法进行详细解释与说明。

（1）经济融合状况。

经济融合是促进城乡关系由二元结构转向一体化发展的基础。主要从产业结构与发展水平、经济实力与财政状况等不同角度来测评城乡经济融合状况，具体由人均 GDP、非农产业从业人数与全部从业人数之比、农业部门与非农业部门劳动生产率之比、人均地方财政收入等 4 个指标构成。其中，人均 GDP 是衡量一个地区经济发展状况最常用也是最具代表性的指标。计算方法：人均 GDP = GDP 总额/总人口；非农产业从业人数与全部从业人数的比值是反映一个区域的劳动力从第一产业向第二、第三产业转移的情况，是生产力结构和社会结构优化与否的重要表现。计算方法：非农产业从业人数与全部从业人数之比 =（第二、三产业从业人数/全部从业人数）×100%；农业部门与非农业部门劳动生产率之比是测度城乡经济二元结构的重要指标之一，二者的比值越大，经济的二元特性越显著，反之则不明显。计算方法：农业部门与非农业部门劳动生产率之比 =［（农业增加值/农业从业人员平均数）/（非农产业增加值/非农产业从业人员平均数）］×100%；人均地方财政收入是反映地区经济实力的重要指标之一。城乡一体化发展不仅需要改革城乡二元体制的弊端，而且还需要财力保障，需要不断加大对农村地区的财政转移支付力度。所以，人均地方财政收入是直接反映城乡一体化发展进程的重要指标。计算方法：人均地方财政收入 = 地方财政收入/人口总数。

（2）社会融合状况。

社会融合是促进城乡关系向一体化发展的前提。主要从城镇化率、教育、医疗卫生与社会保障等 4 个角度确定指标选项。其中，城镇化率不仅是判断一个国家或地区经济发展水平的显著性标志，同时也是反映社会结构变化的关键指标。计算方法：城镇化率 = （城镇常住人口数/常住人口总数）×100%；教育发展方面的指标是对城乡居民思想道德与科学文化水平的直接反映，主要包括城乡生均基础教育投资比和城乡高中毛入学率和大学普及率等内容。计算方法：城乡生均基础教育投资比 = 年末城市基础教育公共财政投入经费/年末农村基础教育公共财政投入经费。高中毛入学率 = ［高中在学人数/（15～18 岁）人口数］×100%。大学普及率 = ［高等教育在学人数/（18～22 岁）人口数］×100%；医疗卫生方面的指标是对城乡居民健康程度的直接反映，主要包括城乡每万人拥有医生个数和新型农村合作医疗覆盖率等内容，这两项数据一般可由统计资料直接获得；社会保障方面的指标主要由社会保障覆盖率来体现，是反映全面小康社会实现程度的重要指标，更是体现社会公平与破除城乡二元结构的关键指标，体现了社会保障体系的健全程度。计算方法：这里借鉴国家发改委宏观经济院课题组的计算方法，"一是城乡统一计算，二是低水平广覆盖，可用城乡居民最低生活保障覆盖面来体现。"

（3）生活融合状况。

生活融合是城乡关系向一体化发展的基本标志。主要从收入支出、文化娱乐、居住水平、信息化普及率等 4 个角度确定指标选项。其中，收入支出是衡量城乡居民经济状况的标准之一，是评价城乡居民生活质量的一个重要指标。主要由城乡居民基尼系数和恩格尔系数组成。基尼系数是城乡贫富差距的量化描述，是综合考察城乡居民收入差异状况的重要指标。基尼系数的实际数值界定在 0～1 之间，0 代表收入分配绝对平均，1 代表收入分配绝对不平均。国际上通常将 0.4 作为收入分配差距的警戒线。计算方法：

$$G = 1 - \frac{1}{n}\left(2\sum_{i=1}^{n-1} W_i + 1\right) \tag{3-1}$$

公式（3-1），G 为基尼系数，n 为假定全部人口平均分为 n 组，每组人口占全部人口的比例即为 $1/n$；W_i 为从第 1 组到第 i 组人口累计收入占全部人口收入的百分比。

恩格尔系数是反映生活水平高低的重要指标，由食物消费支出额占总消费支出额的比重决定。计算方法：恩格尔系数 = 食物支出金额/总支出金额 × 100%；文化娱乐是一项反映精神文化生活质量与水平的重要指标，主要由城乡居民文化娱乐消费支出之比来体现。计算方法：年末农村居民文化娱乐消费支出金额/年末城市居民文化娱乐消费支出金额 × 100%；居住条件的改善是城乡一体化建设的重要任务，由城乡居民人均居住面积之比来体现。计算方法：城乡居民人均居住面积比 = 年末农村居民人均面积/年末城市居民人均居住面积；信息化普及率是体现城乡社会信息技术发展程度以及城乡居民获取和解读信息能力强弱的重要指标，是分析一个国家或地区进入信息化时代与否的基本标志，由电视、电话和计算机的普及率三项指标组成。一般认为，城市信息化普及率平均达到 80% 以上，农村信息化普及率平均达到 60% 以上，即意味着实现了城乡一体化。

（4）生态环境和谐状况。

生态环境和谐发展既是城乡一体化发展的战略目标之一，又是城乡关系转向一体化可持续发展的根本保证。主要从绿化覆盖率、生态环境治理状况、安全饮用水普及率、国家资源环境安全系数等 4 个角度确定指标选项。其中，绿化覆盖率是衡量城乡生态环境质量与水平的重要内容，主要以森林覆盖率为主要指标。一般认为，城乡绿化一体化的标准为 35.7%，相当于发达国家的平均水平。计算方法：［有林地面积 + 大片灌木林面积 + "四旁"树①与农田防护林带折算面积］/土地总面积 × 100%；生态环境是人类赖以生存和发展的首要条件，水土流失治理率与旱涝盐碱综合治理率，这两项指标代表了城乡一体化发展对环境因素的客观要求。计算方法：水土流失治理率 = 水土流失治理面积/原水土流失总面积 × 100%。旱涝盐碱综合治理率 = 旱涝盐碱治理面积/原旱涝盐碱总面积 × 100%；水是生命之源，饮用水安全涉及基本民生，普及安全饮用水代表着人类文明的进步。安全饮用水普

---

① 指在村旁、路旁、水旁、宅旁等一切能利用的地方所种植的树木。

及率可以在一定意义上折射出城乡环境状况，而城乡一体化追求的目标则是安全饮用水普及率为100%。区域资源环境安全系数是由国家发改委宏观经济研究院课题组的国家资源环境安全系数这一指标选项借鉴而来，用以测评省域城乡一体化发展进程中人与自然的和谐程度和可持续发展能力，由水、土地、矿产、生态环境等要素构成。据相关资料显示，当前我国资源环境安全系数约为1.73，位居全世界10大人口过亿国家第9，属次低安全度国家，接近完全低安全度国家。因此，必须强化全民资源环境危机意识，转变经济发展方式，减少过度消耗自然资源，唯有如此，才能真正建立起城乡一体化发展的和谐社会。

2. 综合评价指标体系的构建

（1）确定指标权重。

省域城乡一体化发展水平的评估是一个涉及多层次、多因素、比较复杂的问题，其中最关键的问题是指标权重的确定。目前，确定指标权重的方法有很多种，该研究综合分析上述指标选项，并考虑数据的可获得性，选择主客观相结合且较易操作的层次分析法（AHP）作为赋权方法。以空间关联为例，将空间关联作为总目标（A），自然条件为因素层 B1，城镇体系为因素层 B2，基础设施为因素层 B3，综合专家打分结果，并在听取专家意见的基础上，构造如下判断矩阵，如表 3 – 10 所示。

表 3 – 10　　　　　　　　　　判断矩阵

A	B_1	B_2	B_3
B_1	1	1/3	1/5
B_2	3	1	1/2
B_3	5	2	1

资料来源：邵波，陈兴鹏. 甘肃省生态环境质量综合评价的 AHP 分析 [J]. 干旱区资源与环境，2005（4）.

经计算，判断矩阵的特征向量 $W = [0.1095, 0.3089, 0, 5816]$；矩阵最大特征根 $\lambda_{max} = 3.0037$，$CI = 0.0018$，$RI = 0.5149$，则 $CR = 0.0036 < 0.1$，表明该判断矩阵满足满意一致性的充分条件。依照同样的方法，可以得出其他各项指标的权重值，如表 3 – 11 所示。

表 3 - 11　　　　　　　省域城乡一体化发展水平评价指标体系

目标层	准则层	因素层	指标层	指标性质	权重
城乡一体化发展水平（1）	空间关联（0.5）	自然条件（0.1095）	X_1 人均水资源拥有量（m^3/人）	正	0.0182
			X_2 人均耕地面积（亩/人）	正	0.0289
			X_3 人口机械增长率 = 人口迁入率 - 人口迁出率（%）	正	0.0076
		城镇体系（0.3090）	X_4 城镇密度（个/km^2）	正	0.0586
			X_5 空间结构集中程度指数	正	0.0650
		基础设施（0.5816）	X_6 公路网密度（km/km^2）	正	0.0457
			X_7 邮路网密度（km/km^2）	正	0.0682
			X_8 有线电视覆盖率（%）	正	0.0552
			X_9 每万人拥有病床数（个/万人）	正	0.0552
	功能关联（0.5）	经济融合状况（0.4832）	X_{10} 人均 GDP（元/人）	正	0.0716
			X_{11} GDP 非农比重（%）	正	0.0727
			X_{12} 经济外向度（%）	正	0.0172
			X_{13} 乡村从业人员非农比重（%）	正	0.0247
			X_{14} 二元经济结构系数	逆	0.0544
		社会融合状况（0.2717）	X_{15} 城市化率（%）	正	0.0619
			X_{16} 城乡社会保障覆盖率（%）	正	0.0468
			X_{17} 人口文化素质	正	0.0319
			X_{18} 人均卫生事业经费（元/人）	正	0.0267
		人口融合状况（0.0882）	X_{19} 城乡人均可支配收入（元/人）	正	0.0133
			X_{20} 城乡恩格尔系数	逆	0.0131
			X_{21} 城乡居民居住水平比	正	0.0076
			X_{22} 城乡文化娱乐消费支出比	正	0.0045
			X_{23} 城乡信息化对比系数	正	0.0099
		环境和谐状况（0.1569）	X_{24} 城乡绿化覆盖率（%）	正	0.0224
			X_{25} 城乡安全饮用水普及率（%）	正	0.0224
			X_{26} 空气污染指数	逆	0.0332

（2）对评价指标进行无量纲化。

本研究采用 Z-score 标准化法进行指标的无量纲化，公式如下：

对正向指标

$$z_{ij} = (x_{ij} - x_j) / s_j \qquad (3 - 2)$$

对逆向指标

$$z_{ij} = (x_j - x_{ij})/s_j \qquad (3-3)$$

式中：

$$x = \frac{1}{n} \sum_{i=1}^{n} x_i \qquad (3-4)$$

$$s_j = \sqrt{\frac{1}{(n-1)} \sum_{i=1}^{n} (x_i - x)^2} \qquad (3-5)$$

公式（3-5）中，x_{ij} 为实际变量；z_{ij} 为标准化后的变量值。

（3）构建综合指标评价模型。

本研究选择多目标线性加权求和模型对综合性指标进行评价，所求得的数值越大表明相应指标越接近于理想状态。具体模型如下：

$$I_1 = \sum_{i=1}^{4} w_{1i} x_{1i} \qquad (3-6)$$

$$I_2 = \sum_{i=1}^{4} w_{2i} x_{21} \qquad (3-7)$$

$$I_3 = \sum_{i=1}^{5} w_{3i} x_{3i} \qquad (3-8)$$

$$I_4 = \sum_{i=1}^{5} w_{4i} x_{4i} \qquad (3-9)$$

$$I_5 = \sum_{i=1}^{4} w_{5i} x_{5i} \qquad (3-10)$$

$$P = \sum_{K=1}^{5} I_K \qquad (3-11)$$

公式中，I_1 为经济融合状况指数；I_2 为社会融合状况指数；I_3 为生活融合状况指数；I_4 为生态环境和谐状况指数；I_5 为省域空间融合状况指数；P 为城乡一体化发展水平综合指数；w_{ji} 为各指标权重值。

（4）划分城乡一体化发展层次。

为了进一步清晰地展示省域城乡一体化发展的整体状况，根据上述方法及公式，对省域城乡一体化发展水平进行综合评价，根据评价结果，拟将城乡一体化发展水平划分成四个层次：综合评价值 >90，处于城乡一体化发展高水平地区，为第一层次；80 < 综合评价值 <90，处于城乡一体化发展较高水平地区，为第二个层次；70 < 综合评价值 <80，处于城乡一体化发展中等

水平地区，为第三个层次；综合评价值＜70，处于城乡一体化发展较低水平
地区，为第四个层次。

3.3.3　量化测评结果分析

1. 量化测评结果

基于上述指标体系与分析框架，收集整理河北省及其 11 个地级市 2010
年有关统计年鉴的原始数据，采用多目标线性加权求和模型对以上指标进行
计算，结果如表 3－12 所示：

表 3－12　　　　　　　　河北省城乡一体化发展水平综合评价结果

地级市	评价值	排序	地级市	评价值	排序
唐山	92.74	1	张家口	67.56	7
石家庄	89.35	2	承德	66.78	8
廊坊	82.56	3	邢台	64.35	9
秦皇岛	80.03	4	衡水	62.03	10
邯郸	73.20	5	保定	61.14	11
沧州	71.34	6			

2. 测评结果分析

（1）城乡一体化发展的空间地域差异。

由以上的量化分析结果显示：河北省城乡一体化发展呈现出显著的地域
差异，从空间上看，大致形成由沿海向内陆梯度下降的态势。唐山是河北省
唯一统筹城乡发展试点区域，城乡一体化发展水平最高，综合评价指数超过
90 分，远远超过其他地区的发展水平。石家庄、廊坊、秦皇岛三市的城乡
一体化发展水平也比较高，相对内陆地区的邯郸、沧州、张家口、承德四市
的城乡一体化发展水平次之，邢台、衡水、保定三市则再次之。保定城乡一
体化发展水平在全省最低，一方面因为人口基数大，农业人口比重高；另一
方面应考虑数据误差或权重设置的问题，排名仅具有参考意义。由此，可以
将河北省域城乡一体化发展水平分成以下四个层次。

第一层次：沿海核心区域，综合指数得分达 90 分，主要包括唐山，是
城乡一体化发展高水平地区；

第二层次：泛沿海区域，综合指数在 80～90 之间，石家庄、秦皇岛、

廊坊三地市，是城乡一体化发展较高水平地区；

第三层次：相对内陆区域Ⅰ，综合指数在65~80之间，包括邯郸、沧州、张家口、承德四地市，是城乡一体化发展中等水平地区；

第四层次：相对内陆区域Ⅱ，综合指数在65分以下，包括邢台、衡水和保定三地市，是城乡一体化发展较低水平地区。

（2）城乡一体化与城市化水平的比较性分析。

城市化是促进城乡一体化发展的基础，城乡一体化是城市化发展的高级阶段，两者紧密相关，城市化程度越高的区域，其城乡一体化发展水平往往也越高（如图3-8所示）。

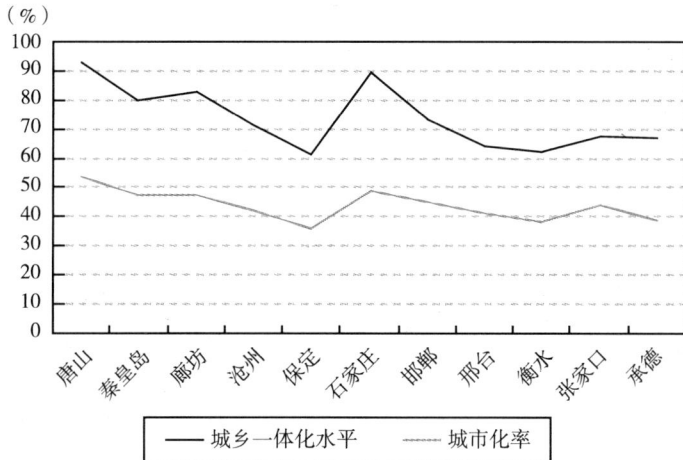

图3-8　河北省城乡一体化与城市化水平的相关性分析

把河北省11个地级市城乡一体化发展水平与城市化发展程度之间的统计数据相互比较可以看出，二者在总体态势上基本一致，具体表现在以下几个方面：第一，唐山、石家庄、廊坊、秦皇岛、邯郸、衡水、保定7地市的城乡一体化发展水平与城市化发展程度基本一致；第二，沧州、承德2地市的城乡一体化发展水平高于城市化发展程度；第三，张家口、邢台2地市的城乡一体化发展水平低于城市化发展程度。基本一致区域的显著特点有两个，一个是经济发展水平相对较高的地区，如唐山、石家庄、秦皇岛、邯郸等地；一个是经济发展水平相对落后的地区，如衡水、保定。这表明，城市化发展程度与城乡一体化发展水平直接相关联，城市化程度越高的区域，其城乡之间的联系越密切，各生产要素在城乡之间的流动越通畅，城乡差距越小；城市化程度较低的区域，其经济社会发展落后，城乡差距较大，二元结构明显，城市对乡村的辐射带动能力不强，各生产要素在城乡之间的流动不顺畅，必然造成城乡一体化发展进程缓慢、水平较低。

（3）对测评结果的讨论。

上述统计数据及计算结果显示，测评结果在很大程度上准确地反映了客观状况，具有较强的现实符合性。在进行统筹城乡发展试点的区域，人们普遍认为城乡一体化发展水平要高一些，结果也是如此。譬如，唐山作为河北省唯一的统筹城乡发展的试点区域，属于第一层次，石家庄、廊坊、秦皇岛属于第二层次。但邯郸属于第三层次、保定属于第四层次似乎与人们的实际感觉有些出入，尤其是保定，其推进城乡一体化工作开展较早，政府投入力度也较大，并地处北京、天津、石家庄三市的三角地带，素有"京畿重地"之称，无论如何不应该属于的第四层次。然而，我们还应看到，这两个地市所辖区域虽有较多市区县（邯郸市现辖 4 区、1 市、14 县；保定市现辖 3 区、4 市、18 县），但城镇规模小，农业人口多（邯郸市农业人口占全市总人口的 80%；保定市农业人口占全市总人口的 76.7%），贫困地区集中（多集中于太行山区，两市各有 4 个国家级贫困县），制约经济发展，城乡一体化发展的基础薄弱、驱动力不足。因此，城乡一体化发展进程缓慢、水平较低。

3.3.4 影响河北省城乡一体化发展的"瓶颈"问题

实证研究的结果表明，河北省域城乡一体化发展水平地域差异明显。因此，应将区域发展的制约因素与河北省城乡一体化发展现状两方面结合起来，以此为基础分析当前河北省城乡一体化发展面临的主要问题。按照这一思路，本研究认为河北省城乡一体化发展面临 5 个"瓶颈"问题。

1. 省域功能定位不准，城乡关系的互动性不足

前述分析表明，河北省城乡一体化发展水平的地域差异明显，这主要体现在区域功能定位上，而这又使得河北省辖 11 个地级市在推进城乡一体化发展进程中的方向感大大降低，着力点难以把握，制约城乡一体化发展水平提升。具体表现在以下两个方面：

第一，甘当"配角"而迷失当好自己"主角"的功能定位，致使全省城乡一体化发展水平难以提高。河北省作为京津冀地区的重要组成部分，其显著的区位优势是有目共睹的。但是多年来，这一显著的区位优势不但没有得到充分发挥,相反,却成为河北省经济社会发展"左顾右盼、瞻前顾后、裹足不前"的一个理由。其根本原因在于,河北省甘当京津"配角"却迷失当好自己"主角"的功能定位。长期以来,河北省一直甘当京津经济社会发展的"配角",通过服务京津来学京津赶京津,在模仿追赶京津的同时也迷失了当好自己"主角"的功能定位,将"配角经济"发展成为"从属经济",致使省域综合优势难以充分发挥,城乡一体化发展只能在较低层次徘徊。环京津272万贫困人口足以说明问题。当前,北京对河北的"虹吸"效应正在随着其人口膨胀、交通拥堵以及发展空间受限等问题的日渐严重而逐步转化为"溢出"效应。河北省应紧紧抓住这一历史机遇,重新明确其在京津冀地区的功能定位,既要甘当京津"配角",更应当好自己的"主角",做"配角经济"中的"名角"。只有这样,河北省才能充分发挥省域综合优势,真正融入京津冀经济圈。

第二,省域主体功能区规划滞后,致使工业与农业、城市与乡村之间融合性不强。目前,河北省主体功能区规划工作还处于启动阶段(全省11个地级市仅唐山市规划出台了"四大主体功能区"的地域空间单元)。由于其主体功能区规划滞后,各地在推进城乡一体化发展过程中,各自为政,缺乏区域间的协调与配合,产业同构和区域恶性竞争现象较为严重,区域特色很难形成。此外,河北省水土等重要资源严重不足,而且开发利用强度高,全省生态环境的脆弱性和敏感性较强,已成为部分地区经济社会发展的制约因素。如果不尽快推进形成主体功能区,势必造成无序开发与资源供应不足、经济社会发展与生态环境恶化,以及地区发展差距与省域综合竞争力博弈等突出的矛盾问题,以致工业无法反哺农业、城市无法带动乡村,难以形成城乡一体化发展新格局。

2. 城镇化水平相对滞后,城乡关系的融合性较弱

城镇化是社会生产力水平不断提高的必然结果,是实现现代化的必经之路。它不仅能够促进人口向城市的集中与转移,而且可以加强城市对乡村的影响和带动作用,进而缩小城乡差距,对实现城乡一体化发展具有重大的现实意义。但是近年来,河北省城镇化水平一直低于全国平均水平,具体表现在以下三个方面:

第一,城镇化滞后于工业化和经济发展水平,致使城乡一体化进程缓慢。国际经验表明,城镇化率与工业化率的合理比值应介于1.4~2.5之间。而据相关统计数据显示,2009年,河北省城市化率为43.74%,工业化率为

85.76%，二者的比值约为 0.51，城镇化水平明显低于工业化水平。这一方面反映了河北省工业吸纳农村剩余劳动力的能力非常有限，工业的发展没有相应地促进乡村人口向城市集中转移；另一方面也表明河北省在推进经济转型的过程中，社会结构没有实现同步的转变，经济发展与社会发展之间的协调性较差。同时，集中于乡村的大量人口，不仅会导致社会总需求持续减少，而且会进一步固化和加剧城乡二元矛盾，从而严重阻碍城乡一体化发展进程。

第二，城市等级结构不合理与空间分布不均衡，致使城乡联系通道不畅。一般而言，合理的城市等级结构应该呈"金字塔"形，即城市人口规模越大则等级越高，数量越少；城市人口规模越小则等级越低，数量越多。目前，河北省城市等级结构不尽合理，市区人口超过 100 万的特大城市为 4 个，占全省城市比重的 12.1%；市区人口规模达 50 万 ~ 100 万的大城市为 6 个，占全省城市比重的 18.2%；市区人口规模达 20 万 ~ 50 万的中等城市为 6 个，占全省城市比重的 18.2%；市区人口规模在 20 万人以下的小城市为 17 个，占全省城市比重的 51.5%。[①] 显然，其大城市比重偏高，且城市首位作用不突出，综合竞争力偏弱；小城市数量过多，且市区人口数量平均为 6.14 万人，规模偏小、基础设施较差，对乡村的辐射带动力不强；中等城市比重偏低，不利于形成连接大城市和乡村的中间地带，制约着城市现代生产与生活方式向乡村的扩散与乡村剩余劳动力的转移，不利于省域城乡协调发展。同时，河北省城市空间分布也不均衡。北部张承地区面积为 76 379 平方千米，占全省面积的 41.4%，但该地区仅有 2 座地级市，没有中小城市层次。然而占省域面积 32.9% 的冀中南地区，却拥有 16 个城市，占全省城市总数的 48.5%，全省 4 大人口超百万的特大城市中有 3 个分布于该地区。[②] 不合理的城市等级结构，再加上不均衡的城市空间分布，导致了河北省经济社会发展水平存在较大落差，不利于生产要素的流通及产业的集聚与扩散，制约了城市化发展水平的快速提高。

第三，城镇规模偏小，对乡村辐射带动能力不强。河北省现有 11 个地级市、22 个县级市，其中市区人口 100 万以上的特大城市有唐山、石家庄、邯郸、保定 4 个城市，占全省人口总数的 11.4%；市区人口为 50

---

① 根据《河北城镇化发展报告》（2010）的相关统计数据整理得出。
② 根据《河北经济年鉴》（2010）和《中国城市统计年鉴》（2010）的相关统计数据整理得出。

万～100 万的大城市有秦皇岛、张家口、廊坊、邢台、承德、沧州 6 个城市，占全省人口总数的 6.1%；市区人口为 20 万～50 万的中等城市有衡水、定州、藁城、霸州、涿州、迁安 6 个城市，占全省人口总数的 2.6%；其余 17 个城市均为市区人口在 20 万以下的小城市。① 由此可见，河北省 51.5% 的城市属于人口在 20 万人以下的小城市，大中城市发展严重滞后。国际城市化发展经验表明，城市人口规模至少要达到 25 万人以上，才能产生规模效应。河北省的城市人口规模普遍偏小，其所产生的聚集能力与聚集效应偏弱，尤其是支柱产业的拉动作用不显著，产品缺乏竞争力，城市通过产品与技术扩散的方式很难对周围乡村地区发挥组织协调作用，辐射带动能力不强。

3. 城乡二元结构矛盾突出，城乡关系的协调性较差

城乡收入差距扩大是河北省城乡二元结构矛盾突出的最为集中的表现。因此，城乡居民收入差距之比应该是衡量河北省城乡二元结构矛盾的最主要指标，而城乡居民收入差距之比 = 城镇居民年人均可支配收入/农民居民年人均纯收入。以 1991～2009 年为例，如表 3-13 所示。

表 3-13　　　　　1991～2009 年河北省城乡居民收入差距演变趋势

年份	城镇居民人均可支配收入（元）	农村居民人均纯收入（元）	城乡居民收入差距绝对值（元）	城乡居民收入差距相对值（农村为1）（倍）
1991	1 489.32	657.38	831.94	2.27
1992	1 763.40	682.48	1 080.92	2.58
1993	2 201.04	803.80	1 397.24	2.74
1994	3 007.68	1 107.25	1 900.43	2.72
1995	3 674.16	1 668.73	2 005.43	2.20
1996	4 429.66	2 054.95	2 374.71	2.16
1997	4 858.67	2 286.01	2 672.66	2.17
1998	5 084.64	2 405.32	2 679.32	2.23
1999	5 305.63	2 441.50	1 923.53	2.20
2000	5 661.16	2 478.86	3 182.30	2.28
2001	5 984.82	2 603.60	3 381.22	2.30
2002	6 678.73	2 685.16	3 993.57	2.49

---

① 根据《中国城市统计年鉴》（2010）相关统计数据整理得出。

续表

年份	城镇居民人均可支配收入（元）	农村居民人均纯收入（元）	城乡居民收入差距绝对值（元）	城乡居民收入差距相对值（农村为1）（倍）
2003	7 239.10	2 853.00	4 386.10	2.56
2004	7 951.31	3 171.08	4 780.23	2.51
2005	9 107.09	3 480.98	5 626.11	2.62
2006	10 304.56	3 801.79	6 502.77	2.71
2007	11 690.47	4 293.38	7 397.09	2.72
2008	13 441.09	4 795.03	8 646.06	2.80
2009	14 718.25	5 150.00	9 568.25	2.86

资料来源：根据《河北经济年鉴》（1992~2010）的相关统计数据整理得出。

为了更直观地描述河北省城乡居民收入差距，将1991~2009年的城镇居民人均可支配收入与农村居民人均纯收入用折线图描述，如图3-9所示。

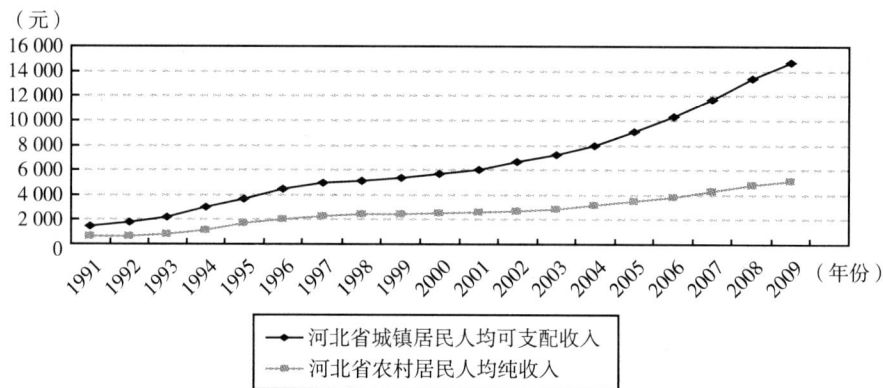

图3-9 1991~2009年河北省城乡居民收入差距折线示意

从表3-13和图3-9来看，1991年河北省城镇居民人均可支配收入为1 489.32元，农村居民人均纯收入为657.38元，城乡居民收入差距之比为2.27:1。10年后的2001年，河北省城镇居民人均可支配收入为5 984.82元，农村居民人均纯收入为2 603.60元，城乡居民收入差距之比为2.30:1。之后二者之间的差距持续扩大，2008年河北省城乡差距扩大到2.80:1，2009年更是扩大为2.86:1，尽管与全国平均水平3.33:1（2009年）相比尚有距离，可是收入差距仍呈扩大趋势。而且受全球金融市场动荡局势的影响，农民增收难度加大。因此，持续扩大的城乡收入差距必然对经济社会发展造成极为不利的负面影响，有悖于社会主义和谐社会发展的基本要求。同时，"农村真穷、农民真苦、农业真危险"的局面也一定不会产生协调性的城乡关系，更不用说实现城乡一体化发展新格局。

4. 思维方式缺乏创新，城乡关系的平等性不够

经济社会发展是思维方式转变的客观基础，思维方式的转变又是经济社会发展的前提条件，决定着经济社会发展的成败。原河北省委书记白克明曾坦言："河北虽是沿海省份，但人们却有一种内陆心态"，河北省要走出"东部区位，中部水平"的困境，实现跨越式发展，"必须先反思内陆心态"。这里的"内陆心态"实际上是指河北省守旧的思维方式，主要表现为官贵民轻、重义轻利、缺乏创新等，制约着新型城乡关系的构建。

第一，官贵民轻的社会群体心理不利于城乡平等地位的形成。中国封建官僚政治与其滋生的传统政治心理，再加上"学而优则仕"的孔孟之道，共同"铸就"了"以官为本、官贵民轻"的官本位意识。河北省环绕京津，自古就有"京畿重地"、"天子脚下"之称，"官职即人格、官级即等级"的官本位意识较之其他省份或地区似乎更为深重，长期积淀在河北省域的文化深处，潜移默化地影响和制约着省域发展主体的各种行为，包括经济行为与社会行为。"由官出人头地"、"由官而福"依然是现代河北人较为普遍的思维定式。这种官贵民轻的社会群体心理不仅扭曲了社会价值取向，而且会衍生官僚主义与主观主义，影响决策的科学化与民主化，进而严重制约适应农村的发展诉求及改革创新能力，更无从谈及城乡地位平等。

第二，重义轻利，商业意识淡薄，造成农民市民化难度加大，城乡居民的身份界限难以打破。从历史上看，燕赵自古多慷慨悲壮之士，河北人以重义轻利、厚情蔑商著称。这样的风俗在赋予河北省正直侠义、淳朴厚道民风的同时，也带给河北省淡薄商业的传统意识。在人们的潜意识里，商人是卑微低贱的，商业经济是不正当的营生。截至 2009 年底，河北省民营企业 21.8 万家，个体工商户 194.4 万户，全省每千人拥有民营企业为 3.1 家，每千人拥有工商户为 27.6 户。① 而同期浙江省拥有民营企业 68 万家，个体工商户 187 万户，全省每千人拥有民营企业为 13.1 家，每千人拥有工商户为 36.1 户。② 由此可见，重义轻利及淡薄的商业意识泯灭了河北省发展主体的创业激情与冲动，传统的思维定式与保守的小农意识成为束缚河北省城

① 根据《河北统计年鉴》（2010）的相关统计数据整理得出。
② 根据《浙江统计年鉴》（2010）的相关统计数据整理得出。

乡发展尤其是农村发展的深层原因。小富即安、缺乏商业冒险意识、定位于平淡与安稳的河北思维模式，将庞大的农民群体禁锢于乡村土地之上，排斥于城市化进程之外，农民市民化的渠道即工业化和城市化不畅通，农村居民身份转化的难度加大，城乡居民身份界限难以打破。

第三，物化思维明显，创新思维较差，致使城乡发展水平低。改革开放30多年以来，河北省传统资源型产业如钢铁、煤炭、石化、建筑建材、物流、医药等具有相对物化性的比较优势产业发展起来了，而且一直是全省的支柱产业，约占工业结构的1/2（全国平均水平约为1/3）。而带有创新性的高、精、尖、特、新产业如电子信息、光伏与风能、生物、石化深加工、绿色食品、文化创意、现代物流、硅与钒钛新材料等产业却发展迟缓。相对而言，这些具有物化性的比较优势产业发展成本高，环境污染严重，发展代价大，吸收农村剩余劳动力的能力弱，缺乏内生力和可持续性，致使河北省城乡发展陷入低水平陷阱。

当前，在我国经济社会全面进入加速转型发展的关键时期，城乡关系如果得不到及时且有效的调整，将会持续扩大城乡二元结构反差系数，这不仅会加剧我国区域经济社会失衡发展的惯性困局，激化社会矛盾，引起社会不稳，而且终将影响到我国工业化、城市化乃至现代化发展进程，于国于民都是有百害而无一益。而城乡一体化则要求将城乡作为一个整体统一筹划，既可以破解城乡二元结构难题，又可以协调区域发展失衡关系。因此可以说，城乡一体化发展战略是区域经济协调发展的关键所在。具体到河北省，虽然具有环抱京津，地处环渤海中心区域的绝对优势，但"城市不强、农村更弱"的发展事实却严重制约了这一优势的充分发挥，再加上河北省域内也实际存在着较为严重的区域发展失衡难题，即沿海地区相对发展较快，内陆地区（除省会城市石家庄外）相对发展较慢。在此情况下，河北省更应理顺城乡关系，走以城带乡、城乡互促共荣的城乡一体化道路，以提升城乡可持续发展能力，进而实现河北省经济社会又好又快发展。因此又可以说，城乡一体化发展战略是河北省实现经济社会新一轮发展的必然选择。

第4章

国内外城乡一体化成功经验
举隅及启迪

　　城乡一体化肇始以来，由于各国的国情、城乡结构、经济社会基础等因素的不同，甚至包括历史文化背景和城乡一体化的起始时间等方面的差异，导致各国城乡一体化战略相异较大。本章通过对国际国内城乡一体化典型案例的深入剖析，以期从中总结出值得吸收借鉴的先进经验，为研究省域城乡一体化发展战略提供参考。

4.1　国外城乡一体化部分成功经验举隅

　　纵观国际上有关城乡一体化的发展战略，并结合其经济社会发展状况、城乡一体化的起始时间及国家社会经济体制等诸多因素综合考虑，选取借鉴英国、美国、德国、日韩等五个国家城乡一体化发展的成功经验。

4.1.1　英国

　　英国作为世界上第一个实现城市化的国家，其城乡一体化进程是经济社会发展到一定阶段的必然选择。我们一般将这种模式称为内生型城乡一体化，是在生产力水平已经相当高的前提下发展起来的。

1. 英国城乡一体化发展的先决条件

（1）圈地运动和农村社会经济结构的变化。

圈地运动使大量农民失去了从事农业生产所需的土地等基本生产资料，

转而将原有的"家庭副业"或"茅屋工业"发展成"原工业",从而使英国在17世纪就进入"原工业化",即"工业化前的工业化"时期。由此,英国的农村经济结构也由原先的单一种植业或畜牧业发展成为与多种非农产业并存的经济结构,相应地农村非农就业人数也急剧增加,占到了总人口的54%。这充分表明17世纪的英国农村社会经济结构正在发生着历史性的变化,即由传统的小农社会向"半工半农"社会转变,从而为下世纪实现农村剩余劳动力大规模转移并开启城市化运动奠定了雄厚基础。

（2）工业革命和工业化。

开始于18世纪中期的工业革命极大地解放了英国社会生产力,也意味着英国工业化的发生。工业化先天的集聚性特征引致了资本、人口、技术等各种生产要素的集中,同时工业化凸显的规模效益又促使众多相互关联、生产配套的企业集中于一定地域空间,形成城市聚落,从而开启了英国的城市化进程。

（3）城市更新运动和重建运动。

进入20世纪,由于受经济大萧条的打击和第二次世界大战的破坏,英国大部分城市中心区出现了日渐衰退的现象。为解决该问题,英国开始了广泛的城市更新与重建运动,乡村作为改进和完善城市的一种必要手段被提上了发展日程,这种"把乡村和城市的改进作为一个统一问题来处理"的重建规划,为英国城乡一体化发展提供了契机。

综上所述,英国的城乡一体化进程是自发演进的,并且是在社会生产力水平相当高的基础上发展起来的。英国的城市化始于19世纪60年代,经过100多年的发展,到20世纪60年代开始步入城乡一体化发展时期。城乡一体化促使英国农村经济社会结构发生了全面变化,虽然农业依然是英国农村经济发展的核心,但农业从业人员的比重仅为农村总人口的6%,而土地产出率与农业劳动生产率却长期位居世界前列,农村的基础设施和社会公共服务与城市并无二异,农村就业结构也趋向多元化,城乡之间几乎没有差别。

2. 英国城乡一体化发展的主要经验

（1）注重规划立法,强化政府宏观调控职能。

英国一直比较注重规划立法以及与立法同步的政府宏观调控职能的重要性。自20世纪中期开始,随着乡村现代化建设步伐的不断加快,英国进入了以法律规范保障城乡一体化发展的阶段。1947年,英国政府推出了《城镇和乡村规划法》,第一次在法律上将城乡作为一个统一的整体进行统筹规划，从而增强了英国政府对城乡发展的宏观调控职能。之后，该法又经过半个多世纪的不断修改和完善，2004 年推出了新的《城乡规划法》，该法更以法规性形式替代了原有的指导性区域规划，促使英国形成了由中央、地区和地方组成的较为完整的三级城乡规划立法体系，进一步强化了政府对城乡发展的宏观调控能力，为城乡一体化发展提供了重要的法律法规和方针政策保障。

（2）保护农民利益，推进乡村综合发展。

第二次世界大战之后，英国不断加强对农业的扶持力度和对乡村的投入力度，农业现代化水平显著提高，农民收入逐步增加，农村物质文化条件日渐完善，城乡生产方式和生活方式逐渐趋同，城乡一体化发展取得了巨大成功。例如，英国为了加快乡村发展，成立了专门的乡村管理机构——乡村发展委员会以及乡村地区小工业委员会，一方面可以提高农民收入水平，保护农民利益；另一方面又可以大力发展乡村非农化产业，促进乡村综合发展。据有关资料显示，1990～2010 年的 20 年间英国农业从业人员减少了 30%，仅占乡村总人口的 6%，而土地产出率与农业劳动生产率却长期位居世界前列。再如，英国为了推进农民市民化，政府大力倡导发展并壮大高度适应市场经济的组织体系——农业合作社。合作社奉行的经营宗旨是"一切以社员为中心"，经营范围涉及人们生产、生活的方方面面，从食品到百货、从汽车到燃油、从信用到保险、从住房到医疗、从工业到农业等等，几乎无所不包，可以称作是"从摇篮到坟墓"的全面服务。加入合作社继续从事农业劳动的成员成为合作社的农业工人，除获得相应的土地出租金外，还可以有稳定的工资收入和奖金分红，真正实现了从农民到农业工人的角色转变。

（3）打造特色城镇，构建和谐的城乡共居环境。

英国是一个历史非常悠久且十分注重保护历史文化和打造城镇特色的国家。大多数英国城镇尤其是小城镇的规划都是依地势、产业和历史特征进行的，非常具有特色。如位于英格兰西南部的巴斯（Bath）小城，虽然人口不足 9 万人，但依托绮丽的自然风光和深厚的历史底蕴，成为世界上最负盛名的旅游城镇之一。位于苏格兰的葛特纳格林（GretnaGreen），是一个很不起眼的小镇，却因别有个性的婚庆服务而闻名世界。而德比（Derby）则以"ROYAL CROWN DERBY 英国皇冠德比瓷"蜚声英国乃至世界。由此可见，英国小城镇的独特魅力。不仅如此，几乎所有英国小镇都构建了融城市职员、商人、医生、教师、大学生以及工厂工人、乡村农民甚至退休人员于一体的城乡共居的人居环境，有效地解决了因区域地理位置而制约城乡一体化发展不充分的困境。

（4）以城市精密化带动城乡一体化。

英国是世界上城市化时间最早与程度最高的国家之一，现在英国的城市化率已高达 92%。观察 20 世纪 80 年代以来英国城市化的动态，以城市精密化带动城乡一体化也许是一个比较明显的特征。无论从城市发展规划层面上看，还是面对处理日益复杂的产业功能区，以及遏制以城市为中心无序发展状况等问题，英国在城市化过程中都表现得比过去更加周密、谨慎，注重细节。以科学规划，实现大城市区划明确、特点突出、优势互补、多功能协调发展；以精细化设计简化中小城市的主体功能，让市场规律确定其功能产业，与周边大城市配套发展，使大小城镇更加现代化、精密化，最大程度上满足可持续发展的需要。此外，政府还支持大规模开发"小而精"、功能单一的新型小镇，依据其地理位置和特点，以及与中心城市配套状况，让经济规律决定其主体功能产业。英国以城市的精密化发展和小城镇的快速崛起，有效地解决了城乡空间利用的矛盾与冲突，迎来了城乡一体化的深入发展阶段。

4.1.2 美国

美国作为世界经济强国，在 19 世纪至 20 世纪期间，就实现了从农村社会向城市社会转型的发展过程，如今已然成为一个高度城市化国家，且城乡一体化趋势十分突出，其发展经验值得我们吸收借鉴。

1. 美国城乡一体化发展的先决条件

（1）先进的科技支撑尤其是先进的交通科技支撑。

由于美国先进的科学技术尤其是交通技术的支撑和引领，使得美国城乡一体化既有先行发展的基础，又有全面深入推进的科技优势。如 19 世纪后期的有轨电车和高架铁路使得美国城镇半径拓展至 10 英里以上，城市化进程加速；"二战"后，遍布全国的高速公路网与汽车的广泛普及，人口郊区化趋势迅猛；20 世纪中期开始的交通、通信革命，进一步促进了美国城市的分散化，农村优越的投资生活环境，吸引众多企业与人口流向周边农村，农村发展速度快速提高，城乡差距日渐消失，城乡一体化发展格局形成。

（2）农业的稳健快速发展。

不像欧洲和日本在城镇化进程中出现了农业衰退问题，美国农业一直保持稳健快速的发展态势，为美国城乡一体化发展提供了条件。如美国农民人均供养人数由 1820 年的 4 人发展到 1972 年的 52 人，而今美国农民人均供养人数增至 132 人（其中本国 98 人，外国 34 人），成为世界农产品出口强国。

（3）国际移民。

美国地广人稀，劳动力的不足是制约经济社会发展的重要因素，大量移民的涌入正好弥补这一不足。如来自英、法、德等欧洲国家的移民所带来的纺织、炼油、冶金及其他工业部门的科学技术、资金和大量熟练工人，与美国丰富的工业资源和资本主义生产方式相结合，对推动美国工业的现代化发展起着不可估量的作用。

（4）独特的工业化模式。

美国的工业化走的是先消费品后重工业的发展模式，它起始于 19 世纪初期的棉纺织业和面粉、肉食等农产品加工业，经过几十年的发展，到 19 世纪中期以后才进入重工业迅速发展的时代。美国这种独特的工业化发展模式，不仅推动农业等基础产业的平稳较快发展，而且反过来大大刺激了工业经济迅速增长，实现工农协同推进，从而加速城乡一体化进程。

总而言之，美国的城乡一体化战略基本上是英国城乡一体化模式在北美地区的延伸，都属于内生型城乡一体化发展模式。

2. 美国城乡一体化发展的主要经验

与英国不同，美国城乡一体化的实现主要依托科学技术特别是交通技术的发展，其显著特征主要表现在以下几个方面：

（1）在经济高度发达的基础上，借助先进交通技术的推动发展起来的。

美国推进城乡一体化发展处于第三次科技革命时期，科技的发展带来了交通、通信的全新变革。当时，汽车业的繁荣使高速公路在美国和欧洲迅速扩展开来，加之美国国会通过的一系列"联邦资助公路法案"对高速公路网建设给予的法律保障，为城市经济活动和人口持续不断地扩散向周边农村地区创造了良好条件，引发了工业、商业以及居住的郊区化，同时也为农村人口转移到城镇开启了方便之门。

（2）城乡一体化的实现手段是工农协调互动。

美国工业化起步于以农业为基础的棉纺织业，农产品加工业在其后的工业化进程中占据重要地位，这种工业化特点不仅促使农业快速发展，而且还迫使制造业、采矿业等重工业及时起步，提高了农业劳动生产率，减轻了农民劳动强度，解放了农村剩余劳动力，既为工业化发展提供了劳动力资源，又加速了城市化进程。

（3）城乡一体化采取圈域经济的"都市圈模式"。

美国地广人稀，城镇相对集中，打破区域间的封闭状态，面向世界，从全国整体出发，实现区域都市化是其经济社会发展的内在必然需求。立足国情，以开放的、具有梯度辐射效应的"大都市区"为依托，积极构建以市场为导向、空间适度集聚、区域间相互协调、注重国际性大都市、全国性和区域性中心城市以及众多地方性中小城镇协调互动发展的城镇体系，是推动美国城乡一体化不断深入发展的关键。其中20世纪60年代美国推行的"新城市开发法"和"示范城市"试验计划，不仅有力地促进了美国中小城镇的发展，而且对缩小城乡差距，促进城乡一体化发展，可谓功不可没。

（4）立法推动农村地区持续发展。

"二战"之后，美国政府实施对农业的有效干预来保护农村地区的持续发展。如农产品信贷公司特许法、农业法、联邦农业完善和改革法、农业安全与农村投资法案等，都将长期稳定农产品价格、促进农业自由市场竞争、提高农产品质量等作为主要目标，其目的在于通过立法来持续推动农村地区发展，以缩小城乡差距，为城乡一体化发展奠定基础。

4.1.3 德国

德国在城乡一体化建设方面的积极意义，主要体现在以改造和治理环境污染为突破口，统筹城乡发展，推进城乡一体化进程。我国是发展中国家，在追求经济高速发展的过程中，不可避免地会出现因环境污染致使城乡关系对立的问题。认真分析和研究德国如何有效解决环境污染与城乡对立的关系问题，无疑对进一步提升我国城乡一体化水平具有重要的意义。

1. 德国城乡一体化发展的先决条件

（1）发达的现代化工业。

德国位于欧洲中部，自然资源禀赋较好，是一个工业特别是重工业发达的国家。德国作为后起的资本主义国家，虽然工业革命起步较英、法等老牌资本主义国家晚，但凭借"军事破坏和索取赔款"，工业生产迅速发展，到一战前夕，工业生产已超过英国（14%），占世界的15.7%，成为仅次于美国的工业强国。"二战"中，德国虽是战败国，但并未撼动其强大的工业基础，尤其是庞大的熟练工人队伍，再加上美国的援助，"二战"后的德国工业恢复重建速度较快，在 1932～1937 年短短的 5 年时间里，德国 GDP 就增长了 102%，创造出世界"经济奇迹"。同时，高度发达的工业化促进了德国城市化的快速发展。据有关资料统计，2000 年德国的城市化水平已超过80%，从事农业的劳动力仅占全国总人口的 3.5%。

（2）完善的农业保护政策。

德国高度发达的工业非但没有削弱其对农业的重视与保护程度，相反却增强了其支持农业发展的政策力度。在德国，农业是联邦政府重点保护的经济部门，具体表现为对农业基础设施建设进行财政补贴，对农产品价格实行保护，减免农业税，以及对外来农产品施加强制性关税，等等。目前，德国政府正在"调整和革新传统农业生产结构"，目的是发展"无污染与高附加值农产品"，以拓宽新的农业市场领域。此外，德国农民充分享受和拥有其他国家甚至包括许多发达国家都无法比拟的广泛权益。遍布德国的网络化农民组织是维护农民权益的代表，以社会保险为核心的农村社会保障体系迄今已有 100 多年的历史，内容丰富，包罗万象，是维护农民权益的支柱。同时，还有维护农民权益的相关法律措施，如仅对自愿申请落实欧盟共同农业政策的农民进行的补贴就达 12 项之多，用以直接增加农民收入。

（3）较强的环境保护意识。

"二战"后的德国在沉浸"经济奇迹"喜悦中的同时，也不得不承认所付出的昂贵环境代价。为此，从 20 世纪 60 年代起，德国环境保护的意识日渐高涨，各种有关环境保护的法律、法规也相继被建立和完善起来，包括水、土壤、大气、噪声、动植物等生态环境的方方面面。莱茵—鲁尔地区是德国工业最发达、城镇最密集的地区之一，同时环境污染也较为严重。自20 世纪 70 年代以来，德国就一直采取统筹城乡发展的方式大力改造和治理污染问题，使城乡关系得到很大的改善。目前，莱茵—鲁尔地区工农协调、城乡共荣的一体化发展格局已经形成。其成功的实践探索体现在治理环境与保护农业并重、生态重建与城乡更新并举，力促城乡均衡性可持续发展。

2. 德国城乡一体化发展的主要经验

（1）在发展模式方面，主要以城乡等值化为主。

德国的城乡一体化不是通过城市空间扩张方式实现的，而是城乡等值化模式。这种模式"不是城乡差别、产业结构、经济生产方式、文化、空间景观等消失，也不是社会区域由非匀质空间演变为一种绝对的匀质空间，而是逐渐缩小城乡经济社会发展程度及生态基础设施享用水平，从而加强城乡相互依存关系，促进城乡发展更趋协调"的发展方式。目的是构建城乡相同的生活、工作、交通等条件，城乡同等的公共服务水平，以及城乡共同保护生态环境的良好格局，促进城乡两大系统在保存各自特色基础上的高层次协调发展。

（2）在保护农业方面，主要以矿区复垦、还地于农和重建生态为主。

德国矿区复垦的历史比较长远，早在 1766 年就有记录。近年来，随着东德与西德的合并以及社会生态意识的增强，德国矿区复垦已经由林业、农业为主向娱乐休闲、生态景观和物种保护等混合型复垦目标迈进。经过多年的矿区生态重建，从露天开采活动到 2000 年，已有约 61.8% 的露天矿区被复垦，昔日污水横流、灰雾蒙蒙的矿区已经成为德国的历史，展现在世人面前的是农田与城镇协调、林地牧场与水域统一、人文景观与自然景观以及历史积淀交融的和谐绿色美景。

（3）在城乡更新方面，主要以优化产业结构、提升环境质量为主。

20 世纪 80 年代，整个欧洲包括德国都经历了从追求国际风格到充分认识自我并依据本国城乡发展历史以及传统文化背景重新塑造城乡个性化发展的过程，并在此基础上大力推广城乡更新计划。德国以此为契机，在城镇更新计划中，着重以发展高新技术产业的方式转换工矿城镇的主要职能，外迁或停产、转产、限产不具有比较优势和环境污染较大的产业。同时，充分利用废弃的工矿建筑与设施，大力开发工业遗产旅游以推行区域振兴计划，既保留了工业区的"历史影像"（image of the history），又降低了资源性浪费，保护和提升了环境质量。在乡村更新计划中，对乡村土地整理进行先期规划，并将规划目标与指导原则公之于民，广泛听取民众意见，针对民众提出的合理化建议不断完善土地规划。与此同时，采取政府财政资助与民众参与选择等多种形式推进更新计划。一方面有助于形成良好的社会监督氛围，另一方面有利于增强民众的主人翁意识，形成政府与民众同建共管的和谐人居环境。

4.1.4 日本、韩国

相对于英、美、德三国城乡互动、均衡发展的一体化历程来说，日韩两国所走的却是一条先城市后乡村、政府主导的非均衡的城乡一体化建设道路。

1. 日韩两国城乡一体化发展的先决条件

（1）较大的城乡差距。

"二战"后，随着国际工业化、城镇化步伐的迅速加快，日韩两国迎来了经济发展的腾飞期。日本 GDP 自 1955 年起就以年均 10% 速度飞快增长，历经 30 年进入发达国家行列。韩国从 20 世纪 60 年代起，抓住发达国家产业转移的机遇，大力发展外向型经济，开始了以城市为主的工业化进程，经济突飞猛进，曾一度创造出 1961～1972 年的"汉城奇迹"。然而，在工业发展与城市繁荣的同时，日韩两国却同样面临着严重的农业衰退与乡村凋敝问题。1957～1959 年，日本农村居民的年收入只占城镇居民年收入的 63.6%，较大的城乡差距引发了农民和社会舆论的强烈不满。韩国在"汉城奇迹"时代，城乡居民收入差距也曾高达 3∶1，乡村甚至已经变成了"不能生存"和"早晚要离开"的地方。因此，如何在城乡二元结构基础上统筹协调工业化、城市化与农业现代化，推进城乡一体化发展，曾是日韩两国面临的共同问题，而二者对这一问题行之有效的解决方案却值得许多发展中国家借鉴。

（2）政府的推动作用。

虽然日本和韩国都是市场经济国家，但是政府在推动国家经济发展以及制定城乡发展规划方面却起着非常重要的作用。在日本，政府从实际国情出发，中央制定出统筹城乡发展的总体规划，各都道府县村以此为基础，制定出本地区统筹城乡发展的中长期发展规划，各级发展规划必须目标明确，突出特色。此外，制定相应的法律法规，确保发展规划的顺利实施。韩国政府则为了扭转城乡差距不断扩大的趋势，于 1970 年带动农民开始了长达 30 年的"新村运动"。经过多年发展，韩国农村经济社会得到全面发展，农民生活质量显著提高，农村生产结构与生活方式趋于现代化。

2. 日、韩两国城乡一体化发展的主要经验

（1）加大对乡村的投入力度，保证乡村可持续发展。

1955 年，日本提出了"新农村建设构想"，开始了战后首次对乡村建设的投入。1967 年，日本政府又推行了"经济社会发展计划"，再次将乡村建设作为现代化的核心内容。至 20 世纪 70 年代初，日本乡村已基本实现了现代化。70 年代末，日本再一次掀起大规模的"造村运动"，努力打造"一村一品"，在现代化的基础上提升乡村发展品质。据有关资料显示，仅以乡村生活基础设施建设一项投入计算，2002 年日本政府对乡村的财政投入大约占到国民经济投资的30%。而韩国"新农村运动"的发起时间虽然晚于日本，始自1970年，但是这场以"勤勉、自助、协同"为基本精神的政府支援乡村的建设计划，不久就由乡村迅速波及全国，使韩国乡村生活基础设施得到了极大改善，并加强了与城市的联系，为城乡一体化发展开辟了道路。

（2）高度重视发展乡村教育，从根本上改造传统乡村。

日本战后对教育的重视程度是有目共睹的。以1956～1973年为例，日本以年均约17.6%的增长率加大了对公共教育的投资力度，这一增长速度甚至超过了其国家经济总量的增长速度。到20世纪80年代末，日本乡村适龄的青少年大学入学率已达到40%。除此之外，对农民进行专项的免费职业技能培训也是日本发展乡村教育的重要内容。韩国从1971年起，就利用农民协会、农民会馆等乡村自治组织，将农民组织起来进行各种农业技术培训与交流，促进了先进农业科技与现代化农业机械的推广与普及，提高了科技对农业增产增效的贡献率，从而为乡村顺利实现现代化奠定了坚实的基础。

（3）创新政府管理体系，完善城乡一体化治理。

美国著名政治学家塞缪尔·P·亨廷顿（Samuel Phillips Huntington）认为，"处于现代化之中的社会，政治的一个基本问题就是找到填补这一差异的方式，通过政治手段重新创造被现代化摧毁了的社会统一性。"而城乡一体化治理就是日韩两国由城乡二元社会成功转型为一体化社会的必然选择。自60年代起，日本政府多次修改并完善地方自治法，用以扩大地方政府尤其是乡村地方政府的自治权利与范围，到80年代基本上确立了自主的地方行政体制，通过这一体制，日本于90年代末就已经完成了缩小城乡差距的目标。韩国也比较重视地方行政体制改革问题。80年代末，政府基本上已经退出了"新农村运动"主导位置，而由新村协议会——韩国的地方性农民自我服务组织发挥关键作用，突出乡村社区的自主性，推动城乡一体化健康发展。

4.2　国内城乡一体化部分成功经验举隅

改革开放以来，我国城乡一体化几经探索，不断开拓，自2002年党的十六大以后逐步步入快速发展轨道。当前，各地纷纷在政府自上而下自觉推进和市场自下而上自发探索的合力作用下，集中大量人力、物力、财力，选择重点地区、重点领域进行突破式发展，大大加速了城乡一体化发展进程。根据我国东中西三大区域经济社会发展的差异性现状，分别选择沿海地区的浙江和上海、中部地区的农业大省河南、西部地区的四川作为典型案例，分析和讨论我国不同发展水平的地区在推进城乡一体化发展方面的经验。

4.2.1 上海市

上海不仅是我国最具发展活力的特大城市之一，也是我国较早实施城乡一体战略的地区之一。自20世纪80年代中期上海市委、市政府提出城乡一体化发展目标以来，上海依托特大城市的综合优势，紧紧围绕率先实现现代化和推进国际大都市建设这一发展主线，始终坚持城市郊区化和郊区城市化双向融合的基本原则，不断强化城乡统筹规划，逐步形成了一种以大城市为主导、大城市大郊区协调发展的"城乡统筹规划模式"。特别是进入21世纪以来，上海通过贯彻实施"五大战略原则"，全面推进城郊空间、经济、社会、人口、生态"五个一体化"，大力提升城乡一体化水平，有力地促进了上海特别是上海郊区的快速发展。至2010年，郊区城市化水平以年均2个百分点左右的速度保持了近20年的持续增长，郊区产值已占据全市GDP的58.3%，郊区工业份额提高到全市工业的90%以上，农村居民人均可支配收入超过1.37万元（位居国内各省份首位），城乡居民收入之比已缩小到2.3:1。①

上海以大城市为主导、城郊协调发展的城乡一体化战略的主要特点是：

1. 统筹城郊交通基础设施建设在上海城乡一体化进程中起着基础作用

自20世纪80年代开始，基于"要想富、先修路"的经济发展理念，上海市为改善郊区发展环境，加大了对城郊交通设施的资金投入和建设规划力度，有力地推动了城郊交通一体化建设，为全面推进城乡一体化发展创造了有利条件。近年来，上海更是遵循"枢纽型、功能性、网络化"的城市功能定位，着力构建以"三港三网"、"三环十射"为代表的立体化的现代交通网络，并基本形成了轨道交通和常规公交紧密衔接的、覆盖城乡并贯穿

---

① 根据《上海统计年鉴》（2011）中的相关统计数据计算得出。

城镇村的高效便民交通体系，打通了城乡交通"血脉"，"在扩大上海对内对外吸引和辐射空间的同时"，也为加快农村发展实现城乡一体化做好铺垫。

2. 郊区"三集中"是上海实施城乡一体化战略的显著成就

20 世纪 90 年代中期，上海市就明确确立了现代国际大都市的发展目标。根据"市区要体现繁荣和繁华，郊区要体现实力和水平"的现代国际大都市发展要求，上海将经济和社会发展的重心由市区逐步转向郊区。多年来，上海始终把实施"三个集中"作为破解郊区发展难题的主要抓手，其主要做法为：一是农业向规模经营集中。主要采取土地承包经营权流转、农民非农就业、承包地换社保、户口农转非等多项措施，多管齐下，加快土地规模化、集约化经营。二是工业向园区集中。以城市产业结构转移升级为契机，坚持"三结合"原则①加快工业园区规划，促进城市重点产业向郊区转移，逐步形成以支柱产业和高新技术为主导的核心工业区、以"一业特强，多业发展"为特色的重点工业区、以节点城镇为依托的特色工业园区等多种园区有机链接、布局合理的工业园区体系。三是农民居住向城镇集中。主要通过加快村镇合并、提升城镇社会事业水平、放宽居住准入条件、宅基地置换城镇房、创造就业岗位等举措，吸引农民向城镇集中居住。"三个集中"的实施，使郊区经济和社会发展水平得到大幅提升，郊区的城市化功能和产业承接功能逐步凸显，为上海城乡一体化发展创造了有利条件。

3. 加快发展郊区是上海实现城乡一体化的重要手段

与其他省市相比较而言，加快郊区发展对上海市的意义重大，因为这是其建成现代国际大都市的必然要求，主要做法体现在以下几个方面：一是推进工业中心向郊区转移。早在 20 世纪 80 年代，上海就开始采取措施"鼓励城市工业扩散到郊区和发展工农联营企业"，彻底打破了传统的"城市工业、乡村农业"的二元产业困局。随后历经十余年的布局调整，上海郊区已形成钢铁、石化、IT、汽车、装备制造、生物医药、临港、物流等八大产业集群，成为上海市的工业中心。二是加快城郊型农业向都市型现代农业转变。进入新世纪以来，上海积极借鉴发达国家发展都市型现代农业的先进经验，重新审视农业在城市经济、社会、生态发展中的多功能地位，按照"农业产业化、农业科技化、农业标准化、农业生态化"的方针，强化农业

---

① "三结合"原则就是工业园区规划要与城市化、科技化、非农化"三化"相结合。

科技支撑，积极构建环城休闲农业、海岛生态农业、浦江循环农业和杭州湾创意农业等"四大板块"农业集聚区，加快现代农业产业转型。三是全面优化产业空间布局，促进城郊经济一体化发展。自20世纪90年代以来，上海就不断加大城郊产业协调发展力度。如今，更是站在现代国际大都市的战略高度，将主体功能区的建设提高到了前所未有的高度，按照"发展导向明确、要素配置均衡、空间集约集聚"的指导原则，提出了实施"四大主体功能区"战略，进一步优化上海市域空间布局，以促进城郊经济一体化发展。

4. 不断完善的城镇体系是上海城乡一体化战略顺利实施的根本保障

从"十五"到"十一五"，上海依据其独特的区位优势，在原有的等级城镇体系发展基础上，积极开展城镇体系规划与研究，注重城镇体系格局的平面化、网络化构建。期间历经"一城九镇"、[①] "三城七镇"[②] 和"1966"四级城镇体系[③]规划与建设，逐步探求城乡空间资源的最合理配置，解决区域城乡发展不平衡的难题。"十二五"时期，更是将完善城镇体系作为深入推进城乡一体化的关键环节来抓，以"规划先行、多元发展、基础设施和社会事业配套建设"为原则，重点加强郊区新城建设，充分发挥新城在集聚人口、优化空间以及示范带动方面的优势，全面提升市域城乡一体化整体发展水平。

4.2.2　浙江省

浙江是我国城乡一体化发展起步较早也相对成熟的省份。多年来全省对如何统筹城乡发展、加快城乡一体化进程进行了可贵的探索，逐步形成了独

---

① 沪府发〔2001〕11号《关于上海市促进城镇发展的试点意见》提出，"十五"期间，上海将努力构筑特大型国际经济中心城市的城镇体系，重点发展"一城九镇"，即即松江新城和安亭、罗店、朱家角、枫泾、浦江、高桥、周浦、奉城、堡镇9个镇。

② 上海周边新区和乡镇的统称，由"一城九镇"发展而来，"三城"即临港、松江、嘉定新城；"七镇"即浦江镇、高桥镇、枫泾镇、奉承镇、罗店镇、陈家镇、朱家角镇。

③ 2006年1月，由《上海市国民经济和社会发展第十一个五年规划纲要》提出，具体规划是：1个中心城：上海市外环线以内的600平方公里左右区域内；9个新城：宝山、嘉定、青浦、松江、闵行、奉贤南桥、金山、临港新城、崇明城桥，规划总人口540万左右，其中松江、嘉定和临港新城3个发展势头强劲的新城，人口规模按照80万~100万规划，总人口在270万左右；60个左右新市镇：从人口产业集聚发展、土地集约利用和基础设施合理配置角度，集中建设60个左右相对独立、各具特色、人口在5万人左右的新市镇，对于资源条件好、发展潜力足的新市镇，人口规模按照10万~15万规划；600个左右中心村：中心村是农村基本居住单元，将对分散的自然村适度归并，合理配置公共设施。

具特色的"浙江模式"。这一模式的演进具有比较明显的阶段性特征，具体体现在以下三个阶段：第一阶段（1978～1992年）属于自发性市场驱动阶段。那时的浙江在无资源优势、无国家扶持、无政策优惠的"三无"状况下，紧紧抓住农村经济体制改革的有利时机，大胆突破"以粮为纲"的单一结构，发展乡镇企业，推进小城镇建设，加强三产联动，开启了一场以推动农村发展为起点的自发式城乡关系变迁历程。到1991年年底，农村非农经济产值已占据全省工业经济的1/2，农村社会总产值的2/3。这种"民本自发"式的城乡一体化演进路径，虽然只是"在城乡分割体制下为脱贫致富而不得已的选择"，但在农村内部初步形成了"以工补农"、"工农双赢"的良好机制，为下阶段政府探索性政策引导城乡一体化发展提供了经济基础。第二阶段（1993～2003年）属于探索性政策引导阶段。这个阶段市场经济体制改革在我国全面实施，浙江省在这一进程中通过改革推动和政策引导两方面的工作，为城乡差距的逐步缩小、城乡一体化进程平稳加速创造了良好条件。一方面以乡镇企业产权制度改革为起点，大力培育市场主体，进一步深化农村市场化改革，促使其形成以市场机制运作为微观基础推动社会经济快速发展的明显的先发优势；另一方面坚持发展创新，以"强县扩权"为着力点，不断推进行政管理体制改革，为后来浙江社会经济快速发展奠定了宏观的制度基础。第三阶段（2003年以来）属于政府自觉性战略主导阶段。党的十六大以后，统筹城乡发展的战略定位日渐明晰，再加上浙江进入工业化发达阶段的特殊经济社会发展形势，自2003年以来，浙江省委省政府率先制定并实施了一系列推进城乡一体化发展的政策措施，标志着浙江统筹城乡发展进入了"政府自觉"式的城乡一体化发展历程。

考察浙江省统筹城乡发展的演进历程，不难分析其城乡一体化发展战略的主要特点，现归纳如下：

1. 经济发展尤其是农村经济发展与体制机制创新双轮驱动

如义乌依农兴商大力发展农村商品经济，缩小城乡经济差距，从而构建了推动城乡一体化发展的经济基础。然而，我国城乡二元结构并非仅具有经济性这一单一特征，而是具有经济性与体制性相叠加的双重特征。因此，浙江省凭借以市场取向为改革发展的先发优势，通过创新城乡一体化发展的体制和机制，特别是在土地规划、社会保障、财政税收、劳动就业、收入分配以及文教卫生等公共服务方面的改革创新，为浙江省打破城乡二元结构、缩小城乡差距、推动城乡一体化进程奠定了良好的体制机制基础。也正是由于经济发展尤其是农村经济发展和体制机制创新的双轮驱动，才使得浙江城乡一体化发展成效显著，诸多方面领先全国。

2. 农村内生工业化带动城镇化，进而推进城乡一体化的发展路径

浙江作为沿海省份，自然资源匮乏、人多地少且人口多集中于农村是其必须面对的客观现实，如果将城乡一体化发展的主战场放在城市而不是农村，则势必加剧农村依附于城市发展的被动局面，不符合浙江省的省情。因此，浙江省在改革开放之初，即将发展的根据地建立在农村，以农民自发形成的工业生长方式推动乡镇企业快速崛起并实现集群化发展，从而形成一大批具有专业特色的块状经济区，与之相关联的工业型城镇也大批兴起，提高了区域城镇化发展的实际水平，进而促进了城乡之间的关联与互动，加快了城乡一体化进程。

3. 由"无为而治"到"有为而治"的政府因素

伴随着以市场化为取向的农村改革，浙江省在城乡一体化发展的初始时期，主要依靠市场机制作用下的民本自发性力量驱动在农村广泛展开。彼时的政府主要是在市场化改革的大背景下营造宽松的制度环境，强化民本力量的自发性、自主性和创造性，以激发农村主体内生发展动力的有效生成，形成较为凸显的民本经济优势，从而开启了打破城乡二元结构、推进浙江城乡一体化发展的历史进程。进入 20 世纪 90 年代，随着市场经济体制改革在我国的全面推进，原有的自发性的民本经济发展模式已经上升为制度层面的方针政策加以倡导推行。同时，农村经济的迅速发展极大地强化了县域经济这一统筹城乡发展的关键所在，为政府制定推进城乡一体化发展的导向性制度和政策创造了良好的基础条件。因此，浙江这一时期推进城乡一体化发展的显著特征是政府由默认民本自发性探索的"无为而治"向政府自觉性引导的"有为而治"方向转变。进入 21 世纪之后，浙江作为东部沿海地区的发达省份较早地步入了工业化中后期，从根本上解决"三农"问题成为其实施城乡一体化战略的正确抉择。此时浙江省委省政府把工作的着力点放到提高"民本自发推进、市场自由运作、政府自觉推动"合力兴农的政策引导能力上，从而全面构建促进城乡一体化发展的社会基础，形成城乡一体化发展长效机制。

4. 城乡一体化与区域协调发展同步协进

从总体上看，浙江省在实施城乡一体化战略的进程中，始终将区域协调发展作为其实现城乡一体化发展的基本前提和目标基础，明确提出县域经济是推进城乡一体化发展的主体，而欠发达地区更是全面提升县域经济的重中之重。改革伊始，浙江县域经济就率先打破"唯成分论"，大力发展个体私营企业，积极培育市场主体，并使之成为推动县域经济发展的重要力量。同时，浙江省特别重视推进欠发达地区跨越发展。以衢州为例，通过构筑特色工业体系，形成了氟化工、有机硅等四大产业集群和新型干法水泥、高档特种纸等十大特色产业基地；借"山海协作"之力，承接产业转移、培训农民输出劳务；立足本地资源，大力发展绿色特色农业及其特色服务业，实现了衢州的跨越式发展，不仅明显地缩小了衢州与其他地区的发展差距，而且成为全省未来经济社会发展的新生增长点。正是由于城乡一体化与区域协调发展的同步协进，才使得浙江省在城乡一体化发展水平和区域协调能力方面居国内领先地位。

4.2.3　四川省

四川省地处西部，是我国统筹城乡发展的实验区，其城乡一体化进程虽然赶不上东部沿海地区的发达省份，但却有着基于自身历史文化资源条件下所表现出的独特演进历程，大致可分为三个阶段：一是新中国成立初期相对自由开放的城乡关系，即从 1949～1957 年，主要以城乡之间人口的平缓流动为特征，为四川城乡关系后来的良性互动奠定了基础；二是改革开放前期工业优先发展战略与城市偏向政策为主导背景下的城乡关系，即从 1958～1978 年，这一时期四川城乡交流的标志是国家政策倾斜与"三线"企业发展不仅较大程度地改善了全省交通、通信等基础设施，而且还优化了全省经济布局，城乡一体化发展的基本条件开始形成；三是改革开放以后探索城乡一体化发展的实践阶段，特别是四川省会成都被国务院确立为全国统筹城乡综合配套改革试验区以来，四川更是成为我国根本破除城乡二元结构、构建社会主义和谐社会的先行区和示范基地。

通过对四川城乡关系演进历程的简要回顾，我们可以看出四川推进城乡一体化发展具有一定的基础条件，并且也走出了一条具有四川特色的城乡一体化之路，但是由于城镇布局不合理、偏重重工业的产业结构等问题的制约，四川城乡一体化发展并未根本扭转城乡差距持续扩大的趋势。这些问题具体表现为以下几个方面：第一，刚性制度的负面影响尚未消退。长期以来，四川省作为西部地区重要省份之一，除受全国性的工农产品价格"剪刀差"、户籍制度等城乡隔离制度的影响外,还受国家将西部地区作为战略大后方、主要原材料供应基地等这些刚性制度政策的制约。时至今日,这些刚性制度所导致的制度供给单一、缺乏弹性等负面影响并未彻底从四川人民的思维惯性中消除,制约着四川城乡一体化发展步伐。第二,城镇综合功能较弱,制约着全省城乡一体化发展水平的进一步提升。四川省的城镇大多是在确保重工业优先高速发展的时代背景下建立起来的工矿业城镇,其主要功能是为工业生产服务,其他功能诸如流通、金融等服务功能较为弱化,对农村的吸纳承载能力和辐射带动能力不强,这是未来全面提升四川城乡一体化水平需要着力解决的突出矛盾和现实问题。

针对上述问题,近年来以成都市为代表,四川省提出了以下城乡一体化发展战略:

(1)以制度创新为重点,深化城乡二元体制改革①。

首先,树立"全域化"理念,推动城乡规划管理体制改革,按照"统一规划、属地管理、分级审查、强化监督"的原则,实现省域城乡规划全覆盖;其次,构建"三集中"的发展模式,不仅适应人多地少的客观省情及节约资源、保护环境的迫切要求,避免了资源浪费、环境污染的粗放式发展弊端,而且符合新型工业化、新型城镇化和农业现代化有机联系的规律,有效推进了"三化"联动,促进了城乡同发展共繁荣;最后,创新"六个一体化"科学体制,通过推进城乡规划一体化、城乡产业发展一体化、城乡市场体制一体化、城乡基础设施一体化、城乡公共服务一体化、城乡管理体制一体化等"六个一体化",大刀阔斧破除城乡二元体制,全方位构建城乡统筹、科学发展的体制机制。

(2)以完善城镇体系为依托,进一步提升城镇功能。

提升城镇功能,增强其对农村的辐射带动与吸纳承载能力被认为是四川城乡一体化再上新水平的关键环节。对这个战略的支持措施表现在:四川将努力加快区域中心城市建设,构筑"一核、四群、五带"的城镇化战略格局;同时把增强城镇集聚产业、承载人口、辐射带动区域发展的能力作为目标,通过构建以大城市和区域性中心城市为依托、大中城市为骨干、小城镇为基础的现代城镇体系,力图加快四川省域经济、社会、人口、资源和环境的全面协调发展。

---

① 薛晴. 统筹城乡发展体制机制创新研究——以邯郸市为例 [J]. 农业经济, 2012 (4): 26-28.

（3）以解决"四难"问题为抓手，强化农村基本公共服务。

四川提出将解决农村"四难"，即行路难、看病难、上学难和饮水难作为强化农村基本公共服务的突破口，重点加强农村基础设施、医疗卫生保障制度、义务教育政策落实和饮水安全问题的建设。以巴中市为例，2009年全市基本实现"乡乡通油路、村村通公路"的发展目标，新型农村合作医疗参合率达91.7%，免除58.1万名中小学生义务教育阶段的学杂费，创建612所"留守学生之家"，新建2975处农村饮水安全工程。① 所有这些都突出了城乡一体化发展的实质，即让城乡人民共享改革发展成果的生动实践。

（4）以科技创新为支撑，促进农业产业化发展。

四川省通过提升农业科技园区的现代化技术来提升龙头企业的科技创新能力进而提升其核心竞争力，通过创建现代产业支撑体系大力开发特色产品，延伸农业产业链，并将农业科技园区的示范区建设与新农村建设结合起来，带动农民增收致富。同时，充分发挥以生物医药为代表的特色产业优势，加快做强做大特色产业基地，如成都、德阳、绵阳和阿坝的中药现代化产业基地及其雅安、泸州的生物农业基地等，这些战略举措使得四川农业产业化水平有了明显提高。

（5）科学定位政府角色。

首先，四川省委省政府在认真研究国内外城乡一体化发展经验的基础上，根据各地推进城乡一体化发展的物质条件和经济基础，抓住有利时机适时推进地区城乡一体化发展。如成都市政府抓住打造成都经济圈的有利时机，适时地推动近郊发展现代休闲农业，并充分发挥当地丰富的历史文化资源发展文化产业，使得成都城乡一体化具备了一定的产业支撑；其次，充分尊重21市州的区域差异性，并坚持政府对城乡一体化的引导和推动，不与市场机制发生冲突，合理地处理省域整体推进与市州局部发展的关系，探索具有四川特色的多元化路径；最后，坚持"有所为，有所不为"的原则，准确把握政府应该努力的领域。四川省政府首先把握住"规划"这一领域，既发挥了各地的比较优势，又实现了区域间的优势互补与资源的合理配置。同时，还紧紧抓住"社会保障"这一核心问题，坚持"小区域，多元化"原则推进制度创新，起到事半功倍的效果，如成都市的户籍制度改革就是这一原则指导下的创新成果。

---

① 根据《2010年巴中市国民经济和社会发展统计公报》的相关统计数据整理得出。

4.2.4　河南省

河南省是典型的农业大省和人口大省，是支撑中部地区崛起的重要省份之一，其城乡一体化发展水平在全国城乡统筹发展进程中起着举足轻重的作用。从历史上看，河南省的城乡二元结构矛盾一直比较突出，改革开放以来，这一矛盾虽有所缓解，但并未有较大的转变。党的十六大之后，国家明确提出了统筹城乡发展的战略方针，河南省牢牢抓住这一战略机遇，近年来不断加大统筹城乡发展力度，城乡一体化建设成效显著，主要战略举措如下：

1. 着力打造全省城乡一体化示范区

济源市作为中原经济区核心增长板块，从 2005 年开始就已着手推进城乡一体化发展，具有一定的经验和基础，所以，济源市被河南省委省政府作为实施城乡一体化战略的示范区确定下来。其主要做法为：一是统筹城乡发展规划，优化城乡空间布局，在推进全域城乡一体化上做出示范。二是加快科技创新，发展壮大新兴产业。同时，立足传统优势产业，通过补强薄弱产业链条、补齐缺失产业链条、突破关键技术、完善配套能力等方式，促进产业结构转型升级，为全省强化产业支撑做出示范。三是加快推进基础设施建设向农村延伸，为实现城乡同质互联起到示范作用。四是完善金融、社保、就业等城乡服务体系，在统一基本公共服务上做出示范。五是全力推进城乡生态环境建设与保护一体化，在宜居生态城建设方面做出示范。济源作为河南省唯一没有设县的省管市，其区位优势和产业基础有目共睹，非常具有河南特色，以此作为城乡一体化先行先试示范区，对形成河南经验和认真贯彻国务院关于中原经济区建设的指导意见具有极其重要的意义。

2. 技术创新与制度创新双管齐下

近年来，河南省把技术创新和制度创新作为促进城乡一体化发展的主要工作来抓。例如，新乡市以提高农业比较效益为目的，加大科研攻关力度，培育了一批通过国审、省审并拥有自主知识产权的粮食新品种，实现水稻全部优质化，小麦、玉米优质比重达到 80%～92%，成为我国重要的优质小麦生产基地和商品粮基地。同时，认定了无公害农产品、绿色食品基地的面积达 205.49 万亩。此外，还形成了 10 多个区域优势农产品生产基地实行规模化生产。① 然而，"只靠技术创新而无制度创新，河南的农业现代化和中原经济区建设思想就会落空。"因此，破除城乡二元结构的制度障碍成为河南近年来推进城乡一体化发展的必然选择，其主要做法有：对农产品实行价格补贴制度和地理标志登记保护制度，通过立法完善农地征用补偿制度，率先取消城乡户籍划分、实行居住地户籍管理制度，改革农村管理机制等等。在这些措施的推动下，河南经济社会发展正在逐渐摆脱城乡差距持续扩大的被动局面，向着全面协调可持续发展方向发展。

3. 积极探索具有河南特色的"三化协调"发展路径

首先，"十一五"时期，按照国家节能减排政策的要求，河南以南水北调、生态绿化和城乡污染综合治理为重点，加快建设污水垃圾处理设施，并于2007年年底覆盖全省所有城市县城，大大改善了城乡环境质量；其次，在集中精力推进工业化发展的同时，切实加强能源资源的节约利用，相继出台《关于开展资源节约活动加快建设资源节约型社会的通知》、《河南省节约能源条例》、《关于做好资源节约型环境友好型企业创建工作的通知》以及相关节约利用土地资源的一系列政策法规，鼓励全省节地节水节能节材，倡导绿色健康、节约环保的生产、生活方式；最后，把土地资源开发整理与加快工业化、城镇化发展步伐紧密结合起来，以保护耕地资源、稳定粮食生产为前提，走一条不牺牲农业和粮食、生态与环境的城乡一体化之路。

4. 整合规划新型农村社区，切实推进城乡一体化发展②

近年来，河南省对各县城和各乡镇总体规划进行修编，提出"建设示范村、规划中心村、控制一般村"的原则，按照"异地共建、联村整合、一村一区、城镇社区"等几种空间布局，对全省行政村进行整合规划，设立新型农村住宅社区（中心村），并根据各中心村建设的具体情况，因村制宜，因业制宜，划分集体主导型、扶贫移民型、旧村改造型、产业拉动型、城中村改造型、企业带动型等几种建设模式，分类实施。既整合了土地资源节约了耕地，又有利于改善农村基础设施，同时提升农民生活质量。

综上所述，由于河南地理位置紧邻河北，具有与河北较类似的经济社会基础，城乡一体化发展进程中存在的问题与河北具有较大的相似性，所以，研究河南城乡一体化发展战略对于河北的城乡一体化战略选择具有较高的借鉴价值。

---

①② 薛晴. 统筹城乡发展体制机制创新研究——以邯郸市为例 [J]. 农业经济，2012（4）：26－28.

4.3　国内外城乡一体化成功经验给河北省的启迪

通过上文对国内外城乡一体化发展战略的总结与梳理可以发现，在一定的发展背景下，一国（或地区）的经济社会基础、地域环境资源、市场化条件等的发展状况对地区城乡一体化选择起着决定性的作用。所以，笔者拟以城乡一体化实现条件为视角进行分析，并对推进河北城乡一体化有参考意义的发展路径进行探讨。

4.3.1　因地制宜充分考虑区域发展背景与基础

就中国城乡一体化发展的实际状况而言，东部地区尤其是东南沿海地区的城乡一体化发展水平要明显高于中西部地区，城乡差距相对较小。然而，我国城乡二元矛盾由来已久，且与区域发展不平衡相伴相随，不同区域间城乡一体化发展的条件和基础有较大差异。因此，河北省作为东部地区城乡一体化发展水平相对落后的省域，虽然需要积极借鉴和学习东部地区尤其是东南沿海地区的先进经验，但绝不能照抄照搬其城乡一体化模式，而应根据本省经济社会基础、地域资源环境和市场化条件，选择适合本省城乡一体化发展的模式，加快城乡一体化进程。

经济社会基础是确保城乡一体化健康可持续发展的重要因素，只有在一定的经济社会基础之上才能逐步建立适合本地区的城乡一体化模式。这种经济社会基础主要包括城乡经济发展状况、基础设施建设、生态环境、公民权利等基本的前提条件，这也是促进城乡一体化发展的必不可少的关键因素，若地区经济社会基础条件与城乡一体化发展阶段不相适应，则将延缓甚至阻滞城乡一体化进程。

地域资源环境在传统意义上是指自然资源、人力资源及制度环境等区域发展的前提条件，但对于某一区域实体而言，文化资源和历史背景也是其地域资源环境条件的重要方面。像河北这样的东部沿海欠发达地区，城乡一体化发展存在一些地域资源环境方面的制约因素。首先是制度环境因素，城乡一体化是一场事关经济社会可持续发展的深刻变革，既涉及调整整个社会的利益格局，又涉及重组整个社会的管理构架，这就需要制度环境的改革创新。而制度环境的改革与创新的核心就是要根据社会主义市场经济的发展要求，消除城乡二元结构，逐步建立城乡一体的管理体制和机制。因此，改革城乡二元体制才是加快城乡一体化发展的关键。城乡一体化发展较好的地区，无一不是通过制度创新，促使城乡二元结构向一体化方向发展的。而河北的大多数地区在改革城乡二元体制方面仍相对滞后，既缺乏开拓性的实践探索勇气，又缺乏前瞻性的理论创新能力，这种因循守旧的制度环境，不仅极大地制约了全省城乡一体化进程，而且不断拉大省际的发展差距，不可避免地沦为区域发展的"塌陷区"。

市场化影响城乡一体化进程，城乡一体化需要一定的市场化运行机制。在计划经济体制下，国家"通过剥夺农村剩余以牺牲农村和农业为代价"的强制性制度供给，"为中国工业化的'原始积累'做出了巨大贡献"，却致使乡村与农业长期处于弱势地位，进而形成影响至今的城乡二元分割格局。[①] 在市场经济体制下，城乡一体化发展一方面需要政府的宏观规划，另一方面需要利用市场化来实现城乡生产要素的自由流动和优化配置。但在现阶段，河北的市场化程度相对较低，如表 4－1 所示：

表 4－1　　　　　　2009 年河北与全国各省市市场化指数比较

地区	天津	河北	浙江	福建	山东	广东	东部平均值
市场化指数	9.43	7.27	11.80	9.02	8.93	10.42	8.98
地区	河南	湖北	江西	湖南	安徽	山西	中部平均值
市场化指数	8.04	7.65	7.65	7.39	7.88	6.11	7.45

资料来源：樊刚、王小鲁、朱恒鹏编著. 市场化指数——各地区市场化相对进程 2011 年报告 [R]，相关统计数据整理得出。

由表 4－1 可以看出，河北的市场化指数仅为 7.27，只高于东部沿海地区的黑龙江、吉林和海南三个省份，低于东部平均值的 8.98，低于中部平均值的 7.45，由此可见河北省的市场化程度较低，这一弊端严重阻滞城乡生产要素的合理流动与优化组合，降低城乡社会经济资源配置的效率。据调查显示，河北省 2009 年引进外资的程度在全国排名第 20，处于东部地区的最末位，投入城乡发展的建设资金仍然主要依靠政府，导致经济整体活力不

---

① 薛晴. 马克思主义城乡融合思想与我国省域城乡一体化发展 [J]. 改革与战略，2012 (1)：36－38、47。

足，省域综合实力不强，政府压力较大。在东部沿海地区城乡一体化发展较好的各省份，要素市场发育程度达 5 分以上，而河北省要素市场发育程度的分值仅为 4.35，低于全国和东部沿海地区的平均水平，这说明河北省要素市场发育不足，透明度低，影响着城乡生产要素的合理流动速度和优化配置效率，这也是河北城乡一体化进程缓慢的主要原因之一。综上所述，河北省城乡一体化发展的市场条件在东部沿海地区非常不完善，河北发展城乡一体化不能盲目模仿沿海地区省份，必须根据本省实际情况选择合适的城乡一体化模式。

自然资源是城乡一体化建设的承载体。[①] 首先，城乡建设中的人口规模、建设速度、产业结构等基本因素，必须以自然资源如生态地理、地质地貌，能源、水资源等为发展的基础条件。其次，自然环境承载着城乡一体化发展的全过程，即在既定条件下自然环境对城乡发展过程中排放的二氧化碳气体、污水、垃圾等废弃物具有较强的净化能力。自然环境是经济增长、文化传承、社会安全等城乡发展基本元素的物质载体，自然环境若不可持续，城乡一体化必然成为不可能。因此，城乡一体化必须遵循自然环境的可持续发展规律，正视我国城乡一体化与自然环境可持续发展的现实冲突，树立可持续发展理念，保证城乡一体化与自然环境的协调发展。河北省自然资源总量虽然丰富，但人均不足，尤其是水资源的匮乏。因此，河北在深入推进城乡一体化发展的过程中，应综合考虑资源开发利用、城乡空间布局、道路交通、人口流动、公共设施、农田水利与生态安全系统的建设规划，使各项规划相互协调与合理运作，真正实现经济、社会、生态环境的和谐并进。

国内外城乡一体化发展的经验表明，对外开放是推动区域城乡一体化发展的强大引擎。通过对外开放不仅可以大量引进外资，提高区域经济竞争力，奠定城乡一体化发展的经济基础，而且能够整合和优化城乡资源，将潜在的资源优势转化为现实的比较优势，努力走出一条具有地域特色的城乡一体化新路子。此外，提高对外开放水平也有助于学习和借鉴国内外先进的社会管理经验，提高社会建设与管理能力。统计资料显示，改革开放以来，外来资金大多投入东部地区，但河北吸收外资的能力相对较弱。如 1984 年，东部地区 11 个省市实际利用外资比例高达 96.73%，但河北仅占 0.23%。

---

① 薛晴. 生态社会主义思潮的可持续发展观对我国城镇化建设的启示 [J]. 前沿，2009 (11)：123 - 126.

此后从总体发展趋势看，河北利用外资的比重虽呈逐年上升之势，但占全国比例也一直较低，最高年份只有 0.4%，远低于广东、江苏、上海等地。此外，河北省的对外开放程度也一直是低位运行的。如从 1989 ~ 2009 年 20 年的时间里，河北对外开放程度仅提高了 0.83 个百分点，而相邻的山东省却提高了 8.92 个百分点，[①] 河北省对外开放程度之低可见一斑。因此，河北要加快城乡一体化进程，就应充分发挥区位优势，加大对外开放力度，积极引进外资和重大项目建设，为城乡发展注入活力，多轮驱动推进城乡一体化又好又快发展。这不仅是国内外城乡一体化对河北发展的启示，也符合加快河北社会经济发展的实际需要。

4.3.2 依据国情省情选择发展模式

借鉴国内外城乡一体化发展的先进经验可以看出，目前区域城乡一体化发展战略主要有城乡并重的复合体式、以城带乡（郊）式和小城镇内生成长式等战略模式。

以城带乡（郊）模式是经济发达的大都市区推进区域城乡一体化的有效模式。"城"是指一定区域内的具有较强集聚辐射能力的中心城市；"乡（郊）"是指与其有在经济、社会、文化以及交通等基础设施等方面有较强联系的周边区域。区域中心城市作为区域经济发展的增长极或增长点，对与其联系较为密切的近郊区域产生显著的正外部性效应，具体表现为持续吸纳农村剩余劳动力，不断调整城乡人口比例来缩小城乡之间劳动生产率的差距，从而最终扭转乡村弱势的发展地位，使城乡发展趋向相对平衡和稳定；同时，持续向近郊乡镇区域扩散优质资源要素，带动乡村发展，进而形成以城带乡、城乡互动双赢的城乡一体化格局。很显然，这种模式的根本动力是城市化，是随着城市实力的增强、空间的拓展、功能的完善，在城（中心城市）与郊（环绕中心城市的周边地区）的空间范围内，以城市为主导，通过城乡之间自然地经济联系或人为设计的政策制度，来促进优质资源、生产要素、公共服务和现代化管理由城市向乡村不断延伸和扩散，从而实现城与乡的融合（如图 4 - 1 所示）。

---

① 由国家发改委国际合作中心撰写的《中国区域对外开放指数研究报告》相关统计数据整理得出。

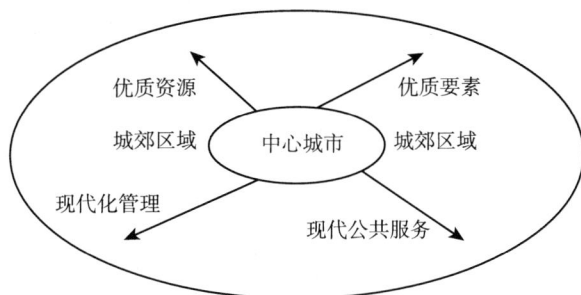

图 4 - 1　以城带乡（郊）模式

以城带乡（郊）模式对于河北省来说比较典型的地区就是环首都区域，只不过城与郊分属两个不同行政区。北京作为京津冀区域中心城市，具有极强的集聚辐射功能，对周边河北的涿州、燕郊、涞水等 14 个县市将产生巨大的正面溢出效应。就这 14 个近郊县市而言，首先，应抓住国家发展环首都经济圈的历史机遇，主动参与首都功能分工，明确各县市的城镇定位，完善功能空间布局，以承接首都产业转移为契机，大力发展高技术产业，推进产业结构优化升级，使北京产业链逐级延伸至河北 14 个县市区，实现与北京的产业对接与融合，从而为 14 个县市进一步融入首都都市区奠定基础。其次，以廊坊、保定、承德和张家口为主体，积极构建环首都卫新兴城市群，形成"'四心'（承德、张家口、廊坊、保定中心城市）、'三区'（京东产业协作服务区、京南产业协作服务区、新机场临空产业区）、'一片'（首都生态涵养、高端旅游及特色产业功能片，包括怀来、涿鹿、赤城、丰宁、滦平、兴隆，重点发展京北生态新区）、'六轴'（京津、京唐、京石、京张、京承、京沧等 6 条区域发展轴）、'多点'（14 个环首都县、市、区城镇节点）的空间布局。"第三，完善交通体系，加快高速公路、铁路、城际轨道交通等基础设施建设，主动对接并融入环首都绿色交通运输体系的建设，积极打造环首都"一小时交通圈"和"半小时通勤圈"，其中首都辐射地带的京珠京沪高速公路沿线、京广京沪高速铁路沿线的中心城市，需着力强化于高速公路出入口、高速铁路战场之间的衔接，同时充分发挥高效便捷的交通优势，大力发展现代服务业和制造业，为培育壮大环首都新型经济增长极创造条件、提供支撑。

小城镇内生成长模式（如图 4 - 2 所示）是交通基础较好的地区推进城乡一体化的优先选择。交通基础较好的地区既可接受城际间资源要素高速流动的溢出效应，又具有大城市无可比拟的较强的劳动力、土地等方面的比较

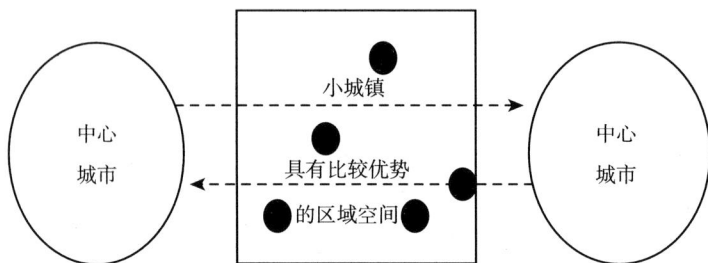

图4-2 小城镇内生成长模式

优势，借助城市的发展与繁荣逐步集聚内生发展动力，实现乡村发展新突破，快速推进小城镇崛起，加拿大学者麦基（T. G. Megee）提出的 Desakota 模式就是这种发展模式的反映。其具体实施路径表现为：第一，提高乡村工业化发展水平，夯实区域城乡一体化发展的基础。工业化是现代化实现过程中不可逾越的发展阶段，更是国家或地区由贫穷走向富裕的必经之路。如果统筹城乡发展的角度来理解工业化，那么发展乡村工业就是增加农民收入、解决二元结构性难题的重要基础。苏南地区是我国乡镇企业起步最早、发展最快、效益显著的地区，1998 年即吸纳农村剩余劳动力 839.39 万人，非农就业比重高达 26.9%，有效提高了农业人口向非农产业转移的速度，改变了农村资源的配置方式和效率，推动了农村经济结构战略性调整，使苏南地区成为我国城乡一体化发展较早的地区之一。进入新世纪，在知识化和信息化的发展背景下，苏南地区继续深入探索以高新技术产业为主导的新型农村工业化之路，通过工业向园区集中，一改过去"村村冒烟"造成的资源浪费、生产经营不便、人气不足的落后状况，形成规模效应，苏南农村工业化进入了以园区经济为特色的新阶段，为进一步加快城乡一体化进程奠定了更为坚实的基础。第二，加大政策扶持力度，推动农业产业化发展。农业产业化与城乡一体化是我国农业现代化进程中面临的两个关键问题，也是调整城乡关系的两个基本点。虽然两者分属不同概念，但却有非常密切的内在联系，即农业产业化是城乡一体化取得实质性突破的关键环节，城乡一体化是加快农业产业化进程的基础保障。

　　河北是我国东部地区的农业大省，拥有较为丰富的农业资源，农业产业化基础较好。但尚存在农户经营分散不利于推广和应用新型农业技术、龙头企业规模小实力弱对农业产业化发展的带动能力不强、政府行为具有一定错位或越位倾向等妨碍农业产业化发展的弊端。当前，应认真贯彻落实国家有关土地流转制度改革的政策措施，并以农民利益为重，慎重推进；通过适当的兼并重组扩大龙头企业规模，提高企业抗风险能力，引进现代化企业管理提升企业竞争力，加大农业科技研发的资金投入，培育农业产业化人才；明晰政府职能定位，首先应加强农业基础设施改造、培养农业专业人才、提高技术创新等方面的服务，其次要充分发挥省域农业资源优势，明确规划各地区主导产业及发展目标，为农业产业化经营提供金融支持，做好推进企业、农户与市场之间的联结等服务工作。

城乡并重的复合体模式是目前世界各国推进城乡一体化发展的高级战略模式。随着社会生产力的发展，突破城乡界限与行政区划界限，实现更大区域的统筹协调将是经济社会发展到一定阶段后的客观现象和必然要求。具体到城乡一体化当然也应顺应这一发展趋势，进一步模糊城乡界限，发展兼备两者优点的城乡复合体，以一种新社会结构形态即城乡一体化取代旧社会结构形态即城乡二元化。在空间上又可表现为三种具体模式：

第一，中心发散型（如图 4-3 所示）。这是一种最为典型也最常见的城乡并重的复合体模式，类似于以城带乡（郊）模式，两者都强调中心城市对周边郊区发展的支持，但以城带乡（郊）模式的基本立足点依然是以城市为主导，而中心发散型模式则着重于城乡并重，旨在通过中心城市优势资源的拓展发散来打破城乡发展壁垒，如城市基础设施、生活方式、居住模式和公共服务等现代文明成果的拓展发散出去，带动城市周边地区的发展，以促进城乡物质文明与精神文明的统一建设。

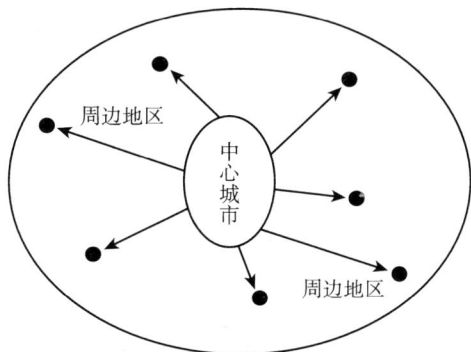

图 4-3　中心发散型城乡复合体模式

第二，区域集中型（如图 4-4 所示）。这种模式也比较具有代表性，主要表现在中小城市比较集中的地区。该模式强调区域发展主体的平等性，主张将区域内有限的资源内聚起来，各发展主体依据自身情况相互引进他方的优势资源，共同推进城乡一体化事业的发展。

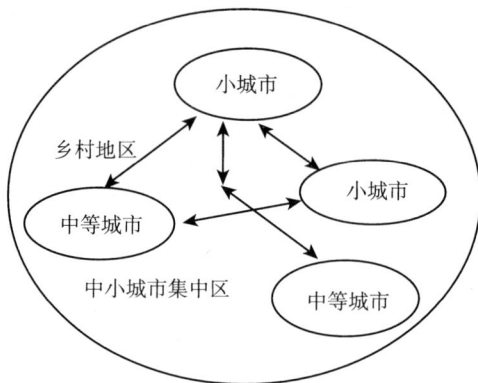

图4-4　区域集中型城乡复合体模式

　　第三，点轴联系型（如图4-5所示）。这种模式目前比较少见，但可以是未来推进城乡一体化发展主要采用的模式。它主要是基于四通八达的交通网络体系或方便快捷的通信网络结构发展起来的，以交通枢纽城市为集聚点，以交通干线为发展轴，利用点轴之间形成的"极化—扩散"效应来实现中心城市与周边腹地的城乡融合。河北省交通基础较好，拥有四通八达的交通通信网络，具有选择点轴联系型城乡一体化模式的基础条件，未来随着国家和河北交通、通信基础设施建设的进一步完善，这种城乡一体化发展模式值得河北省重点关注。

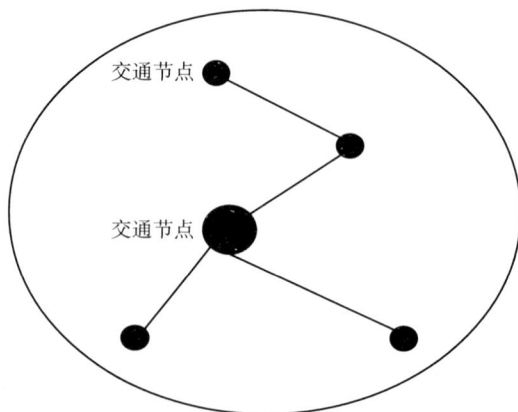

图4-5　点轴联系型城乡复合体模式

第5章

河北省城乡一体化发展战略构想

河北省加快推进城乡一体化的外部条件既不同于西方发达国家，又与国内已经实现或正在构建城乡一体化的地区有着重大差异。因此，在城乡一体化战略制定中，既要分析借鉴各种成功的城乡一体化发展经验，又要全面掌握河北省推进城乡一体化的基础条件及内外环境，在科学发展观的指导下，提出符合河北实际的城乡一体化战略。本书在对国内外城乡一体化先进经验进行总结与归纳的基础上，并综合考虑河北省域基础及环境条件，提出如下"主动作为，借力发展"的城乡一体化发展战略构想。

5.1 指导思想

现阶段，面对新的形势与新的环境，河北省城乡一体化的指导思想应当是，努力把握全国统筹城乡发展与区域发展战略调整的历史机遇，深入贯彻落实科学发展观，坚持统筹城乡发展的战略方针，紧紧围绕建设"经济强省、和谐河北"的中心任务，以全域现代化为导向，以城乡人民共创共享改革发展成果为核心，以政府主导与市场运作相结合为手段，以深化京津冀与环渤海区域合作为助力，以产业化发展为支撑，以社会保障体系为后盾，以统筹城乡发展、加快城乡一体化进程为目标，大力推进新农业、新农村、新农民建设，实现农业现代化、农村社区化、农民市民化，逐步缩小城乡差距、地区差距、工农差距和贫富差距，提升河北省经济社会发展的综合实力，建立以城乡平等为基础的城乡互促共进的现代化结构，加快集成城乡优势使之成为一个有机整体，积极探寻协调城乡各方面利益关系的有效途径，并将其转化为具体的政策与措施，保障城乡一体化的顺利推进。

5.2 基本原则

立足上述指导思想，针对河北省城乡经济社会发展现状，本章提出了以下几条城乡一体化发展的基本原则：

5.2.1 全域统一规划原则

国内外成功经验表明，城乡一体化的实质是现代化，尤其是乡村传统落后的生产、生活方式的现代化。因此，提高整个省域现代化发展水平才是河北省城乡一体化发展的根本目标。全域统一规划原则，要求河北省在城乡一体化发展战略高度，充分借鉴国内外先进经验并吸取其失败教训，立足省域发展实际，贯彻科学发展观，对省域18.47万平方公里面积进行统一规划，合理布局，可适当超前。首先，调整全省过度依赖资源禀赋的传统内向型产业布局，加快开拓依靠区位优势的现代外向化产业布局；其次，调整河北城镇被京津分割的多核心牵引格局，"重视城市化过程中产业拉动和基础设施的空间诱导作用，加强各城镇间的联系，形成合理的城镇体系"；最后，完善交通、水暖、燃气、电力、文教卫生、绿化环保等各项规划，全面提高城乡经济社会发展的整体融合程度。

5.2.2 政府主导与市场运作相结合原则

协调处理政府与市场的关系是国内外城乡一体化发展进程中都必然面对的问题，国外在遵循市场调节的同时，主要通过政府立法来宏观控制城乡关系的运行走向。如英国侧重规划立法，美国侧重农业立法，而与我国情况较为近似的日韩则更加强调政府的主导作用，这与国内各先进省市的做法基本一致。所以，处理政府与市场的关系也是河北省必须重视的问题。众所周知，在我国，"城乡一体化是一个源于改革实践的理论课题"。① 城乡一体化

---

① 薛晴. 国内城乡一体化研究的回顾与前瞻 [J]. 城市问题，2011 (3)：25-30、59.

战略的实施，必须遵循市场经济规律，尊重人民群众的意愿，充分发挥人民群众在城乡一体化进程中的主体作用。但同时我们也必须认识到，城乡一体化作为一种新型城乡关系，涉及诸多利益主体，单纯依靠市场机制并不能保证自觉实现全社会利益的协调。因此，在尊重群众意愿、遵循市场规律的前提下，必须强化政府在宏观调控中的总体指导和组织协调职能，并坚持依法行政，使政府主导和市场运作有机结合，有效开发资源，集聚资金，促进劳动力、资金、土地等生产要素在城乡间的合理流动与优化组合，加快城镇化步伐，缩小城乡发展差距。

5.2.3　城市与乡村双向互动原则

英、美、德等西方发达国家城乡一体化的成功经验告诉我们，经济发展尤其是农村地区的经济发展，是城乡一体化发展的基础，城乡一体化发展应与本地区经济社会发展水平城乡一体化保持在一个相互适应的区间。也就是说，经济发展不起来，根本谈不上城乡一体化发展。所以，河北省城乡一体化发展战略应在遵循本省经济社会发展规律的基础上，摒弃传统的重城市轻乡村、重工业轻农业的发展理念，因为城乡一体化不再单纯地强调城市与工业在经济社会发展中的重要作用，乡村也不再是城市的附庸或反哺、照顾的对象，而是和城市一样在经济社会发展中具有不可替代的主体作用。① 因此，实施城乡一体化战略必须坚持城市与乡村双向互动原则，既要强化城市的集聚与辐射功能，加强城市建设、规划与管理，加快推进城市化，促使城市现代文明与公共服务向农村快速辐射与延伸，以发挥城市对农村的带动作用；又要重视农村的消化吸收与再创新能力，加快新农村建设步伐，建立农村产业化示范园区，推动农村发展方式转变，调整农业结构，增加农民收入，提高农村承载现代化发展的能力与水平，真正实现城乡平等、城乡结合、优势互补、互为资源、以城带乡、以乡促城的良好格局。

5.2.4　民生为本与民利至上原则

实现人的全面发展是城乡一体化的应有要义，经济发展与社会进步的有

① 薛晴. 城乡一体化的理论渊源及其嬗变轨迹考察 [J]. 经济地理，2010（11）：1779 - 1784、1809.

机统一是实现人的全面发展的必由之路。① 日韩作为新兴的工业化国家，在城乡一体化发展进程中高度重视农村的发展，特别在提高农民的教育水平及综合素质方面，更是投入了大量的人力、物力和财力，所以才能在相对较短的时间内取得了巨大成功。我国农民占人口的绝大多数，河北省农民数量更是占到全省常住人口总量的 77.5%。所以，构建河北省城乡一体化发展战略所要解决的关键问题就是农民问题，所以必须坚持民生为本与民利至上原则。民生为本与民利至上原则就是要求将人的全面发展放在经济社会发展的首位，贯彻到城乡一体化发展进程中，用经济发展和社会进步促进人的全面发展，以人的全面发展带动经济发展与社会进步，并使之有机结合。注重使人民群众真正成为经济发展与社会进步的主体，妥善处理好经济发展与社会进步及人的全面发展之间的关系，要把保障和改善民生作为经济社会发展的根本出发点和落脚点，要把不断满足人民群众的多方面需求、保证人民群众生活得更有质量和尊严作为经济发展与社会进步的基本标志，推动社会的全面进步。

5.2.5 体制机制创新原则

国内先进省市在城乡一体化发展进程中大多将体制机制创新作为重点突破。如四川省以制度创新为重点，深化城乡二元体制改革；浙江省则是经济发展与体制机制创新双轮驱动；河南省更是将技术创新与制度创新融为一体。所有这些都表明，我国城乡差距持续扩大的深层原因在于体制机制问题。也就是说，"城乡差距的不断扩大，从表面上看，是数据、是基础设施、是观念；但从深层看，却是一系列固如'坚冰'的体制机制障碍相互作用与发酵的结果。"② 作为一个创新意识欠缺的东部沿海不发达省份，河北省在推进城乡一体化进程中要特别注意突破传统思维定式和破除陈旧观念桎梏，坚持体制机制创新原则。尊重人民群众的首创精神，总结推广先进经验，利用群众智慧，充分调动最广大人民群众的主动性、积极性和创造性，政府也要为谋求大发展等方面的创新提供相应的政策支持和营造宽松的发展环境，推动全社会形成开拓进取的良好氛围。

---

①② 薛晴. 统筹城乡发展体制机制创新研究——以邯郸市为例 [J]. 农业经济, 2012 (4): 26-28.

5.2.6   省域特色原则①

国内外成功经验表明，城乡一体化发展模式的选择应从本国或本地区的实际出发，培育具有本国或本地区的特色的发展模式。如美国是在市场经济和技术不断革命的基础上城市和农村互动同步发展一体化模式，德国是以均衡、持续发展为特征的民主式城乡一体化模式，日本、韩国是先城市后农村政府主导的非均衡城乡一体化模式；国内的上海走的是以城带郊模式，浙江省更多地表现为小城镇内生增长型，四川和河南两省则主要表现为区域集中型城乡复合体模式。所以，河北省城乡一体化发展战略的构建必须坚持省域特色原则。省域，从本质上讲属于区域范畴，是指一个省级行政单位所管辖的区域范围。所谓城乡一体化发展中的"省域特色"，意指各省在推进城乡一体化发展过程中，结合区域发展战略目标，依据资源禀赋和比较优势，科学谋划其发展战略、路径和模式，走一条独具个性的城乡一体化发展之路。自 20 世纪 90 年代以来，全球化、区域一体化逐渐成为时代发展的主旋律，城市与乡村的发展已不仅仅取决于其自身的发展潜质，而是更多地受到其所在区域的现实背景以及发展前景的影响。在我国，省在经济社会生活中具有相对独立的领导作用，这对于逐渐上升为政府自觉、强力主导为主要推进方式的城乡一体化来说，省域的地位和作用尤为重要。因此，实施城乡一体化战略，不能单一寻求纯粹的城乡发展，而应结合省域背景及其发展前景，正确处理城乡一体化与省域发展的关系问题，以省域发展为背景，推动城乡一体化走出特色之路。具体到河北省，应将城乡一体化发展放在京津冀都市圈区域发展的特殊背景下，正确处理好区域合作与城乡一体化的关系。

5.3   总体思路

河北省在这次全国区域发展战略调整中有多个地区备受关注，其中环首都地区、冀中南地区等都是关注的重点，沿海地区更是上升为国家战略。基于此，有着稳固农业基础和一定工业基础的河北可以迅速提升发展水平。在

---

① 薛晴. 国内城乡一体化研究的回顾与前瞻 [J]. 城市问题，2011 (3)：25－30、59.

城乡一体化战略思路上，应充分发挥区位优势的作用，积极主动地服务首都、合作天津、融入京津，培育壮大中心城市，加快小城镇建设，以农民问题为突破点破解"三农"难题，加快推进信息化，在新一轮区域协调发展中占得先机，促进河北又好又快发展，完成缩小城乡差距、工农差距与地区差距叠加的多重任务。

5.3.1 以服务首都、合作天津助力城乡一体化

由于京津冀的地缘关系，长期以来，河北在要素资源集聚的过程中，不仅没有获得竞争优势，相反却因京津强大的虹吸效应而使本省资源要素外流，其在区域内应有的区位优势效应远远小于其获得的负向效应，从而形成京津冀发展不平衡的格局。然而，集聚的资源要素在促使京津地区尤其是北京快速发展的同时，也带来了一系列社会环境问题，增加了发展成本，迫使其由虹吸效应向溢出效应转变。当前，京津冀已达成区域一体化发展的共识，但实质性的操作尚未真正启动，仅限于小范围的项目合作，如农业、交通基础设施、人才等方面的合作。即便如此，河北也应积极主动作为，在每一个合作机遇中寻求发展，以增强其内生动力。为此，河北省必须做到：一要主动服务首都。充分利用环首都的区位优势，打造都市农业基地，尤其是北京近郊地区，要充分发挥其绝对的区位优势及充分利用其良好的地理条件，按照首都对农产品的需求，大力发展生态绿色农业、休闲观光农业、高科技现代农业以及市场创汇农业等，既保证对首都的农副产品供应，又可加快河北农业现代化发展步伐。二要正确处理与天津的协调发展关系。津冀两地地缘关系深厚，均具有环渤海的区位优势，天津定位为"北方经济中心"，河北要建立沿海经济强省，两地间的竞争是不可避免的。但是基于国家环渤海区域统筹发展规划，河北应努力加强与天津的合作，尤其应充分发挥河北在钢铁、建材等方面的产业优势，加强与其在制造业、服务业等方面的互补协作，以带动省域经济发展与产业结构升级。此外，还要重点处理好与天津在临港产业、港口发展等方面的合作关系。三要加大交通等基础设施建设力度，完善省域基础设施，为促进京津冀区域经济社会发展对接奠定坚实的基础。四要以积极姿态参与京津人力资源开发，因为人力资源是经济社会发展中最积极、最活跃的因素，具有基础性、战略性的决定作用，所以，河北应在服务京津的过程中争取和捕捉机遇，主动依托京津区位优势，面向

全国乃至全球引进人才，加强智力合作。

5.3.2　培育壮大中心城市

当前，区域实力的显著增强在很大程度上表现为区域中心城市的不断壮大，中心城市正在成为区域经济、科技、人才、文化等资源要素集聚的有效载体，在促进区域经济社会发展进程中起着龙头作用。推进省域城乡一体化必须依托中心城市的带动，增强其集聚辐射功能。河北省由于地域空间被京津分割，长期以来一直表现为全国为数不多的多中心省份，石家庄、唐山、邯郸是河北省的中心城市，对促进河北省域经济社会发展起着决定性的作用。唐山要发挥好沿海经济区的龙头作用，石家庄要发挥好省会城市的带动作用，邯郸要发挥好省际区域中心的先导作用，三大区域性中心城市要成为推进河北省城乡生产要素优化配置、技术创新、产业集聚和扩散及转移和承接的中心，成为带头实现城乡一体化、促进省域经济社会又好又快发展的高地。秦皇岛、沧州两市应从连接和延伸沿海发展轴出发，主动联合区域中心城市唐山，通过唐山港、秦皇岛港、黄骅港以及沧州渤海、唐山曹妃甸、秦皇岛昌黎等现代化港口群和沿海机场的基础设施建设，发挥各自优势，强化南承北接的沿海通道，加快推进河北沿海城市带的形成。张家口、承德、保定、廊坊四市，要以县城扩容升级及培育新区为切入点对接和服务首都，重点构建环首都城市群。邢台市要依托自身沿京广线的地域优势，不断整合市域资源，进一步拓宽和延展石家庄和邯郸两大区域性中心城市的经济社会发展通道。衡水以对接沿海、拓展腹地为核心，加强交通基础设施建设，形成承中南启沿海的陆海协调发展通道。通过次区域中心城市与三大区域中心城市之间的对接与联结，使河北省形成以三大中心城市为核心、各城市紧密互动的城市网络格局。在培育壮大个体中心城市的同时，进一步促进城市群建设，优化城市功能与布局，增强辐射带动周边地区发展的能力。

5.3.3　大力加快小城镇建设

据统计，截至 2008 年年底，河北省域共有建制镇 969 个，但镇域面积多不足 5 平方千米，大部分为 2 平方千米以下，同时，镇域人口平均规模不足 4 万人，超过 5 万人的镇仅占 19%，3 万人以下的镇却高达 40%。"小城镇是连接城乡的桥梁和纽带，是城乡物资流通、信息交换的'中枢'"。但河北省小城镇数量虽多，却"小而散"，分散化严重，难以形成辐射带动效应，非但无助相反却掣肘城乡一体化发展。河北省要快速推进城乡一体化，就必须更加重视小城镇建设，尤其要加强联结城乡的纽带建设，进一步增强小城镇在优化城乡结构、转移农村富余劳动力、提高城镇化水平等方面的功能，充分发挥其在促进城乡一体化进程中的绝对优势。针对河北省小城镇发展的实际情况，要加强小城镇连接城乡的纽带作用，需着重做好以下几方面的工作：

1. 建设符合河北省情的小城镇建设发展规划

一是克服"重建设、轻规划"思想，增强规划意识，树立科学规划理念，充分认识河北省所处的区位优势与历史使命，站在全域河北的新高度，在充分尊重民意、深入基层调查研究、严密论证的基础上，对每个小城镇的规模等级、功能结构、空间开发、管网系统、绿地系统、交通体系等作出科学规划，合理布局，优化城镇体系。二是在规划研究与实施进程中，既要高瞻远瞩、科学严谨，又要立足实际、突出特色。河北省在推进小城镇建设的进程中，要充分考虑镇及其所辖农村的发展现状和产业布局，立足镇域实际，确定科学发展思路。具体而言，即以新型小城镇建设为中心，全力打造卫星城型（这类城镇虽与大中城市有一定距离，但在其辐射范围内，如京津之间的香河、大厂、三河等小城镇）、城市比邻型（这类城镇一般位于大中城市的郊区，如唐山市郊区的丰南镇）、交通节点型、海洋利用型四大类型小城镇群，逐步推进周边村民向小城镇集聚，形成设施良好、环境优美、和谐文明、宜居宜业的特色小镇。三是加强小城镇建设发展规划的实施监管，以维护规划的权威性和严肃性。规划一经制定并实施，就要具有法律效力，必须严格依照规划要求进行开发建设，任何地方政府及部门都不得随意变更，更不允许出现超越资源环境承载能力，因追求政绩而热衷的"形象工程"、片面追求局部利益或短期利益等无视规划的有关行为。

2. 三产联动加快特色优势产业发展

产业是兴镇富民之基，没有产业作为支撑，再美丽的城镇也会成为无源之水，无本之木，更无论发展。建设小城镇，促进城乡一体化，必须注重产业结构调整，着力打造具有地方特色的优势产业，加快推动产业结构优化升级，进一步提高小城镇的集聚、辐射与带动能力，推进城乡经济社会和谐发展。具体到工业方面，既要立足河北工业发展的现实基础，又要观瞻其未来发展趋势，以城乡关联产业为基准，对其进行整体把握，积极培育特色优势产业集群，形成支撑城乡一体化可持续发展的产业优势。在现代农业方面，借鉴工业集聚区建设经验，依托河北丰富的农业资源，以农业产业化为切入点，以4个国家级现代农业示范园区（即邢台隆尧县东方食品城园区，邯郸大名县农产品加工园区，承德平泉县兴平绿色食品加工园区和廊坊三河市农业高新技术园区）、30个省级现代农业示范园区为载体，做大做强粮油、蔬菜、肉类、乳品、果品、水产品六大重点产业。同时培育扶持一批农业产业化龙头企业，形成龙头企业带动、特色农业园区全面铺开的现代农业产业化格局。在现代服务业方面，"优先发展生产性服务业，大力发展生活性服务业，促进服务业集聚发展，完善布局，增强功能，优化服务，提升水平，使现代服务业成为经济增长的拉动力、扩大就业的主渠道，结构调整的大平台，科学发展的主力军。"

3. 关注生态环境与公共服务

一要努力增强各部门间的沟通与协调能力，完善基础设施，美化、绿化、净化、亮化城镇环境面貌，提升城镇品位。二要在基本公共服务投入方面建立稳定增长的长效机制，努力把新增财政收入投入于公共服务，尤其是确保农村地区及困难群体的基本公共服务。三要以城乡建设用地增减挂钩和农村土地整治为契机，稳妥地推进农村社区建设和新农村建设，整合文化、教育、医疗、卫生等基本公共服务资源向社区集中，推动农民向新型社区和城镇集中，实现集中居住和土地集约使用，加快城乡一体化进程。

5.3.4　着力解决好农民问题

"'三农'问题的核心是农民问题"。据全国第六次人口普查数据显示，河北省现有农民 5 568.7 万人，占全省常住人口总数的 77.5%，① 且大多文化水平偏低，专业技能欠缺。因此，要顺利推进城乡一体化发展，解决好这 5 000 多万农民的生产生活问题，是摆在河北人民面前最突出的现实问题。当前，农民问题的核心是收入问题。这就要求大力促进农民增产增收，引导和促进农民在思想观念、农业结构、经营模式、服务体系等方面的创新与变革。第一，要引导农民解放思想，更新增收致富观念，充分发挥其聪敏才

---

① 根据《2010 年第六次全国人口普查主要数据公报》的相关统计数据整理、计算得出。

智，既稳固增加其合法的劳动收入，又积极探索其合法的非劳动收入，如以出租房屋等不违反国家法律法规的合法性收入。第二，按照河北省区域发展布局的总体要求，整合农业资源，优化农业结构，逐步形成高效益、规模化、具有比较优势的农产品特色产业带，促使农民与市场紧密相连，增加农业经济效益，促进农民持续增收致富。第三，积极推进农业产业化发展，促使农业由传统增量型向现代效益型转变。关键在于发展和培育龙头企业带动传统产业、特色产业改造升级，并使之真正成为优势产业，以现代化、规模化的生产经营模式促使农民增收致富。第四，大力发展劳务经济。河北省是一个农业大省，目前全省农业剩余劳动力达700多万人，预计每年还会以40多万的速度增长。由此，大力发展劳务经济应当是增加河北农民收入的重要举措。今后，不仅要重视劳务输出，更要加强职业技能、素质修养的提升。第五，发展农村经济合作组织，完善农村服务体系，有效解决农民增产增收与农业持续健康发展的问题，提高农民抵御市场风险的能力。第六，强化政府责任，切实维护农民利益。维护农民利益既是经济问题又是政治问题，既要靠政策上的支持，又要靠法制上的支撑，还要靠环境上的保护，这离不开政府的高度重视与宏观指导。

5.3.5 注重信息化的促进作用

1. 促进信息化与城乡一体化的良性互动

解决信息化与城乡一体化良性互动的根本途径主要有两条：一条是将信息化作为推进城乡一体化发展的重要手段和方式，使信息化逐步由城市向农村基层渗透，让城乡居民都能平等享受改革开放的文明成果；另一条是把城乡一体化作为促进信息化发展的平台，坚持大力开发利用信息资源为城乡经济社会发展服务，推进信息技术在城乡间的广泛应用，建立便捷的城乡信息网络系统，制定并不断完善信息化政策体系，特别要注重培育信息化人才尤其是农村信息化人才，促使人的智力潜能和社会物质资源潜能被充分发挥，避免城乡之间人力资源配置失衡，造成城乡差距不断扩大的局面。信息化促进城乡一体化，城乡一体化推进信息化，最终实现信息化与城乡一体化的良性互动。

2. 促进城乡产业融合与结构优化升级

以信息化作为生产力实现跨越发展的战略举措，加强信息技术在工业、农业领域的推广应用，利用高新技术和先进的网络系统，建立城乡间统一的、多元的信息市场体系，以市场为导向，促进城乡间经济要素的合理流动，推动城乡产业互动，增强二者的关联性，并通过关联性的扩散和深入，规范利润在城乡之间的合理分配，推进城乡产业融合和结构优化升级。

3. 加强农村信息化建设，缩小城乡差距

一要切实把加强农村信息化建设作为全省经济社会发展的重点工作，并明确为"十二五"规划的重要内容，全省各市县都要高度重视农村信息化建设。二要按照"以工促农、以城带乡"的要求，把加强农村信息化建设放在全省信息化工作中统筹安排，建立稳定的财政投入机制，确保有足够的财政投入来支持农村信息化建设。三要实施"村村信息化"工程，从河北省实际出发，以开发基础信息资源、城乡信息网络、信息安全保障体系等信息化基础设施建设为重点，带动农村信息化发展。四要以"政府主导、多方参与、平台共建、互利共赢"为原则，调动社会资金参与和支持农村信息化建设，同时辅之以新兴信息技术，建立农村信息普遍服务长效机制，创新技术和模式，推动农村信息化向纵深方向发展。

5.4　战略目标

5.4.1　总体目标

充分发挥河北省域综合优势（区位优势、资源优势、工农业基础优势、交通基础设施优势），构建以城市群为主体形态的"两圈一带"城镇化新格局，提高城镇承载能力及运行效率，增强中心城市综合服务与集聚辐射功能，加快打造区域中心城市，激发其辐射带动周边农村地区的强劲活力。同时，积极推进新农村规划和建设，夯实打牢农业农村发展基础，增强其吸引现代文明和先进生产要素进入农村地区、农业领域的实力和能力，实现生产要素和资源在城乡之间的自由流动和优化配置，创新体制机制，推动城乡经济、社会、生态、文化以及空间的全面协调可持续发展，遏制并缩小城乡差距，变京津冀"落后区"为"发展极"，变环渤海"塌陷区"为"隆起带"。

5.4.2 分阶段目标

1. 第一阶段 (2010～2020 年)

这个阶段是城乡一体化由目前的起步阶段向发展阶段迈进的关键时期。其主要任务是加快城镇化进程，保持城镇化年均增长率在 1.4% 水平（比全国平均水平快 0.5%），到 2020 年超过全国城镇化发展目标 55%，达到 64%，大幅度缩小与国内先进地区的差距。省会石家庄人口规模超过 500 万人，省域副中心城市唐山城区人口规模超过 220 万人，成为京津冀和环渤海地区的两个重要增长极。提高生产力发展水平，缩小城乡收入差距。使河北省城乡收入差距接近甚至赶上全国统筹城乡综合改革配套示范区或其他先进地区的水平。强力推进"一保三改"工程①的实施，有效提高城乡居民的居住水平和生活质量。贯彻科学发展观，认真落实并完成国家节能减排工作，同时推动绿色低碳发展，有效遏制冀西北、太行山及燕山山区等重度和中度生态脆弱区的土壤侵蚀、沙化、荒漠化、水污染等环境恶化趋势，加强冀中南地区等轻度生态脆弱区的环境改造和治理，改善城乡生态环境，提高城乡居民生活质量。

2. 第二阶段 (2021～2030 年)

这个阶段是城乡一体化发展时期。其主要任务是巩固第一阶段的发展成果，构建城乡间快速一体的现代交通网络，完善市场机制，优化城乡政策环境，构筑城乡平等发展的制度框架，在城与镇、镇与乡、乡与村、村与民之间构架起一条无障碍的交流通道。大力推进城镇化、工业化发展，进一步加大对农业产业化发展的支持力度，注重信息化建设，促进城乡产业联合与集聚，形成比较完整的城乡产业链或区域产业带，进一步增强城乡一体化发展的经济基础。建设生态宜居的特色小城镇，促使农村人口集中居住于小城镇。同时，在保留原有特色的基础上加强对自然村改造，并构筑新型社区管理模式对其进行现代化管理，建设图书馆、体育场、公园等大众文化公共基础设施，一方面彻底解决自然村分散、经济落后、交通闭塞、环境脏乱等弊端；另一方面使农村居民享受与城市居民同等的现代文明，推进农民市民化

---

① "一保三改"工程是指保障性住房和城中村改造、棚户区或危陋住宅区改造、旧住宅小区改善。

进程，进一步提高城乡一体化发展程度。

3. 第三阶段（2031 年以后）

这个阶段是城乡一体化向更高阶段迈进的时期。彼时，随着社会生产力发展和我国城市化的不断推进，全面小康社会的时代已经来临，城乡不再是社会经济活动的藩篱，而是两个相互渗透、融为一体的整体系统，城乡界限已经模糊，城乡一体化发展格局全面形成。其主要任务就是积极应对城乡繁荣，尤其是城郊繁荣带来的环境压力。

5.5　战略重点

5.5.1　充分发挥沿海区位优势，实施陆海协调战略

进入 21 世纪，随着全球陆地资源的日趋减少，开发利用海洋资源、发展海洋经济正在逐渐成为世界各国确保可持续发展的必然选择。河北省位于我国东部，濒临渤海，有 18.88 万平方公里的陆地面积和长达 487 公里海岸线及 199 公里岛岸线。从地理构成上来说，具有陆海兼备型特征，这决定了河北是陆海二元省份，陆地与海洋共同构成了河北经济社会发展的物质基础。河北也曾是较早开发利用海洋资源的省份之一，但在历史的长河中，海洋文明很快被农耕文明淹没，经济上的重农抑商导致了文化上的重陆轻海，长期固有的土地观念使得河北省迟迟未能将海洋作为促进经济社会快速发展的重要组成部分，而相邻的天津、辽宁和山东三省市却通过大力发展海洋经济迅速崛起。如今，面对国家区域协调发展战略向陆海并举方向的逐步转变，河北省应贯彻落实科学发展观，实施陆海协调发展战略，充分挖掘河北丰富的"海洋生产力"，大力发展海洋经济，以改善资源、人口与环境的关系，实现经济社会全面协调可持续发展。具体而言，体现在以下三个方面：

1. 加大沿海地区对外开放的力度，迈开河北与国际接轨的实质性步伐

我国环渤海地区是东北亚经济圈的关键地带，而河北省的沿海地区又是我国环渤海地区的重要组成部分，也就是说，河北省具备与国际接轨的条件和实力。当下，最紧要的是彻底扭转依靠外向型经济促进沿海地区发展的传统模式，强化内源经济和本土经济的主导地位，加快向主动参与国际竞争的

开放型经济发展模式转型。具体而言，即是要立足自身优势资源，用全球视野遴选成熟度较高的现代高级管理人才、先进适用技术和战略性投资，加盟沿海地区建设，加快临港产业、现代服务业以及高新技术产业的对外开放力度，形成以临港产业为依托的沿海优势产业集群，同时在全省率先创设与国际接轨的投资经营软环境，建立省级网络化产权交易平台，进一步完善产权交易体系，正确引导和鼓励本省企业与跨国公司发展配套协作，提升本土配套能力，形成中外企业共生协作的产业链，进而增强河北省社会经济发展综合实力，逐步加快河北迈入世界的发展步伐。

2. 基于市场经济原理，积极打造京津冀区域产业链

在全球化、信息化的时代背景下，产业链的构建对区域经济社会发展的影响日益显著。京津冀作为环渤海地区的核心区域，虽然具有比较明显的区位、科技与工业基础优势，但区域协调能力差，基本上还没有形成完整的产业链条，不仅不符合企业发展需求，而且违背了市场经济运行规律，必将制约和影响区域经济社会发展进程。河北作为京津冀地区的传统农业大省，面临着产业结构失调、市场竞争力较低、创新能力欠缺等问题，加强京津冀三地合作，打造跨区域完整产业链，对河北省加快建设沿海经济社会强省具有极其重要的积极意义。因此，在遵循市场经济运行规律的前提下，充分利用各自比较优势，调整提升区域产业结构，着力解决产业同构竞争，积极谋划产业集群效应；打破体制机制束缚，构筑产业对接平台，引导和支持三省市各行业各企业间的全方位合作，在联合中求发展；加强产业分工与合作，例如已经实现的京冀钢铁产业的分工与合作，就实现了两省市双赢的局面；加大科技研发力度，强化品牌意识，延伸产业链，提升附加值。对于河北省来说，北京"去经济化"的重新定位，势必带来了产业转移和功能外溢，与北京特殊的地缘关系又使其具备相应的承接优势和吸纳条件；而天津北方经济中心的功能定位，也给河北提供了巨大的商机。河北应重点发展具有较强优势的产业部门、具有地方特色的优势产品或者产业链条上的优势环节，实现与京津两市在产业部门、产品、产业链条之间的合理分工与协作发展。

3. 充分发挥东出西联的地域优势，促进省内沿海与内地的良性互动

河北省地域广阔，地形地貌复杂，既有相对发达的沿海地区，又有发展较为缓慢的中部地区，还有发展相当滞后的西部山区；既有现代先进的制造业基地，又有尚在开发建设中的新材料新能源高新科技园区，更有广大的落后农业地区。因此，脱离省域经济社会发展实际，片面强调走向世界融入国际化或者推进京津冀区域一体化都是不现实的，必须立足现实，提升省域整体发展实力。这就要求充分发挥河北省东出西联的地域优势，将沿海经济、内地经济与省域经济有机结合起来，打造整体优势，实现沿海经济社会强省的战略目标。具体来说，就是利用秦唐沧东联世界、对内地发展所具有的带动促进功能，通过"以外携内"、"内外联动"的方式，促进沿海与内地的良性互动，打开河北省全域对外开放的新格局，实现经济社会全面协调发展，提升全省在国内外区域发展中的整体竞争力。

5.5.2　着力培育经济发展新动力，实施城市群战略

21世纪，中国经济发展的主要动力既不是大城市也不是中小城市，而是以大中城市为核心的城市群的崛起。城市群作为牵引区域经济社会可持续发展的基本单位，在优化城乡空间结构、资源配置、合理分工、协调发展方面具有无可比拟的优势。河北省虽然地处环渤海核心，又是京津冀区域一体化的重要成员，区位条件优越，但其在地域空间上被京津分割成南北两大区域，很难形成一个完整统一的经济、文化整体却是事实。所以，推进河北省城乡一体化发展的动力不应是城市"点状拉动"，而应是城市群"组团式发展"，这不仅符合河北省情，而且符合经济学中的板块理论，是未来几十年河北经济社会发展面临的必然历史选择。2010年年底，河北省委省政府提出要打造环首都城市群、冀中南城市群和沿海城市带即"两群一带"城市群发展战略构想（如图5-1~图5-4所示）。城市群发展战略是一项系统工程，必须充分发挥政府推动作用，同时加大配套改革力度，除此之外，还应根据河北省情，从河北经济社会发展的实践出发，努力做到"三结合"，推动城乡一体化发展。

1. 把园区建设与城市建设结合起来，以园带城

按照城市总体规划中绘就的发展蓝图推进园区建设，既可有效拓宽城市发展空间，又可促进产业结构升级，提升城市产业支撑能力，一举多赢，这是近些年先进城市迅速崛起的重要经验之一，主要包括三方面的含义：其一，以中心城市为核心布局园区。例如，环首都地区"重点在近邻北京、交通便利、基础较好，以及潜力较大的涿州、涞水、涿鹿、怀来、赤城、丰宁、滦平、兴隆、三河、大厂、香河、广阳、安次、固安14县（市、区）；

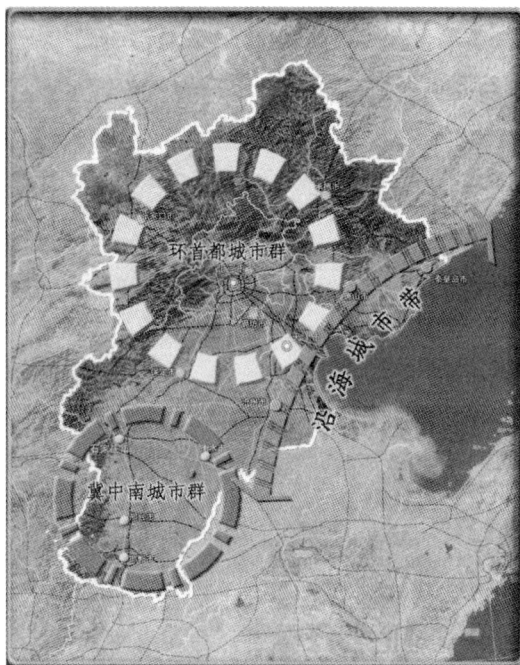

图 5 - 1 "两群一带"城市群发展空间格局
资料来源：国家测绘局网摘。

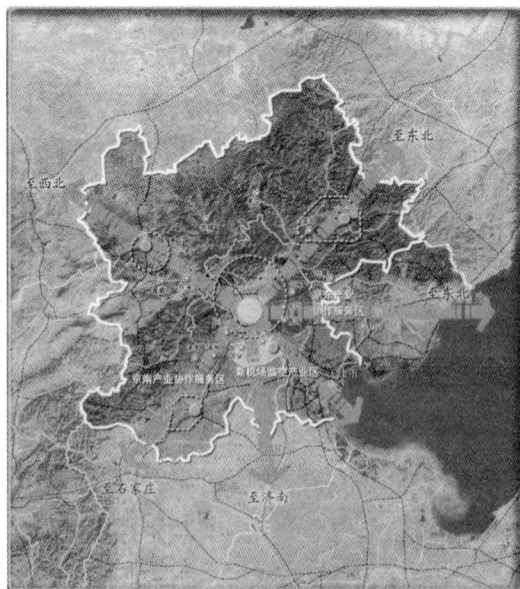

图 5 - 2 环首都城市群
资料来源：国家测绘局网摘。

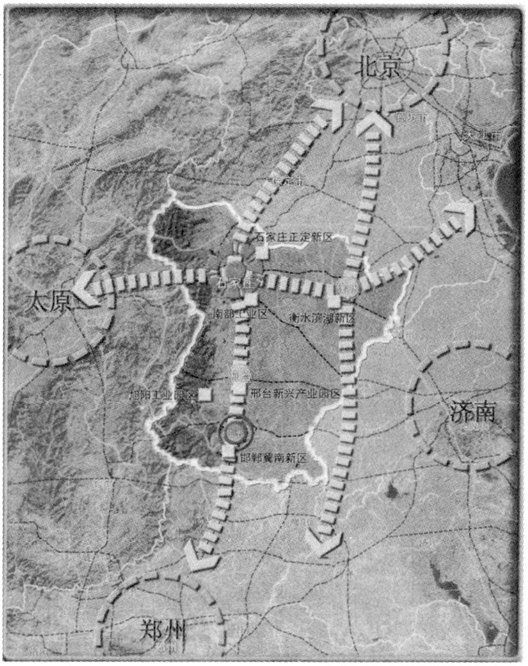

5 - 3　冀中南城市群

资料来源：国家测绘局网摘。

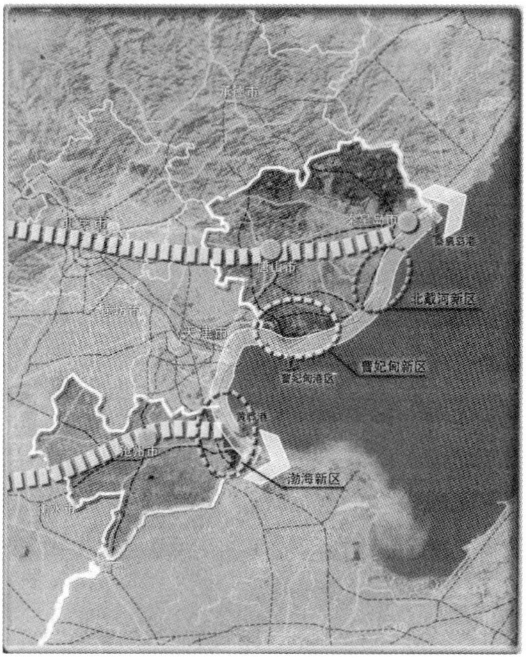

图 5 - 4　沿海城市带

资料来源：国家测绘局网摘。

建设高层次人才创业、科技成果孵化、新兴产业示范、现代物流四类园区；发展养老、健身、休闲度假、观光农业、绿色有机蔬菜、宜居生活六大基地"。形成承接北京产业转移和职能辐射的各具特色、功能互异、独立又互补的园区发展集群，有效解决了环首都地区园区多头、同质同构、规模小、效益差、层次低的问题。其二，以建设新城区的标准规划园区。例如，沿渤海地区以副市级规格来建设的曹妃甸新区，就是紧紧围绕着唐山市省域中心城市发展战略，将曹妃甸新区建设与唐山市生产力布局向沿海转移的发展规划有机统一起来，融为一体，科学整合港口与腹地的行政区域，推动新老城区互动协调发展，为唐山市构筑双核城市群体系、为河北省打造以滨海新城为核心的沿海城市带搭建平台。其三，顺应区域发展形势，适时整合园区资源。例如，冀中南地区应紧紧抓住其作为国家主体功能区重点开发区域的发展机遇，适时整合石家庄、邯郸、邢台、衡水四市的煤炭、矿产、农业、新能源、交通等资源，在扩大市县域合作范围中，推进四市园区在制造业、现代农业、现代服务业、新能源等方面的快速融合，是该区域发展成四大主导产业带（装备制造业、化学工业、生物产业、轻纺食品工业）、三大新兴产业群（电子信息、新能源、新材料）、三大现代服务业基地（商贸物流、金融服务、文化旅游）和现代特色农业开发区域，以此把中心城市与中心城市（即省域中心城市石家庄和省际区域中心城市邯郸）、中心城市与中等城市（邢台、衡水）、中等城市与小城市（武安、沙河、辛集等）、城市与村镇之间更加紧密地联结在一起，在更高的起点上推动城乡一体化发展。

2. 把优化城乡空间布局与调整产业结构结合起来，产城融合

产业与城乡一体化发展之间具有深刻而内在的联系，如果产业发展不起来，城乡一体化将成为无源之水、无本之木。城乡关系在由二元结构走向一体化发展的进程中，面临的重要任务就是加快城乡产业互动融合发展。在这一方面应坚持三个原则：一是借力原则。在市场经济条件下，地区的强弱不仅取决于自身拥有的优势，更取决于其调动和利用优势的能力。与经济区相比，省域自身发展优势与不足是并存的，需要在借助较大经济区力量和优势上深入研究，创新突破。具体到河北产业发展上，就是要坚持依托自身优势，立足环渤海经济区发展，主动与不同行政区尤其是北京合作创办跨行政区产业集中发展协作区，促进产业转型升级，构筑河北现代产业体系。目前，我国经济发展势头最好的长三角、珠三角地区，就是通过经济协作区不断推动产业格局优化升级，推动区域经济一体化发展的。河北作为环渤海经

济区的重要组成部分，有着较强的区位优势和土地、劳动力等生产要素优势，近几年区域合作软环境也有较大改善。现在只要进一步优化法制环境，降低产业协作行政成本，省域外产业将会由低到高逐渐跟进。跳出省域，扩大对外开放，借力发展，应该成为河北未来十几年发展的战略方向。二是集中发展优势主导产业的原则。与沿海地区比较发达的先进省份相比，河北省在科技创新、人才资源等方面的优势不明显。因此，在产业选择上应当有所为有所不为，抓住有比较优势的主导产业，集中做大做强，形成省域经济的鲜明特色，切忌四面出击，力戒结构雷同。当前来看，电力、蒸汽、热水生产与供应业、黑色金属冶炼及压延加工业、皮革、毛皮羽绒及其制品业、食品制造业、石油加工及炼焦业、烟草加工业等产业，既是河北省的主导产业，又是河北省的优势产业，不管是现在还是在未来相当长的一段时间里，河北省应该将之作为重点产业进行培育和扶持。对于煤气生产和供应业等这些在现下还没有明显优势地位但却表现出良好成长性的产业，则应该努力为其创造有利的发展条件，并积极因势利导，加快促进其发展进而使其成长为优势产业。三是优化生产力布局，使其由分散走向集中的原则。我国的城镇化水平滞后于工业化水平的主要原因在于两方面：一是长期以来，我国城市建设速度不快，城市空间容量不够；二是生产力布局不是特别合理，特别是产业布局过散，产业聚集效应太低。这个问题在河北省经济发展中也表现得特别突出，当前，应抓住河北省城镇化加速发展这一关键时期，以企业兼并重组为契机，大力提高产业集中度，推动工业转型升级、加快转变经济发展方式，有效应对国际经济调整新变化、提升河北经济竞争力。

3. 把城市设施延伸与整合城乡资源要素结合起来，城乡同城

首先，城市应适应农村剩余劳动力向非农行业和城镇转移的新形势，在加快城市基础设施建设方面，坚持适度超前的原则，亦即城市基础设施建设不单单是考虑单个城市个体的发展需要，而且应更进一步考虑到城市群、城镇体系的发展需要。这就要求在推进基础设施建设的过程中，要主动以区域性中心城市为依托，搞好区域中心城市与大城市、区域中心城市和大城市及周边城市与小城镇的基础设施对接，从而建立起快速而又高效的"经济圈"。其次，要重视整合现有资源，不断增强城市的吸纳能力。目前，重点应加强的是整合河北省的教育资源。因为农民的素质是制约河北省城镇化快速发展的重要因素。据有关调查资料显示，从河北省转移出来的农村剩余劳动力一般只能从事建筑、小商品批发、餐饮、家政服务及其他体力劳动，而较少有从事一定科技含量高的技术劳动。因此，整合教育资源，加大政府投入力度，不断完善农民教育体系，真正形成"政府统筹、行业牵头、部门配合、社会参与"的农民教育运行机制，全面提高广大农民的科技素质，才是河北省城乡一体化发展最为基础的要求。当前，河北省应依托各类中专学校、技工学校及其他职校，逐步建立起"先培训后就业"的农村劳动力转移培训机制，探索出"订单"、"定向"、"储备"等培训模式，就是这一农民教育运行机制的先期实践，是一条促进农村劳力转移的有效途径，今后需进一步深化和系统化。

5.5.3 不断增强城乡联系，实施小城镇战略

小城镇作为城市之尾、乡村之首，在打破城乡分割格局、推动城乡互动并实现稳定联系方面起着不可替代的作用。同时，由于其处于城乡结合点的有利条件，既可以作为腹地接受城市文明不断增强自身综合实力，又可以作为增长极将城市文明有效辐射于广大农村腹地，即小城镇的"特殊身份"使其在推进城乡一体化进程中能起到真正重大的作用。目前，河北省现有建制镇946个，多环中心城市密集分布，为加强城乡交流、促进城乡互动、实现城乡一体化发展提供了切入点和突破口。因此，实施小城镇发展战略是河北省加快城乡一体化进程的必然选择。

1. 高标准科学规划，加快河北特色小城镇建设与发展

一要按照"统一规划、合理布局"的原则，结合河北省小城镇发展的实际状况，从省域整体发展的角度科学制定小城镇发展规划，将新城镇建设与老城镇建设、城镇建设与新农村建设、近期发展目标与长期发展目标有机结合，突出地域特色，明确发展方向，确定等级规模，形成省域内小城镇发展的合理布局。二要充分发挥河北省优越的地理位置和便利的交通条件，积极顺应"两个趋势"，即小城镇沿交通干线发展和聚集的趋势，小城镇向中心城市周边密集分布的趋势，实现小城镇随中心城市的不断扩展而逐渐提升辐射带动能力。三要结合本地实际，突出比较优势，深挖资源潜力，彰显特色多元发展，宜农则农，宜商则商，切不可盲目攀比模仿，千镇一色。四要打破封闭的发展体制，树立集群化发展理念。河北省现有城镇体系大多是建立在行政区划基础之上的，城镇间矛盾与竞争迭现，不利于城镇集聚效应的发挥。因此，要努力破除行政区划的制约，跳

出本行政区域范围，从建立合理的区域宏观结构出发，进一步理顺城镇关系，积极构建适合整个省域乃至国家区域发展战略的跨行政区城镇体系。同时，要注重优化区域城镇空间布局和职能结构，加强城镇内部的有机联系，重视基础设施的共享效应，提高发展质量，推进小城镇集群化发展，增强其联结城乡的桥梁纽带作用。

2. 建立多元化投资体制，加快小城镇建设步伐

资金投入是小城镇建设面临的最大难题，解决的关键在于解放思想，拓宽思路，积极探索多元化投资渠道。一直以来，河北省小城镇建设都属于政府行为，仅依靠政府财政投入，单一的筹资模式直接延缓了小城镇的建设速度、管理体制的提升等诸多问题，小城镇建设长期处于自发和无序状态。为改变这种被动局面，一要解放思想，拓宽思路，积极构建政府、金融机构、企业、个人等多元主体的投资体制。政府要加大对小城镇建设的财政投入，设立小城镇建设专项资金，并明确规范其使用和管理。此外，财政投入还要突出重点，扶优扶强，梯次推进，着力抓好重点城镇和中心城镇的建设，引导小城镇改造提升。二要深化金融体制改革，完善政策支持体系，加大信贷支持力度，引入市场机制，吸引企业、个人等社会资金以租赁、股份合作、重组、拍卖等多种形式参与小城镇建设。同时建立金融支持的正向激励机制，规范政府投资平台发展，优化信用环境，加快小城镇发展。

3. 培育支柱产业，加快小城镇建设步伐

经济是城镇发展的基础，产业是城镇发展的灵魂。没有产业作支撑，小城镇就失去了存在的意义，与农村将无本质区别，对农村剩余劳动力也无任何吸引力。河北省小城镇大多环中心城市密集分布，经济多依托中心城市项目转移和产业带动来支撑，外源性较强，内源性动力明显不足，导致小城镇发展缺乏活力。因此，河北省小城镇建设必须重视经济发展，做大做强支柱产业，特别是壮大第二、第三产业。一要综合运用信贷、用地、税收、服务等多方面政策手段，将分散的民营企业集中到小城镇连片发展、聚集到工业园区组团发展，形成规模优势。二要以市场建设为重点，积极发展第三产业。因地制宜，从实际出发，依托当地特色产品和优势产业，明确市场定位，积极培育规模较大、聚散功能较强、具有地域特色的工业品、农产品专业市场，通过小产品带动大市场、小产品做活大产业拉长产业链，促进小城镇快速发展。三要结合农业结构调整，培育农业产业化龙头企业。把农业产业化作为农业结构调整、实现现代化的战略性举措，明确以培育龙头企业为重点的农业产业化指导思想，在小城镇周围建立集约化程度较高、生产规模较大的农副产品基地，特别是绿色食品的供应基地，同时积极培育农副产品加工、流通企业，加快形成产供销全过程配套服务体系，最大限度地发挥小城镇联结城乡的纽带功能。

4. 完善小城镇建设管理机制，提升小城镇形象品味

"三分建，七分管"是城镇良性运行的"黄金定律"，站在建设"经济强省、和谐河北"的发展高度，河北省小城镇建设必须加快健全和完善建设管理机制，做到"建"与"管"并重，唯如此才能提升小城镇运行水平，促进小城镇形象品位升级。当前，首要任务是尽快建立健全统一高效、运转协调、服务优质、行为规范的小城镇建设管理运行机制，按镇区规模配备相应比例的城管执法人员，并联合公安、环保、交通、卫生、国土等部门进行综合执法管理。引入市场机制尝试对污水收集管理、环卫等公益性服务单位实现市场化运作，最大限度地提升公益性服务单位的服务质量和效益。借鉴大中城市的市政公司模式，尝试建立小城镇市政公司，规范公共基础设施的日常管护，提升小城镇形象品位。

5. 创新制度体系，增强小城镇发展活力

一要深化户籍制度改革，进一步放宽城乡人口流动政策，尽快取消以职业划分为依据的户籍登记制度，实行城乡户籍管理一体化，为农民进城创造条件。对已经在小城镇居住并登记落户的农民，要给予其当地城镇居民的平等待遇，避免人为政策歧视，以降低农民进城成本。二要深化小城镇土地使用制度，在保护耕地资源与农民合法权益不受侵犯的前提下，积极引导农民合理有序地进行土地流转，调整土地利用结构，因地制宜地处理土地增量与存量的关系，妥善解决城镇建设用地。三要积极完善小城镇社会保障体系。目前，河北省农村剩余劳动力向城镇集聚的方式，大多延续 20 世纪苏南地区"离土不离乡、进厂不进城"的两栖特点，要彻底改变这种状况，实现进城农民身份和职业的转变，关键在于积极构建小城镇社会保障体系，合理分配社会资源，解决农民进城的生活需要，使其享有城镇居民同等的公共服务。

在区域城乡关系发展中，小城镇尤其是重点镇是决定某区域在更大区域经济社会发展中的地位与作用，是区域城乡关联度强弱的重要标志。根据河北省的小城镇分布和区域发展特征，应将发展重点城镇、特色城镇、新型城镇与城镇结构调整结合起来，积极发挥以重点镇为主的小城镇示范带动作用，加快周边农村地区发展，形成区域城乡协调发展的和谐格局，逐步实现全省域城乡布局合理、结构优化的良好发展态势，努力实现省域内部城乡均衡发展，保证河北经济社会的可持续发展。

5.5.4 重点解决"三农"问题，实施新农村战略

众所周知，城乡一体化的重点在农村，河北作为农业大省，在推进城乡一体化发展进程中，加快农村发展至关重要。近年来，在国家支农惠农政策的指导下，河北农村得到了快速发展，农民生活水平显著提高，社会结构正在发生深刻变革。"十二五"时期，河北省新农村建设将面临新的历史机遇与挑战，立足城乡一体化发展，河北省新农村建设如何推进？这是需要认真思考的问题。

1. "三化同步"，补齐农业"短板"

新农村建设不仅是农村发展的问题，也是农村改革的问题，是农业发展方式、农民思维方式、农村生活方式改革的问题，在这项浩大的工程中，转变农业发展方式、实现农业现代化发展无疑将是重要的一环。"三化同步"是人类文明进步的标志，是加快实现农业现代化的重要途径，更是稳步推进新农村建设的理论和实践指导。河北省新农村建设在取得显著成绩的同时，也面临一些突出矛盾和问题，主要表现为"三不足"，必须给予足够重视和高度关注。"三不足"：一是人才支撑不足，河北省流动人口的趋向是从农村向城市单向流动的，目前从事农业生产的多为老幼妇孺等留守人员，难当建设新农村的重任；二是金融资源配置不足，农业农村的现代化发展难以得到信贷资金支持；三是科技支撑不足，农业生产方式难以从粗放型转化为集约型。要解决这些问题，必须增强科学规划意识，切实坚持"三化"同步推进，以工业化推动农业产业化，促进现代高效农业发展，拓宽农民增收致富渠道，吸引农业人才返乡；以城镇化带动农业现代化，高标准、科学化制定城乡发展规划，将镇乡发展规划纳入农业现代化总体规划中，促使金融信贷资金流向农村；以工业化城镇化带动农业现代化，工业化水平的提高是农产品深加工、精加工的前提，是提高农业产业化的基础。同样，城镇化程度越高，农村的非农化程度就越高，农村工业化进程就越快，也就越能推动科技进步，促使农业科技含量提高，加速农业现代化步伐，以"三化同步"

补齐农业"短板"。

2. 大力发展特色高效农业，打造农业新优势

坚持用工业化思维加速推进现代农业发展，以环京津区域为重点，高标准建设一批具有示范带动效应的规模示范园区和优势农产品基地，调整种植结构，立足蔬菜、果品、畜牧三大优势产业，加大沿海、坝上等地区特色资源的开发，扩大花卉、苗木等高端农业种植面积，推动"一村一品，一乡一业"发展，积极培育一批特色突出、优势明显的专业村和特色乡，建立健全农业质量安全标准体系，确保农产品绿色、优质、健康、安全，强化与京津对接合作，开辟河北名优农产品进入京津的直销渠道，同时，还要加大农业科技创新力度，健全基层推广体系，全面提高特色高效农业发展水平，加快形成河北农业新优势。

3. 发挥政府主导作用，增强县域经济发展活力

一要强化县域经济对河北建设"经济强省"的重大战略意义，抓住县域经济区际差距大、实力较弱、活力不强等突出问题，加快整合各县现有资源，明确县域功能定位、产业规划框架、发展重点，加强县际交流，促进各方面相互衔接、协调发展。二要加大扶贫脱困力度，以环首都贫困带为重点，以完善基础设施和提高公共服务为突破口，以招商引资、配置产业为手段促进农民增收，加快脱贫致富步伐。三要完善激励机制，尽快建立健全县域经济考评体系，严格奖惩制度激励地方发展，完善扩权强县与财政省直管县的相关政策，加大财政转移支付力度，增强县域尤其是贫困县的自主发展能力和财政保障能力。

4. 以实施"幸福乡村"规划为平台，推动农村改革实现新突破

推动农村改革实现新突破，要从全面建设小康社会和解决"三农"问题的战略高度上定位，把实现农村改革新突破作为河北省破解"三农"问题、加快新农村建设的重大任务，作为打破农业农民发展桎梏、激发农村发展活力的强大动力。河北省作为沿海农业大省，必须善于解放思想，抓住民生问题的核心，着力提升农民居住条件和生产生活环境，以新民居建设为主要内容，搭建"幸福乡村"计划实施平台，推动农村改革实现新突破，对农村集体性质的土地包括农户宅基地在内的集体建设用地进行确权登记颁证，创新农村产权流转机制，完善农村金融服务体系，探索农业保险发展模式，围绕统筹城乡发展的难点与关节点创新政策选择路径，深化农村综合改革，促进新农村建设。

5.5.5　认真贯彻可持续发展方针，实施生态经济战略

20 世纪 80 年代，世界著名思想库——罗马俱乐部就曾鲜明地指出，经济和生态是不可分割的整体，在生态遭到破坏的世界里不可能有福利和财富。实施生态经济发展战略是人类克服全球性生态危机、促进经济社会可持续发展的客观需要，是人类社会发展进步的必然选择，是深入贯彻落实科学发展观的客观要求，是我国构建社会主义和谐社会的重要内容，更是我国统筹城乡发展、推进城乡一体化进程的根本途径。正是在这一发展战略的指导下，我国才坚决抛弃了以牺牲环境为代价的传统发展模式，积极构建以绿色、低碳为特征的现代发展模式，进而全力抓住和着手解决生态与经济、环境与社会相脱节这一主要矛盾，进一步解放和发展生产力，我国经济社会正在步入又好又快良性发展轨道。基于此，河北省应该秉承生态经济发展战略，继续实施这一战略并加大力度，使河北省城乡一体化再上新水平。

改革开放以来，河北省经济社会发展取得了显著成就，燕赵大地正在发生着深刻的变化。而与此相伴的是，以过量消耗资源换取经济的高速增长，"高污染、低效益"的传统工业化模式，使得河北省在获得丰富物质财富的同时也付出了沉重的生态代价和社会代价。1980 年以来，河北省能源消费总量呈逐年上升趋势，每年增长约 6%，高于世界平均增长率约 3 倍多。① 2009 年，河北省国民生产总值约占全国的 5.1%，但仅金属冶炼、煤炭开采和洗选业等六大高耗能行业就消耗了 1.54 亿吨标准煤，约占全国能源消费总量 5%。② 同时，过量的能源消费也带来了高污染的环境，仅就工业废气排放量一项来看，从 2005 ~ 2009 年的时间里，每年竟以高达 17.7% 的增长率迅速递增。③ 由此可见，河北省还没有切实改变"高能耗、高污染"的传统发展模式，这不仅会加大发展成本，而且还将直接影响河北省经济的发展与社会的安定。因此，认真反思传统发展模式的内在弊端，寻找经济发展与环境保护有机统一的、低碳绿色的可持续发展之路，刻不容缓。

---

① 根据《中国统计年鉴》（1981 ~ 2010）和《河北统计年鉴》（1982 ~ 2010）的相关统计数据整理、计算得出。
② 根据《中国统计年鉴》（2010）和《河北统计年鉴》（2010）的相关统计数据整理、计算得出。
③ 根据《河北统计年鉴》（2006 ~ 2010）的相关统计数据整理、计算得出。

针对河北"耗能大省、排污大省、沿海弱省"的基本省情，根据河北省新时期总体发展战略定位，推进河北省实施生态经济发展战略，必须重点从四个方面着手：一是提高全民生态意识，增强责任感和紧迫感，为低碳绿色发展打下坚实基础。二是彻底改变传统的工业化模式，创建普惠民生的城乡绿色产业体系。结合河北省情，在遵循自然规律和经济规律的基础上，依托京津绿色生态屏障建设，把营造绿色生态环境和发展环境资源产业作为发展城乡生态经济的基础和根本，立足河北省农业基础，把生态农业作为发展生态经济的主要力量，根据河北省工业基础，依托现代科学技术，将工业的生态化发展作为发展生态经济的有生力量，同时，加快绿色信息业和绿色服务业的发展。三是建立"绿色"管理体制机制，成立服务生态经济的低碳政府机构，科学制定生态经济发展规划，通过设置专项财政性资金、金融信贷、民间资本等多渠道建立发展生态经济的投入机制，创新低碳技术引进、研发与转化机制，探索并推广采用绿色 GDP 的考评机制。四是切实推进信息化建设，当今世界是信息技术飞速发展的时代，信息技术在提高能源利用率、节能减排、培育高效低耗新兴产业、提升产品价值和企业核心竞争力等方面具有无可比拟的优势，是未来推进生态经济发展的中坚力量，需要全球通力合作。

第6章

河北省实施城乡一体化发展战略的
对策建议

从国内外城乡一体化先进地区的发展实践来看,实施城乡一体化战略的主要对策有创新体制机制、建立和完善基础设施、制定和实施支农惠农政策、加快构建现代产业体系、扶植培育特色产业集群、大力发展现代农业、加强信息技术应用等几个方面。借鉴国内外先进地区推进城乡一体化的经验,河北省实施城乡一体化战略应该针对省域现实基础中的薄弱环节,在制度创新的总体框架之下,尽快消除体制机制性障碍因素,大力强化科学规划和产业支撑这两个推进条件,注重抓好基础设施和社会事业项目建设,突出城乡建设与生态绿化的协调推进,全面加快城乡一体化进程。

6.1 创新城乡一体化发展体制机制

传统的城乡二元体制制约了农业农村的发展,是城乡差距不断扩大的根本性制度障碍,促进制度创新、加快农业农村发展成为河北省城乡一体化发展的必然选择。制度创新作为增强经济社会发展的强大动力,是加快发展方式转变、推进农村发展、建设"两型"社会的重要途径。制度创新是改革的核心,包括体制创新和机制创新两个方面,其中,体制创新是制度创新的具体表现形式,机制创新是推动体制创新的根本途径。

6.1.1　体制机制创新的关键领域

城乡一体化发展的体制机制创新是伴随着经济体制改革而进行的解构和弱化城乡二元结构的过程。改革开放以来，在经济体制改革和公民社会发展的推动下，河北省城乡一体化在统筹协调发展框架下，以城乡互动为主线，正确处理城乡分工与合作、市场推进与政府主导等关系，健全组织资源配置，优化运行机制，通过省域主体功能分区和城乡综合配套改革，加快构筑适应河北省城乡一体化发展的体制机制。

1. 坚持"四规合一"的全域规划体制

以城乡一体化为发展目标，把全省所辖区域作为一个整体统一规划，打破城乡界限与行政区划界限，根据地域特色及产业优势，坚持主体功能分区原则，基于河北省被京津分隔的现状，将全省划分为四个主体功能协同区（环首都核心功能协同区、沿海东部崛起功能协同区、冀中南重点开发功能协同区和张承生态功能协同区），建立起经济社会发展规划、土地利用规划等城乡之间相互衔接、空间统一、布局合理的规划体系。坚持"分区推进、分类指导、四区协同、整体发展"的原则，高起点高标准编制《河北省域城乡一体化主体功能协同区发展规划》、《河北省域城乡一体化总体发展战略规划》，以此为基础进一步细化，分别制定《环京津核心功能协同区城乡一体化发展战略规划》（中心）、《沿海东部崛起功能协同区城乡一体化发展战略规划》（东部）、《冀中南重点开发功能协同区城乡一体化发展战略规划》（南部）、《张承生态功能协同区城乡一体化发展战略规划》（西部、北部）以及相关地区的控制性详细规划编制，进一步明确各协同区和各城、镇、乡、村的发展定位、建设重点和路径选择。

2. 创新土地节约利用和利益分配机制

依照不同区域的主体功能区划，建立差别化的土地利用分配机制，优先保障沿海地区和冀中南两个国家重点开发区的用地需求，满足沿海地区基础设施建设用地和产业发展用地，加强冀中南粮食主产区的耕地保护和区域中心城市建设用地需求，合理安排环首都经济圈建设用地，综合协调张承生态型限制开发区的用地需求，推动建设用地优先配给重点发展区域，发挥生态用地、林地、湿地、园地、牧草地的功能。同时，推进农村土地产权制度改革，加强立法，建立城乡统一的土地市场，强化农村土地承包权。此外，还要建立并完善农地保护和失地农民的社会保险制度，探索以农村集体经济组织为主导的土地流转模式，通过政策激励、规模经营、增收致富、社保配套跟进的路径，实现土地向规模化集中，农民向市民或"股民"转化，以此改变土地管理模式，进而形成土地经营新模式，以适应现代农业土地规模化经营的客观需要。

3. 创新四大协同区的保障机制

一要建立资源配置市场化机制，突破行政区划限制，通过"招拍挂"等公开竞争的方式，建立健全公开透明、公开竞争、公正公平的资源配置市场化机制，整合四大协同区资源，降低城乡资源配置成本，提升城乡规划效能。通过优势项目嫁接，盘活四大协同区闲置低效工业用地，农田保护区向黑龙港和冀中南山前平原地区集中，生态农牧区和生态保护区向张承地区和燕山与太行山地集中，都市低碳有机或生态农业区向环京津地区集中，以有效实现土地的节约、集约利用。二要建立生态补偿财政转移支付机制，张承生态区税收地方留成部分全额返还，将其他三大协同区每年税收超收分成的一定比例转移给张承生态区，每年安排省级专项建设资金用于张承地区的生态环境建设，带动农民增收致富。三要建立产业优化升级机制，主要是依据功能协同区在产业发展中的不同定位，来编制各区产业发展规划，出台相应的招商引资奖励政策和项目引进评估审定办法，建立健全产业准入和退出机制，加快产业集聚集约步伐，促进产业优化升级，提升产业综合竞争力。四要建立干部绩效分区、分类考核机制，环首都地区重点考核都市生态休闲观光农业的经济、生态、社会等综合效益以及承接产业与功能的能力，冀中南地区重点考核工农业总产值、自主创新能力以及环境污染综合治理能力，沿海地区重点考核出海通道等基础设施建设水平和临港产业发展水平，张承地区重点考核生态保护水平，以科学的分区分类考核机制引导并树立正确政绩观，走出只追求 GDP 的政绩观误区。

4. 建立健全城乡基本公共服务均等化长效机制

一要制定城乡基本公共服务均等化 5 ~ 10 年规划实施纲要，启动公共教育、卫生、文化、交通以及生活、住房、就业、医疗等项关系城乡居民基本公共服务保障实施细则的起草编制工作。二要进一步完善省直管县财政管理体制，确保县乡基本公共支出，增强县乡基层政府的基本公共服务供给能力。三要建立政府投资、多方参与的竞争性扶持机制，以"规范科学、优先绩效、明晰责任"为原则，通过公开透明、公平公正的方式，在市级以上政府统筹下，对部分基础设施建设、农田水利建设、经营性公共事业、新农村建设、专项资金扶持等项目实行竞争性安排，优先让与有条件、积极性高、责任心强、方案切实可行的部门、镇、乡、村或企事业单位参与有关项目建设，提高政府投资效益。

6.1.2 体制机制创新的保障措施

1. 加强城乡一体化体制机制创新的系统性和完整性

当前，我国改革已进入深水区，城乡之间的深层次矛盾已然日益显露，威胁到发展安全。面对城乡二元结构矛盾突出的压力，总结河北省经济社会发展的经验教训，必须在推进城乡一体化发展进程中，注重加强体制机制创新的系统性和完整性。因为城乡一体化发展涉及经济、社会、文化、生态等方方面面，包括思想观念和发展思路，甚至关涉体制内核，绝非某一单项改革就可成就的。因此，在城乡一体化发展进程中，我们必须坚持统筹城乡综合改革之路，从河北省实际出发，以科学发展观为统领，明确目标，探索适合省情的新模式，以重点领域和关键环节的实质性突破，带动其他领域改革创新的全面推进，建立系统的、完整的城乡一体化体制机制创新体系。

2. 践行支农惠农政策，推进农业由弱质走向高效

长期的城市、工业偏向发展观，导致农村发展滞后，农业基础脆弱成为弱质性产业。在经济全球化浪潮汹涌而来、国际市场竞争日趋激烈的今天，农业发展的外部形势十分严峻。河北作为农业大省，必须高度重视农业发展问题，在推进城乡一体化进程中，强力实施"以工补农、以城补乡"措施，认真践行各项支农惠农政策，推动农业由弱质产业向高效产业嬗变，促使农业健康可持续发展。

3. 高度重视城乡资源要素优化配置的基础性作用

城乡资源要素的优化配置是消除城乡二元结构的重要基础性条件，只有促进资源要素在城乡间合理流动和优化配置，才能逐步消除城乡一体化发展的体制性障碍，不断完善市场机制，加快土地、资金、劳动力、技术、信息等资源要素的效能转换，增强经济社会可持续发展动力，最终实现城乡一体化发展。

4. 切实维护农民土地合法权益

维护农民土地承包权经营权、健全农地征收补偿机制、保护农民宅基地权益是当前社会关注的重点、热点、难点，维护农民土地合法权益是事关社会稳定和城乡一体化发展的根本性问题。自古以来，土地是中国农民赖以生存的物质基础和根本保障，土地的承包权和经营权既是国家法律赋予农民的权利，又是农民谋生的最基本手段。因此，做好这一工作对保障农民利益和维护社会稳定都具有极为重要的积极意义。同时，积极探索土地保险、土地入股等农村土地流转的新模式、新途径，最大限度地维护农民土地合法权益，也有利于化解农村社会矛盾，推进城乡一体化发展。

5. 注重各项政策的协调推进，及时督查执行落实情况

任何真理都要在接受实践检验的过程中不断得到丰富和发展，体制机制创新也是如此，何况城乡一体化改革涉及面广、问题复杂。各项政策在出台之时，意味着对原有城乡体制的重大创新，而创新往往不是一帆风顺的，需要克服原有城乡二元体制的惯性，消除旧体制对新制度的消极影响，避免因政策被曲解而导致执行不力或成一纸空文，甚至某些领域出现倒退现象。所以，为了顺利推进城乡一体化发展，必须提高政策的科学性、整体协调性和可执行性，完善政策执行环境，及时督查政策落实情况，采取调研、宣传、评估等有效措施保证各项政策协调配合，合力共进，循序渐进地推进城乡一体化体制机制改革。

6.2　走以城市群为主体形态的新型城镇化道路

目前，我国经济发展正在步入工业化中后期，推动经济发展的动力也在由农村转向城市。这并不是说我们要再次抛弃农村而偏向于城市发展，而是要探寻新型城镇化道路。传统的城镇化道路是"城市的扩张以乡村的衰落，乃至死亡为代价"，而新型的以城市群为主体形态的城镇化道路则"不仅可以有效建设农村，造就发达的农业，也可以促进城市聚集与功能调整"提升区域整体竞争力。顺应我国经济发展趋势，2011年，河北省城镇化发展"十二五"规划提出构建以"两群一带"为主要特征的特色城镇化格局。

6.2.1　环首都城市群

河北省委省政府充分利用首都定位世界城市和职能转型的有利机遇，整合环首都城镇资源，根据主体功能分区原则对接北京，培育发展新城，扩容升级县城，打造"四心三区一片六轴多点"的环首都城市群空间格局。① 环首都区域实施城市群发展战略，应当从其独特的区位优势出发，主动借力首都，谋求城乡跨越式发展。按照国家京津冀区域一体化发展战略要求，明确环首都区域的功能定位，更新观念，敢于先行先试，创新体制机制，努力突破行政区划造成的发展障碍。促进经济增长方式加快转变，提升环首都区域的内生发展能力。同时，长期以来北京的虹吸效应限制了河北的发展，需要建立相应的长效补偿机制来促进区域协调可持续发展。

1. 坚持科学发展观，创新体制机制

按照科学发展观要求，统筹城乡一体化发展的关键在于创新体制机制，只有通过创新体制机制，才能促进城乡要素的合理流动和城乡资源的优化配置，逐步缩小城乡差距，实现城乡优势互补、互促共进的一体化格局。立足环首都区域的特殊区位特点，创新体制机制的内容主要应包括：一是建立城乡一体化管理体制，改革政府机构，调整各级政府部门与其内设机构的设置，完善行政职能，打破城乡各自为政的运行体制，理顺管理体制机制，确保城乡一体化顺利推进。二是转变政府职能，建设规范化服务型政府。从改革行政审批制度、提高行政效率着手规范政府职能、完善行政机制，同时积极制定相应配套措施，提高政府工作透明度，为城乡一体化创建良好的发展环境。三是积极探索"四区"联动机制。河北环首都区域可以按照地理方位划分为四小地区，简称京东、京西、京北、京南。在尊重"京东京南修路、京西京北治沙"原有发展模式的基础上，积极探寻多样化路径，尽快确立四区协调发展的基本框架和合作机制，在经济合作、交通等基础设施建设、生态环境保护、文化旅游等方面加强合作，积极推动四区城乡规划、市场建设、政策法规的联结对接，建立四区合作磋商机制、城乡交流与共同发展机制，以促进承接北京产业转移与功能疏散平台的构建。

2. 以绿色经济为核心转变发展方式，增强内生动力

要处理好分工与合作、产业转移与自身发展、政府与市场、当前发展与

---

① "四心"是指紧邻北京的张家口、承德、保定、廊坊四大中心城市；"三区"是指京东产业协作服务区、京南产业协作服务区、新机场临空产业区；"一片"是指首都生态涵养、高端旅游及特色产业功能片，包括怀来、涿鹿、赤城、丰宁、滦平、兴隆，重点发展京北生态新区；"六轴"是指京津、京唐、京石、京张、京承、京沧六条高速公路区域发展轴；"多点"是指涿州、怀来、香河、涞水、大厂等14个环首都县、市、区城镇节点。

可持续发展四个关系，在参与区域分工、承接产业转移、疏散城市功能、突破当前困境的同时，加强与北京地区的合作，因地制宜地承接适合本地发展为比较优势的产业，理性确定产业承接的重点，避免因承接产业雷同造成地区间低水平竞争。此外，还要从政策与资金两方面着手，通过多方渠道、多个层次、多种形式引进高新技术与先进人才，大力谋划城市轻轨、电动公交、高铁等绿色低碳的无缝对接大交通，加速开发太阳能、风能、地热等绿色能源，集中力量搞好绿色产业协作服务区建设，扎实推进建筑、环境、生活绿色低碳协调发展，以提升发展环境倒逼发展方式转变，变依靠"输血"为自主"造血"，增强内生动力。

3. 争取建立针对环首都区域的长效补偿机制

不可否认，北京的快速发展，在一定程度上是建立在河北这个资源提供区不平等发展条件基础之上的，"东部区位，中部水平"是长期困扰河北发展的问题。要坚决贯彻科学发展观，认真学习国内外有关区域补偿的先进经验，充分发挥国家区域协调发展战略的导向功能，以统筹京津冀区域协调发展为主线，以政策创新和管理创新为动力，依据法理坚持公平合理的补偿原则，因地制宜，积极探索形式多样的补偿模式，努力争取国家对环首都区域补偿的政策支持，同时充分发挥市场作用，鼓励社会力量参与生态治理，逐步建立起良性且高效的区域补偿机制，推动环首都区域走向脱贫致富的可持续发展道路。

6.2.2　冀中南城市群

冀中南地区城镇布局比较合理，交通运输发达，工业基础雄厚，农业基础较好，具备了在全省率先发展城乡一体化的优势与基础。因此，应按照国家批准冀中南地区的规划要求，坚持制度创新，走城乡并重的复合体发展之路，以中心城市高效联动、辐射带动广大城乡区间来实现区域整体发展水平的协同提升。加强中心城市尤其是石家庄省域中心城市的建设，着力优化区域产业布局，实现三大产业协同共赢，以推动城与城、城与乡的协调互动。

1. 坚持解放思想，推动制度创新

冀中南地区推进城乡一体化发展存在三大瓶颈因素：城乡二元结构相对固化、城乡发展动力"双不足"、城市对农村补偿缺失。要破解这三大"瓶颈"制约因素，必须在解放思想、更新观念基础上实现制度创新的质的飞跃，而绝非仅限于解决突出问题的具体政策，具体表现在以下几个方面：一要深入推进户籍制度和土地制度改革，但这并非简单地变革身份和生产资料属性，而是要将特定制度下城乡差异化发展路径纳入到平等的良性化轨道上。其突出特征就是将生存权、发展权、财产权、福利权通过制度化赋予国家公民，而这也是破解城乡二元结构矛盾的有效途径，是促进生产要素合理流动的必要前提。二要针对冀中南地区工业化与城镇化双滞后的实际状况，加大思想解放力度，加快发展方式转变，依靠科技进步走新型工业化城镇化道路，突破城市发展动力不足的困境。三要按照城乡一体化发展要求，坚持对农村地区"多予、少取、放活"，法制化政府间的财权与事权关系，规范化政府间财政转移支付制度，完善农村公共服务体系，全面推进新农村建设，突破农村发展动力不足的困境。

2. 四城联动，点线面结合，加快城乡一体化步伐

冀中南地区是我国工业化、城镇化发展相对滞后的地区之一，加快城乡一体化步伐的关键不仅仅在农村，也在城市，尤其是区域中心城市的辐射带动能力的提升。而冀中南地区四个中心城市特别是作为省会的石家庄市，其辐射带动能力远远弱于京津，这也是该地区城乡一体化进程缓慢的根本原因之一。为此，必须努力打造区域中心城市，明确功能定位，合理分工，错位发展。如石家庄作为河北省会城市，应不断强化人才、科技、金融、资本等方面的集聚效应，切实提高其在冀中南地区乃至整个省域发展中的首位度。邯郸应着力打造冀南新区，建设晋冀鲁豫四省交界区域中心城市与国家历史文化名城。邢台要发展为冀中南地区重要增长极，衡水则要建成生态宜居的北方湖城。同时，沿京广、京九、石黄三条交通复合线培育多个特色产业园区，力促城乡互联、结对共建，形成以点带线、以线带面、点线面结合的城乡一体化发展格局。

3. 优化区域产业结构，促进农民增收

一要集中力量发展板块经济，石家庄重点发展现代服务业基地，邯郸着力打造现代物流与装备制造业基地，邢台积极培育光伏产业和内化工园区，衡水高标准建设滨湖生态新区，将资源优势转化为发展优势，促进工业、特色农业、旅游等传统产业转型升级，加快形成板块经济绿色产业链，吸纳农民就业。二要依法规范土地流转，促进土地向龙头企业、农民专业合作社与种田能手集中，建设农产品优势带，多渠道促进农民增收。三要大力发展高效特色农业，推进高端特色品牌农业发展，大力培育永年无公害蔬菜、赵县雪花梨、邢台富岗苹果等一批富有地域特色的品牌农业,增强农业经济发展活力,促进农民增收。

6.2.3　沿海城市带

沿海地区同样要发挥自身区位优势,准确把握环渤海区域在国家沿海战略中的地位与作用,不断增强沿海优势,以建设生态绿道为依托,积极推动工业化与城镇化互动发展,大力发展临港产业,着力推进休闲旅游、会展产业、海洋经济等新兴产业,建设特色乡镇,拉动农村发展,形成生态共生的城乡一体化新格局。

1. 以秦皇岛、唐山、沧州三市为主体,打造沿海城市带

秦皇岛港、唐山港与黄骅港的在全国具有比较明显的出海口优势,随着河北沿海地区上升为国家战略,这种优势愈加显现。要突出唐山、秦皇岛、沧州三市的集聚带动功能,着力打造北戴河、曹妃甸、渤海三大新区为经济增长极,推进港口、港区与港城的互动,完善基础设施建设,加快推进沿海县市区和乡镇的开发,形成沿海和腹地互动的城市连绵带。

2. 工业化与城镇化"双轮驱动",强力推进城乡一体化发展

河北省的环渤海地区发展起步较晚,观念和意识都比较落后,"城市不强、农村更弱"是该区域实施城市群发展战略面临的现实困境,出路在于工业化和城镇化齐头并进。环渤海区域有得天独厚的滩涂资源和海岸线空间资源,应充分利用特有的沿海资源,发展休闲旅游、会展等新兴优势产业,开发海洋经济等战略性新兴产业,拉动临港产业优化升级,提高城市竞争力。充分利用具有浓郁滨海特色的旅游资源,建设一批具有滨海历史特色、文化特色、地域特色与产业特色的旅游风情小镇,提高小城镇人口、产业和生产要素的聚集能力,辐射带动周边农村地区快速发展。

3. 以建设生态绿道为依托,探索生态共生的城乡一体化模式

坚持绿色环保的发展理念,依托海岸线、山川水系等自然空间,以"绿廊花海"工程为纽带,集防风浪、观景、休憩等综合功能于一体,倾力打造 487 公里的滨海绿廊、沿滦河等 6 条主要河流的生态绿廊、沿高速公路、高铁等交通干线的生态绿道、沿滨河大道的景观廊道,并将这一发展理念进一步延伸拓展到城乡一体化建设实践中,创新政策与管理,建立和强化城乡联动、部门协作的运行机制,从典型示范到全面推广,探索符合沿海地区的生态共生之路，以更新的理念、更宽的视野、更高的标准推进城乡一体化发展。

此外，还应在区域布局与发展模式上注重环首都、冀中南、沿海三大城市群的协调互动，在战略格局上以制度创新、互促共进、绿色生态为核心，增强城乡发展活力，加快推进城乡发展方式由传统向现代、由粗放向集约转变，全面提升城乡一体化发展水平，强化冀中南对环首都和沿海地区的支撑带动功能；针对区域特征鲜明的省域特性及其面临的突出问题，因地制宜地建立城乡一体化发展模式；以体制机制创新为突破口，创新城乡一体化发展模式，优化城乡产业结构，缩小城乡差距与地区差距，实现冀中南、环首都、沿海三大城市群区域的城乡全面协调可持续发展，使河北省在全域更高层次上形成以城带乡、城乡互补、和谐共荣的发展局面，最终实现河北省域城乡一体化的伟大目标。

6.3 培育壮大特色优势产业集群

河北省区位优势突出，但是由于种种原因，这一优势未能充分发挥。2010年12月，国务院印发的《全国主体功能区规划》（国发〔2010〕46号）将京津冀规划为国家层面的优先开发区域，冀中南地区规划为国家重点开发区域。2011年11月，国务院批复了《河北沿海地区发展规划》，标志着河北沿海地区发展已正式上升为国家发展战略。这些发展规划的相继出台，对河北形成和实施"两群一带"区域发展战略，调整优化区域产业结构，以园区建设提升产业集聚能力，延伸产业链条，打造具有河北特色的优势产业集群，稳健快速地推进城乡一体化进程具有极其重要的战略意义。

产业集群理论研究表明，通过培育壮大特色优势产业集群，可以将当地生产系统的内力与周边区域乃至国家、国际资源的外力有机结合起来，提升当地经济发展综合实力和竞争力，推动区域经济迅速发展。因此，在落实国家区域发展战略的过程中，应以全面实施《河北省城镇化发展"十二五"规划》为契机，有效凝聚省域内外优势资源力量，推进城乡产业集约化、专业化、规模化发展，逐步形成一批具有国际影响力的特色优势产业集群，使之成为大力提升城镇化发展水平的强劲动力。

6.3.1　河北省特色优势产业

根据产业集群理论,结合河北省生产力空间布局和产业带发展规划,粮食、蔬菜、畜牧、果品等传统农业;钢铁、装备制造、煤炭石油化工、建材、服装纺织、医药、食品等传统产业;电子信息、现代物流、休闲旅游等新兴产业,这三大产业已经成为河北省近年来的特色优势产业。此外,21世纪是人口、经济、社会、资源与生态环境协同并进的时代,没有良好的生态环境就谈不上任何发展,何况河北省是京津冀区域重要的水源涵养地和风沙屏障区,因此,必须重视生态产业发展,积极运用可持续发展理念打造生态产业。

1. 传统农业

一要整合农业优势资源,明确产业化定位,坚持区域化布局,促进特色农业品牌化发展,加快农业产业化进程。二要将政府调控和市场运作结合起来,改善农业产业集群化发展环境。一方面以政府"有形之手"有效遏制农业资源进一步分散化的趋势,推动农业产业基地的形成和发展;另一方面以市场"无形之手"对农产品实行优胜劣汰,调整优化农业产业结构,增强农产品市场竞争力。三要发挥龙头企业的带动作用,围绕龙头企业进行产业集群化配套改革,鼓励龙头企业将相关中小企业纳入其整体发展体系中,给予信息、技术、资金、市场等方面的支持,以实现分工合理、专业化协作的农业产业化发展格局。四要发挥行业协会等中介组织的作用,优化产业集群投资和发展环境,提高区域农业产业集群的整体竞争力。五要拓宽农业产业集群化发展的融资渠道,既要面向国内多元化招商引资,又要积极引进国外先进技术促使传统农业改造升级,同时也不可小觑地方小额民间资本的力量。

2. 传统工业

根据《河北省城镇化发展"十二五"规划》,河北省域经济空间布局"三足鼎立"的态势已然确立,在产业集群化发展进程中,应该明确和加快形成以"一圈一区一带"① 经济区为核心的产业集群发展战略构想。环首都经济圈应突出其独特的区位优势,主动把可持续发展理念融入承接北京项目

① "一圈"即环首都经济圈,"一区"即冀中南经济区,"一带"即沿渤海经济带。

与产业转移的过程中，促使医药、食品加工、建材等传统工业改造升级，致力于新型工业化发展，形成环首都绿色传统优势产业集群；冀中南经济区应充分发挥煤炭、铁矿等资源优势和交通优势，积极发展装备制造、精品钢材、现代物流等产业集群，并连接京津，延长产业链条，与环首都经济圈和沿海经济带形成紧密的优势产业互补，促使人才、资金、技术等生产要素的优化组合，推动河北省域经济一体化发展；沿海经济带应依托港口、产业园区和工业基础优势，全力打造以唐山港、黄骅港和秦皇岛港等现代综合性港口群为核心的临海产业发展。

3. 新兴产业

河北省应紧紧抓住升级国家战略的历史机遇，坚持创新驱动，着力打造电子信息、休闲旅游、现代物流、新医药、新材料、新能源、文化、健康等八大新兴特色产业集群。具体表现为：在巩固现有龙头企业的基础上，完善综合配套设施，加大土地、财税金融调控力度，鼓励引导产业集聚，着力引进上下游配套项目，延伸拉长产业链条，打造新兴产业基地，控制资源消耗，提高生产效率，降低生产成本，增强经济抗危机能力。

4. 生态产业

以张承地区为例，河北省张承地区是京津重要水源涵养地和风沙治理区，具有特定的生态功能区位条件，但经济发展严重滞后，基础设施差，人民生活水平不高，单纯依靠自身力量根本无法摆脱生态脆弱与贫困交织的发展困境，更无论高效率高速度发展。那么，如何破解张承地区发展困境呢？基本思路是立足生态区位条件，将生态环境保护纳入现代产业体系构建进程中，通过开发绿色能源、节能环保产业等方式发展生态经济。借助国家风沙治理区、水源保护区和涵养区等生态工程项目建设，以风景区和森林公园的保护性开发为重点，带动林业、休闲旅游、沙产业、风能等相关生态产业的发展，积极推进生态农业、生态工业、生态服务业、生态科技、生态旅游、生态文化等生态协同产业的发展，着力构建环首都"环"状生态产业链，形成生态产业集群，有效提升区域空间的生态环境品质，加快各种经济社会要素与生态环境要素之间的相互作用和有机结合，从而实现资源的综合地、循环地利用，以形成既具有较高经济效率，又具有较强生态功能的新型产业集群。

6.3.2　河北省特色优势产业集群化发展路径

1. 农业特色优势产业集群化发展的具体路径

一要加快农业科技创新，为培育壮大农业特色优势产业集群提供支撑。科技创新是推动农业产业集群化发展的内在动因，它可以与生产力三要素紧密结合转化为现实生产力的一个要素，推动农业自小变大、由弱增强、从传统到现代，进而形成产业化发展格局，而农业生产技术创新又可以进一步突破农业产业化发展的资源环境与时空格局约束，扩大规模边界，形成集群并发展壮大。二要实施全方位农业教育，提高农民素质。充分发挥大中专职业技术院校的职能作用，建立以高等、中等、业余为主要内容的农业职业教育体系，加强农业科学技术培训，提高农民科技文化素质，为农业产业集群化发展提供人力资源保障。此外，还要注重加强对特色农业技术人员的相关培训，以增强特色优势产业的持久竞争力。三要立足区域比较优势，遵循自然规律，因地制宜，降低生产成本，实现农业可持续、高效益增长。就河北省而言，应立足 11 个设区市的地域特点、经济状况、资源优势和市场需求，环京津地区应抓住服务京津、对接京津的机遇，重点突出"绿、鲜、优"特色，大力发展有机无公害蔬菜、优质果品、错季蔬菜、绿色养殖、优质禽蛋等。山前平原地区则应发挥农业资源优势，重点发展特色蔬菜果品、无公害粮棉油、优质畜牧水产和禽蛋养殖。太行山和燕山山区应突出"山"字特色，重点发展农家无公害杂粮、特种山珍、野生食用菌、中药材、放养生态养殖，还可以发展生态旅游农业。沿海地区则应突出"海"字特色，重点发展水产品加工、特优海产品、休闲观光渔业等生态渔业。四要政府辨证施治，针对农业产业集群发展的不同阶段出台适当的调控措施，包括优惠政策支持。通常来说，在农业产业集群化发展的初期，政府应积极营造集群化发展的环境和氛围，制定激励产业强大的相关政策，并及时提供公共配套设施，鼓励先导企业植根。在集群发展到一定阶段时，应积极扶持关键技术，培育壮大专业市场，在产业主导区建立金融担保、商业协会等中介服务组织，助力政府做好创新型服务，并规范市场竞争，建立市场运行的基本原则。五要重视农业合作社和其他民间组织在农业产业集群化发展中的推动作用，政府应采取多种政策措施鼓励支持农民合作组织发展，比如，提供建立农民合作组织的优惠政策，加强对组织领导人的业务知识培训，宏观上监督合作组织的发展方向，等等，促使其发展壮大并在农业产业集群化发展中发挥更大作用。

2. 工业特色优势产业集群化发展的具体路径

一要全力打造装备制造业，以加强关键技术创新为突破点，出台优惠政策鼓励重点企业加快进行技术改造，引导企业从生产单台产品向生产成套设备转型，由量的扩张向质的提高转型，集中力量建设保定汽车与零部件生产、潮白河装备制造、沧州管道装备制造、邯郸专用车生产、唐山开平现代装备制造等13个主营业务收入达百亿元以上的装备制造业基地，推动企业集聚，形成车辆、工程、船舶和海洋等工程装备制造业产业集群。二要加快钢铁工业升级改造，以减量调整、提档升级、整合重组为重点，调整优化钢铁工业产品结构，重点推进精深加工，拉长钢铁产业链条，加大淘汰落后产能力度，促进企业兼并重组，以技术改造为依托，推动设备自动化、高技术化、大型化、连续化，促使钢铁工业由扩张规模转变为调整结构，由内陆存量压减并转移到沿海或资源富集地区发展，实现钢铁工业由大变强的新跨越。三要促进石化工业循环发展，以技术改造和创新为着力点，推动石化深加工产业发展，形成较为完善的深加工产业链条，建设一批如石家庄化工示范基地、邯郸新型化工园区、冀中南煤化工基地、冀衡循环经济园区等石化循环经济园区或基地，促进石化工业产业集群化发展。四要改造升级建材工业，以市场需求为导向，以绿色低碳理念引导建材工业进行技术改造和创新，以附加值较高的环保节能建材为载体，调整优化产业结构，促进建材企业兼并重组，淘汰平板玻璃、水泥等落后产能，加快产业改造升级步伐。五要调整优化轻化工业，以霸州钢木家具、安平丝网、白沟箱包等基地建设为载体，大力提高自主创新能力，加快建设自主品牌，推动轻化工业升级换代。六要加快促进纺织、纤维、印染等优势轻纺产业的集群化发展。

3. 新兴产业集群化发展的具体路径

一要制定与新兴产业集群化发展相互衔接、互相促进的高新产业园区发展规划，先期可引入或培育具有一定示范意义或较强衍生能力的关键企业入驻园区发展，进而通过该企业的成功，逐渐吸引或衍生同样、相近或关联的企业集聚该地，经过一定时期的培育扶植，形成具有一定竞争优势的新兴产业集群。二要大力扶持民营企业发展，因为新兴产业中民营企业的份额占据绝大多数，民营企业的优劣直接决定了新兴产业集群化发展的质量，所以必须大力扶植。主要在技术、资金、人才培训方面给予支持，重点扶植种子企业，以发挥其辐射带动作用。三要通过多种方式，切实做好专业化或定向招商、扶商工作，着力引进产品附加值高、节能环保、科技含量高且带动力强的高效率项目，择优培育创新能力强、市场前景好的龙头企业，使其发挥带动示范作用。四要加快科技创新步伐，依托科技计划项目，创新产学研合作模式，搭建服务体系完善且水平较高的技术创新平台，促进最新技术成果快捷、高效、最大限度转化。五要大力实施品牌战略，积极引导企业自觉、主动地争创名牌，甚至争创产业集群整体品牌，提高新兴产业集群的综合效益和市场竞争力。六要致力于新兴产业集群的长远发展，以适度超前、逐步推进、有序发展为原则，不断完善配套体系，提升产业集群的集聚能力。七要加快人才队伍建设，不断增强新兴产业集群的科技创新实力。

4. 生态产业集群化发展的具体路径

一要建立健全生态产业总体发展战略规划，明确主要任务，确定基本思路，制定基本方针，因地制宜落实战略规划，在宣化、泊头等生态产业基础较好的地区拓展产业链延伸的范围和领域，在石家庄、唐山、秦皇岛、保定等重要城市建立生态产业园区，发展特色优势生态产业。二要对传统产业集群进行生态化改造，首先要科学制定改造规划，使之与城乡建设、环境建设、经济社会发展以及区域土地利用等发展规划融为一体，推动城市与乡村、工业与农业、经济与环境的有机结合，淘汰现有产业集群中产能落后、污染严重的项目，开发一批资源循环综合利用的新项目，逐步满足生态产业集群化的发展需求。三要做好基于生态产业集群化发展的制度安排，河北省正在制定的发展循环经济的法律法规中，可考虑增加鼓励生态产业集群发展的法律条款，加大资金投入力度，制定优惠的财政政策和税收政策，完善生态产业服务体系，为生态产业发展提供良好的外部环境。四要加强人才队伍建设，积极兴办与生态产业相关的各种学科专业，加快培养生态技术开发、生态产品生产、生态技术推广与应用、生态技术服务等专门人才。同时也应看到，生态产业是个涉及面非常广泛的综合性产业，包括国情（或省情、县情等）、政策、人才、思想观念、经济环境、产业结构方方面面的因素，因此，加强人才队伍建设也应积极培养与生态产业相关的复合型人才。

6.4　统筹陆海协调发展的具体措施

6.4.1　加快构建陆海对接的空间发展新格局

河北省海岸线长达 487 公里，约占环渤海海岸线的 1/10，共有 4 个大型港口和 7 个中小型港口，已形成具有一定规模的港群体系，且拥有 72 个多数尚未开发的海岛，具备了统筹陆海空间发展格局的资源基础。但长期以来，河北对海洋资源和海洋经济认识的严重缺位，已造成了陆海空间分割、衔接不紧密的事实，这是统筹陆海空间布局必须要解决的首要问题。结合河北海洋资源开发利用现状，需要从以下几方面进行探索：一要整合海洋产业布局。唐山作为河北省域中心城市，相对于秦皇岛和沧州两市而言，港口体系完备、海洋意识强、产业基础较好、科研力量集中、经济外向度较高，是河北沿海经济区的核心区域。而秦皇岛的旅游资源优势显著，沧州沿海地区滩涂和油气资源丰富。三市域在区位条件、资源禀赋和产业基础方面的侧重点有所不同，唐山应谋划海洋高端产业发展，全力打造河北沿海经济先行区、核心区；把秦皇岛高端旅游休闲集聚区和沧州现代临港化工、商贸物流集聚区打造成河北沿海两个重要的增长极。二要坚持开发与保护并举，优化海洋开发保护格局。根据人类活动对海洋环境的影响程度，可以将海洋空间分为海岸、近海、远海三大区域。海岸区域受人类活动的影响程度最高，应更加注重合理开发和科学利用海岸、海滨、滩涂、岛屿和海湾等空间资源，加快推进山海关、北戴河、南戴河、曹妃甸、昌黎黄金海岸、乐亭石臼坨诸岛、黄骅古贝壳堤、滦河口湿地、南大港湿地等集中集约用海区域的开发建设，充分发挥海岸区域的资源优势。近海区域是开发海洋优势产业的重点地区，远海区域适合开发海洋能源和矿产资源，是发展海洋经济的潜力区，更是实现人类可持续发展的重要基地，应特别注重科学规划并建立海洋生态长效保护机制。三要优化滨海城镇布局。综合分析经济发展、地域文化等各种因素，河北滨海区域的城镇可划分山海关—秦皇岛—昌黎、乐亭—唐海—曹妃甸、黄骅—海兴三个城镇组团。城镇组团要重点完善城镇基础设施建设，着力提升城镇综合服务能力，注重创新城镇组团内部的分工协作机制，推动组团城镇协同发展，为推动陆海联动促进海洋经济发展提供支撑。

6.4.2　促进资源开发重点由陆地转向海洋

河北省海洋资源丰富，开发潜力巨大。海洋生物种类繁多，目前已发现的有 600 多种，是众多鱼虾的产卵地和索饵场。海洋矿产资源丰富，已探明石油储量 6 亿吨，天然气储量约 144 亿立方米，地热水可采资源量约为 887.6 万立方米/年，地下卤水储量约 15 亿立方米。① 海上风能、地热、潮汐能、波浪能等绿色新能源储量丰富，可以为转移资源开发重点、促进陆海产业联动提供可靠的资源保障。河北省综合开发陆海资源的重点在于解决海洋资源开发技术水平低的问题，重点应从以下几个方面着手：一要加快推进海洋信息系统建设进程，为综合开发利用渤海湾资源，促进河北海洋经济发展创造条件。可考虑与国家海洋局秦皇岛海洋环境监测中心站合作，共建"数字海洋"信息系统，加快形成由海上信息统计分析检索、信息发布和监测预报三部分组成的海洋信息服务体系。二要倾力打造海洋人才队伍。当前应重点加强海洋工程技术、循环经济技术、海洋安全技术、陆海资源综合利用技术以及信息技术等方面的人才队伍建设。三要加快海水养殖、海洋化工、海洋生物工程及水产品深加工业的产业化进程，并构建相应地配套措施和保障体系，推进河北海洋技术参与国际竞争。

6.4.3　推进陆海产业联动发展

总体来说，河北省的海洋产业基础还比较薄弱。2008 年海洋产业总产值 1 396.6 亿元，仅占全国海洋总产值的 4.5%，相当于山东省的 1/5，居全国沿海省份倒数第三。② 河北省推进陆海产业联动发展的关键在于优化海洋产业结构。具体而言包括四个方面：一要停止海洋第一产业的粗放式规模扩张，以科技创新和体制创新为动力，促使海洋渔业向集约化、规范化、产业化方向发展，以稳固第一产业的基础地位；二要以技术产业化为先导，优化发展海洋第二产业。立足河北实际，重点打造海洋生物工程、海洋化工、海水淡化工程、海洋能源等四大优势产业集群，同时，以生物技术为主线，

---

① 根据《河北统计年鉴》（2011）的相关统计数据整理得出。
② 根据《河北统计年鉴》（2009）和《中国统计年鉴》（2009）相关统计数据计算得出。

将海水养殖和水产品加工等初级型海洋经济拓展为海洋生化制品、药品、功能食品或营养品等新兴海洋产业链。还可以海水资源综合开发为主线,形成海水淡化、直接饮用、制盐、化工等新兴海水资源利用产业链,促进传统产业优化升级;三要大力发展海洋第三产业。立足河北沿海港口优势和旅游资源优势,重点发展现代港口物流业、滨海旅游和加工业,打造以唐山港为龙头的环渤海国际物流中心,以秦皇岛为中心的全国重要体育训练基地、海洋文化产业基地和国际知名旅游休闲胜地,发展涉海金融服务业,提升现代海洋服务业的发展水平;四要打造陆海产业联动平台。根据陆地发展区与海洋发展区在产业结构和发展阶段上的显著差异性,应以完善产业链为纽带,以陆海产业配套协作、产业转移与对接、产业链延伸与修补为重点,在陆海衔接区域建立一批陆海产业联动发展示范基地。

6.4.4 完善基础设施建设,畅通陆海联结通道

目前,河北沿海港口深水泊位119个,货物吞吐量5.92亿吨,① 是环渤海地区唯一拥有最好天然深水海岸线资源的省份,初步形成了以秦皇岛港、唐山港(北部)和黄骅港(南部)为主体的南北两翼共同发展的港口新格局。全省正在打造"东联西出、南北通衢"的综合交通运输体系;沿海的通信、能源、水利等设施的建设进程显著,为陆海联动发展奠定了较为坚实的基础。今后,河北省统筹陆海基础设施建设的重点应放在强化整体效益和发挥组合效应上,具体可包括四个方面:一是加快交通重点工程建设。在港口规划建设方面,主要指秦皇岛港、曹妃甸港和黄骅港的改扩建工程,京唐港航道疏浚工程,积极培植具有区域竞争力的大型港口集团,进一步提升环渤海地区国际航运综合枢纽地位;在公路、铁路规划建设方面,要推进区际、省际和环海大通道的形成;在航空规划建设方面,加快建设曹妃甸国际机场、北戴河和沧州机场,打造区域性国际枢纽机场和国际旅游、航空物流中心;通过统筹规划,整合交通资源,打造综合性交通枢纽,形成海陆空一体、高效方便快捷的现代综合交通网络。二是优化升级传统能源,合理开发新能源。以合理布局、有序推进为原则优化升级传统能源,建设一批30万千瓦级以上的大容量、高参数、清洁环保型燃煤火电厂,鼓励煤制天然气开

---

① 根据《河北统计年鉴》(2010)中的相关统计数据。

发和煤层气电站建设；发挥风能资源丰富的优势，加快推进规模化风电开发建设；以中心城市为试点，合理规划垃圾焚烧发电站建设，并在农村推广普及沼气工程；实施潮汐能、地热能发电示范工程，积极推进太阳能光伏产业发展。三是加快重点水利工程建设。推进南水北调配套工程、引黄入冀等供水工程的建设，同时要加快重点城市和区域的供水工程建设，满足人民生产生活用水和陆海产业发展用水；加强海堤防风暴潮建设，构筑沿海安全屏障；控制地下水开采与推行节水技术双管齐下，对地下水超采区进行动态监测，并采取南水北调人工回灌和天然补给措施补充地下水，防止海水倒灌。四是信息基础设施建设。加快信息基础设施的升级换代，实施数字海洋工程、数字国土工程，构筑智能化、高速化、宽带化、全球化且覆盖陆海区域的现代信息网络体系。

6.4.5　加强陆海生态环境保护与治理

渤海是一个半封闭的海，沿海地区快速发展的工业化和城市化都会给渤海生态环境的保护与治理带来很大压力。譬如，近年来海上频发的溢油事件以及较多的入海污染物就是渤海生态环境脆弱的最好表现。2011 年10 月国务院批复的《河北沿海地区发展规划》是在国务院加强对渤海综合治理的背景下制定的，并明确强调河北必须秉承"在保护中开发、在开发中保护"的发展理念。因此，河北加强陆海生态环境保护与治理的重点应放在解决好沿海地区开发与渤海生态文明建设互促共进、协调发展的关系问题上。一要坚持绿色发展取向，推进环渤海生态圈建设，努力实现人与自然、陆地与海洋和谐共存可持续发展。二要抬高沿海产业的环境准入门槛，重罚严治环境违规违法企业和项目，促进产业结构优化升级。三要推进绿色生态港口建设，政府要加大宣传普及推广力度，增强企业和公众的绿色生态意识，建立并完善相关政策法规体系，对港口的环境保护指标进行明确量化，并制定强制执行措施，引导公众参与建设，形成多层面立体监督体系，以推进绿色生态港口建设。四要攻克盐碱地绿化难关，实施沿海滩涂绿化计划。五要统筹规划陆海防灾减灾基础设施建设，加强陆海防灾减灾应急能力建设，设立国家环渤海海洋灾害预测中心，构筑陆海联动的防灾减灾体系。

6.4.6 理顺陆海协调发展管理体制机制

由于沿海开发是一项涉及多方面、多部门的综合性经济活动，理顺各涉海部门的管理体制，形成沿海开发与保护的整体合力，是统筹陆海协调发展的关键。一要进一步明确沿海开发领导小组各成员单位的工作职责，并加强各成员单位间的横向联系，在做到各尽其责、各负其责的基础上，搭建对话协商平台，建立沟通交流机制，统筹解决沿海开发与保护中遇到的矛盾和问题，形成管理合力。二要建立健全陆海管理法律法规体系，有针对性地开展海洋权益维护、资源开发、海域环境保护、综合管理等涉海空白领域的立法工作，并建立与之配套和统一的实施细则、条例和规章等内容，以提高其可操作性，使沿海开发做到有法可依、有章可循。三要理顺陆海行政审批职能，赋予海域、海岛以物权法中平等的物权地位，做好陆海审批事项的对接工作，简化流程，避免出现多头审批、职能交叉、权责脱节等问题，必要时增开"绿色审批通道"，同时强化行政审批事项的监管。

第7章

结论与展望

7.1 本书所做的主要工作

1. 搜集整理了大量文献资料和统计资料

本书的撰写是建立在长期的资料搜集、整理、分析等准备工作基础之上的。在本书的撰写过程中，笔者通过西安交通大学图书馆、河北师范大学图书馆、河北经贸大学图书馆、河北工程大学图书馆、河北省图书馆、河北省档案馆等多所馆藏书目，河北省委政策研究室、河北省政府政策研究室等有关政策研究机构的文件资料，河北省统计局、河北省住房和城乡建设厅等多家统计机构的统计资料，以及国内外大型电子数据库的电子书刊资料，搜集、整理了大量有关省域城乡一体化发展的文献资料和统计资料，为本书的顺利撰写奠定了坚实基础。

2. 认真研读相关理论著作及统计分析资料

为了更加准确地理解和把握省域城乡一体化发展战略的实质内涵，真实地反映河北省城乡一体化发展的实践历程，笔者在本书的写作过程中认真查阅并研读了大量相关理论著作及统计分析资料，尤其是马克思主义经典著作，主要有：《马克思恩格斯全集》中文1972年版第1卷、第3卷、第4卷、第23卷，《马克思恩格斯全集》中文1958年版第19卷，《马克思恩格斯全集》中文1974年版第25卷，《马克思恩格斯全集》中文1979年版46卷（上），《马克思恩格斯选集》中文1995年版第1~4卷，《资本论》中文1975年版第1卷，《1844年经济学——哲学手稿》中文1979年版。《列宁全集》中文第2卷，《列宁选集》中文1972年版第3卷。《斯大林选集》中文 1979 年版下卷。《毛泽东选集》1991 年版第 4 卷，《毛泽东选集》1977年版第 5 卷，《毛泽东文集》1999 年版第 7 卷，《毛泽东文集》1996 年版第8 卷，《毛泽东文选》1999 年版第 7 卷，《毛泽东著作选读》1986 年版下册。《邓小平文选》1994 年版第 2 卷，《邓小平文选》1993 年版第 3 卷，《建设有中国特色社会主义》（增订本）。相关理论著作主要包括：《国富论》、《明日的田园城市》、《孤立国同农业和国民经济的关系》、《城市发展史——起源、演变和前景》、《二元经济论》、《经济发展战略》、《新发展观》、《现代城乡网络化发展模式》、《费孝通文集》第 9 卷、《学术自述与反思》、《区域经济学》、《发展经济学》、《制度经济学》、《区域发展战略论》、《当代发展战略理论与实践》、《城乡良性互动战略》、《城乡一体化演进路径研究》等。相关统计分析资料主要包括：《中国统计年鉴》1981～2011 年、《新中国 55 年统计资料汇编》（1949～2004 年）、《河北统计年鉴》1985～2011年、《河北经济年鉴》1985～2011 年、《河北城镇化发展报告》（2003～2011 年）、《河北社会主义经济通鉴》、《河北统计提要》（2003）以及中国和河北省及相关省市的国民经济和社会发展统计公报等。新时期相关文献资料主要有：《三中全会以来重要文献选编》、《十一届三中全会以来党和国家重要文献选编》（1998.12～2007.10）、《十六大以来重要文献选编》、《中国共产党第十七次全国代表大会文件汇编》、《推进农村改革发展若干重大问题解读》、《树立和落实科学发展观》、《中共中央国务院关于"三农"工作的一号文件汇编》等。此外，笔者还对近年来国内外学者有关城乡一体化问题的相关研究进行了全面系统的搜集和整理，其中有 40 多部专著，仅1 000 余篇期刊论文，为全面把握国内外研究现状并进一步明确选题方向提供了良好的条件和基础。

3. 分析、研究了河北省城乡一体化发展的战略问题

笔者在撰写第 5 章"河北省城乡一体化发展的战略构想"和第 6 章"河北省实施城乡一体化发展战略的对策建议"这两部分内容时，综合运用经济学、社会学、管理学、政治学等多学科知识，对河北省城乡一体化发展战略中的指导思想、基本原则、总体思路、战略目标、战略重点、对策建议等方方面面的问题，进行了深入细致的分析与研究。主要结合河北省经济社会发展的实际情况，提出河北省域城乡一体化发展的五大重点战略：充分发挥沿海区位优势，实施陆海协调战略；着力培育经济发展新动力，实施城市群战略；不断增强城乡联系，实施小城镇战略；重点解决"三农"问题，实施新农村战略；认真贯彻可持续发展方针，实施生态经济战略。并以此为基础，进一步提出四大对策建议：创新城乡一体化方针体制机制，走以城市群为主体形态的新型城镇化道路，培育壮大特色优势产业集群，统筹陆海协调发展。

7.2　本书得出的主要结论

1. 城乡一体化是马克思主义唯物史观的重要组成部分

城乡一体化是马克思主义城乡融合概念的中国化表述。马克思主义经典作家虽然没有对城乡融合理论设专题进行集中专门论述，但是在其一系列经典著作中，如《1844年经济学哲学手稿》《德意志意识形态》《哲学的贫困》《政治经济学批判》《反杜林论》等，围绕城乡对立产生的原因、城乡融合的历史必然性及其实现途径等城乡一体化发展的核心问题做出了具体论述，集中反映了马克思主义唯物史观的精神实质。

2. 城乡一体化不仅是一个静态的发展目标，更是一个动态的发展过程

首先，城乡一体化作为一个发展目标，其实质是要构建一个具有复杂结构和功能的整体，而且这个整体是由众多的子结构及其要素构成。每一个子结构及其相应的因素都是这个整体的相关维度，在它自己的维度上，又有各自的运动轨迹和变化周期，有它自己对初始条件的敏感性程度区间。那么，要把这种不同维度状态，按照城乡一体化目标进行整合，就要权衡和恰当处理极其复杂的非线性作用关系。而对这种关系的处理需要社会主体深刻认识城乡矛盾、准确把握城乡发展规律，并以此为基础，主动对城乡关系进行调整，对城乡关系发展的目标蓝图、过程方式进行有目的、有计划、有选择地再设计和创造过程。其次，城乡一体化不是城乡发展的低水平均衡或平均主义，而是随着社会生产力的发展，城乡两大社会经济系统不断地朝着城乡要素优化组合方向发展，并逐步缩小城乡二元结构反差的过程。要缩小城乡二元结构反差，需要社会生产力的极大发展，需要城乡生产要素的充分自由流动，需要农民收入水平及科技文化素质的极大提高，这是一个循序渐进的过程，不可能一蹴而就。

3. 城乡一体化发展战略是促进区域经济协调发展的关键所在

当前，我国经济社会发展已经进入全面加速转型期，如果城乡关系得不到及时调整，或者城乡二元结构反差持续扩大，不仅会加剧我国国民经济和社会发展的很多矛盾，而且最终将影响到国家工业化、城市化和现代化的进程。城乡一体化发展战略是将区域作为一个整体统筹谋划，是对工业和农业、城市和农村、市民和农民的统筹考虑，是对科学发展观的高度实践，对现有政策和制度的有效突破。在经济社会转型期间，统筹城乡发展，破解城乡二元结构和城乡发展不协调的难题，是区域经济协调发展的关键所在，也是贯彻落实科学发展观的核心内容。

4. 城乡一体化发展战略是河北省实现经济社会新一轮发展的必然选择

河北省环抱京津，地处环渤海中心区域，具有"东联西出""南北通衢"的战略地位，其经济社会发展理应走在全国前列。然而，"城市不强、农村较弱"的事实制约了河北省区位优势的充分发挥，使河北省始终难以突破"东部区位，中部水平"的发展困境。在此情况下，河北省在经济社会发展进程中，应更加注重发挥省域区位优势，统筹城乡发展，进一步优化城乡结构，理顺城乡关系，走以城带乡、以乡促城、城乡互补、共同协进的城乡一体化发展之路，提升城乡可持续发展能力和省域综合实力，实现经济社会又好又快发展。

7.3　本书的创新之处

第一，针对当前学术界对城乡一体化概念没有统一认识的现实情况，以马克思主义城乡融合理论为基础，经济学、社会学、政治学、管理学等多学科知识，对河北省域城乡一体化发展战略的核心概念"城乡一体化"进行了重新界定，提出城乡一体化不仅是一个静态的发展目标，更是一个动态的发展过程，并以此为基础展开论证，是对前人研究成果的继承和发展，具有一定的理论创新性。这一概念的提出，一方面为更加全面、深刻、准确地理解和把握城乡一体化实质内涵与主要特征奠定坚实的理论基础；另一方面也是对马克思主义城乡融合概念所做出的当代阐释，对促进马克思主义城乡融合理论与当前中国构建城乡一体化的新型城乡关系的具体实践的结合具有一定的积极意义。

第二，通过查阅大量统计资料及实地走访调研，从三个方面考察了河北省城乡一体化发展现状，具有较强的系统性和针对性。一是从基础条件及优劣势因素方面进行考察；二是从城乡关系发展历程及其阶段性特征方面考察；三是在技术层面上将城乡一体化发展水平划分为空间关联和功能关联两大层面，其中空间关联层面的测评是对前人研究成果的借鉴与归纳，功能关联层面则结合当前河北省保护生态环境的紧迫性问题，增加了对城乡环境和谐状况的量化测评，是对前人研究成果的继承和发展，是对区域城乡一体化定量研究的有效补充。虽然是对有关历史材料和统计材料的整理、分析与总结，但却是对河北省城乡关系实践历程的系统性思考，不仅使本研究明确了方向与目标，而且也为今后有关河北省城乡一体化及其相关研究提供了重要资料。

第三，本书立足河北省情，从指导思想、基本原则、总体思路、战略目标、战略重点、对策建议六个方面构筑了具有河北特色的省域城乡一体化发展战略体系，是继以往省域城乡一体化研究中重政策解读、轻区域差异的新探究。具体而言，即是立足当前行政区作为一个过渡性质的、组织经济社会活动基本单元，将伴随我国整个转型阶段"长期存在"的实际国情，将城乡一体化研究置于省级行政区域背景下，概括总结了承载城乡关系演变的区域基础与条件，尝试将研究重点由偏向政策解读引导到区域差异探究上来，使城乡一体化研究由单纯的城乡系统内部的静态分析转向对复杂区域背景下城乡互动发展的动态思考，不仅可以为政府决策部门提供针对性强、操作性好的对策建议，而且还为马克思主义城乡融合理论在中国的实际应用找到了一条便捷通道，具有一定的理论创新性。

7.4 进一步研究展望

第一，本书在学习和借鉴马克思主义城乡融合理论、我国三代领导人关于城乡一体化的论述、二元结构理论、区域发展战略理论和科学发展观理论等相关理论的基础上，从指导思想、基本原则、总体思路、战略目标、战略重点以及对策建议等方面，对河北省域城乡一体化发展战略框架进行了初步的分析和构建。今后，随着统筹城乡改革的深入推进，城乡一体化发展的复杂性将逐渐增加，区域性和动态性特征将日益明显，可以以本书的研究为基础，进一步扩展研究视野，丰富研究内容，不断对省域城乡一体化发展战略进行更为深入的研究与探索。

第二，由于笔者学识尚浅，能力不足，在对省域城乡一体化发展水平进行研究与分析时，仅停留在运用自然条件、基础设施、城镇体系等刚性指标进行数量分析，而没有形成以社会整合度、凝聚力以及民众的归属感、认同感等软性指标展开量化分析，更没有在时间序列上对城乡社会经济发展状况以及生活在其中的社会公众在城乡一体化构建过程中的实际状态和身心感受做量化对比，这不能不说是本书研究中较大的不足。今后的研究可以将城乡一体化发展水平的考察范围进一步扩大，建构完善而系统的城乡一体化发展水平评价体系，如增加对城乡一体化发展状况以及不同时期的动态监测，对城乡一体化发展进程进行科学预测等方面的研究，进一步提高城乡一体化研究的科学性。

第三，本书从自然环境概况、经济社会发展概况和生态环境概况等三个方面出发，对城乡关系发展变迁的基础条件进行了较为全面的系统考察，并以此为基础进一步深刻剖析了河北省实施城乡一体化发展战略的优劣势条件，使城乡一体化发展战略的制定更具有指导性、针对性和全面性。但是河北省土地面积 18.47 万平方千米，下辖 11 个地级市，各市域的自然条件、人文环境、工农业基础及资源禀赋差异较大，不可能制定出适合省域所有发展阶段的城乡一体化发展战略，尚需经过大量的调查研究，并根据各发展阶段的具体情况以及国内外、省内外的实际环境动态地选择相应的发展战略。同时特别应当强调，我们要以发展的眼光去研究城乡一体化发展战略问题，因为城乡一体化不仅是一个静态的发展目标，更是一个动态的发展过程，所以发展战略的制定也不应该是一成不变的，应根据区域经济社会发展状况、农村发展状况及城镇化水平等相关城乡关系的发展变化情况，动态地制定和调整发展战略，这需要在今后跟踪研究中逐步解决并不断完善。

第四，本书是作者在其博士论文的基础上修改而成。论文答辩之际，喜逢党的十八大胜利召开。"十八大"报告再次强调提出"城乡发展一体化"，虽然提法上稍有变化，由原先的"城乡一体化发展"表述为"城乡发展一体化"，但是其本质内涵并没有改变，即如"十八大"报告所指出的要形成"以工促农、以城带乡、工农互惠、城乡一体化的新型工农、城乡关系"。这再一次证明了本书所具有的重大理论意义及现实意义，创新点之一也与之不谋而合，即本书立足内涵与外延的全新视角，重新界定的城乡一体化概念——认为城乡一体化不仅是一个静态的发展目标，更是一个动态的发展过程。这里静态的发展目标即是指"十八大"报告中所指的"新型工农、城乡关系"这一愿景；动态的发展过程则指的是这一愿景的实现需要一个过程，尤其是"三农"问题的解决更需要一个不断改革创新的过程，不可能一蹴而就。

同时，"十八大"报告也给我们未来研究指明了努力方向，本书部分章节的论述正是朝着这个方向去努力的。例如，"十八大"报告明确提出"城乡发展一体化是解决'三农'问题的根本途径"，这表明我们今后在研究新农村建设及其相关问题时，要将其放置于城乡一体化发展背景下，本书"城乡一体化视角下的新农村发展战略"就是对该问题的些许见解。再如，"十八大"报告再次明确提出"加快完善城乡发展一体化体制机制"及其重要意义，本书"创新城乡一体化发展体制机制"中也涉及此问题。还如，"十八大"报告着力强调要"促进农民增收，保持农民收入持续增长"，本书提出的"民生为本，民利至上原则"，以及"着力解决农民问题"等观点也是与"十八大"报告的提法相一致的。但是，需要指出的是，虽然这些问题在本书中有所展示，但仅限于河北省，视野不够开阔，今后应拓展研究空间，加强对上述问题的深入研究。此外，"十八大"报告还有一些新提法备受关注，如"改革征地制度，提高农民在土地增值收益中的分配比例"、"新型农业经营体系"等等，虽然没有过细的讲解，但却为未来的研究及后续政策的制定指明了方向，所有这些都引领我们对城乡一体化问题进行更深层次的思考，也是我们在未来研究中应该重点关注并进一步加强研究的现实问题。

参 考 文 献

[1] 中共中央马克思恩格斯列宁斯大林著作编译局. 资本论（第 1 卷）
[M]. 北京：人民出版社，1975.

[2] 中共中央马克思恩格斯列宁斯大林著作编译局. 马克思恩格斯全
集（第 4 卷）[M]. 北京：人民出版社，1972.

[3] 高举中国特色社会主义伟大旗帜　为夺取全面建设小康社会新胜
利而奋斗　胡锦涛在中国共产党十七大上的报告 [N]. 人民日报，2007 -
10 - 25：4.

[4] 王泽生. 行省制度略谈 [J]. 怀化师专学报，1991（6）：57 - 62.

[5] 王伟光教授在北京举行的"城乡统筹发展暨莱芜模式高层论坛"上
的发言 [EB/OL].[2011 - 08 - 24]. http://www.cssn.cn/news/403514.htm.

[6] 魏后凯教授在北京举行的"城乡统筹发展暨莱芜模式高层论坛"上
的发言 [EB/OL].[2011 - 08 - 24]. http://www.cssn.cn/news/403514.htm.

[7] 袁坤，梁利峥. 河北书记白克明扬弃"内陆心态"建设"沿海强
省"[EB/OL]. 文汇报，[2007 - 03 - 09]. http://paper.wenweipo.com/
2007/03/09/NS0703090010.htm.

[8] 刘君德. 中国转型期凸显的"行政区经济"现象分析 [J]. 理论
前沿，2004（10）：20 - 22.

[9] 中共中央马克思恩格斯列宁斯大林著作编译局. 马克思恩格斯选
集（第 1 卷）[M]. 北京：人民出版社，1995.

[10] 郭彩琴. 马克思主义城乡融合思想与我国城乡教育一体化发展
[J]. 马克思主义研究，2010（3）：100 - 105.

[11] 中共中央马克思恩格斯列宁斯大林著作编译局. 马克思恩格斯选
集（第 3 卷）[M]. 北京：人民出版社，1995.

[12] 中共中央马克思恩格斯列宁斯大林著作编译局. 资本论（第3卷）[M]. 北京：人民出版社，1975.

[13] 王宏波，李建群. 哲学教程 [M]. 西安：西安交通大学出版社，2002.

[14] 中共中央马克思恩格斯列宁斯大林著作编译局. 马克思恩格斯全集（第25卷)[M]. 北京：人民出版社，1974.

[15] 中国社会科学院人口研究中心. 中国人口统计年鉴（1985)[M]. 北京：中国社会科学出版社，1986.

[16] 2010 年第六次全国人口普查主要数据公报（第1号)[EB/OL]. [2011 - 04 - 28]. http://www. stats. gov. cn/tjgb/rkpcgb/qgrkpcgb/t20110428_402722232. htm.

[17] 舒静. 三问城镇化——城镇人口过半会带来什么 [N]. 人民日报海外版，2012 - 01 - 20：01.

[18] 河北省人民政府办公厅，河北省统计局，河北省社会科学院. 河北经济年鉴（1985）[M]. 北京：中国统计出版社，1986.

[19] 河北省住房和城乡建设厅，河北省统计局. 河北城镇化发展报告（2011)[M]. 石家庄：河北人民出版社，2012.

[20] 谢文蕙，邓卫. 城市经济学 [M]. 北京：清华大学出版社，1996.

[21] 刘显峰. 当前城乡居民收入差距探析 [J]. 重庆科技学院学报（社会科学版），2012（2）：74 - 75.

[22] 国家统计局. 中国统计年鉴1984 [M]. 北京：中国统计出版社，1984.

[23] 国家统计局. 中国统计年鉴1990 [M]. 北京：中国统计出版社，1990.

[24] 国家统计局. 中国统计年鉴2004 [M]. 北京：中国统计出版社，2004.

[25] 国家统计局. 中国统计年鉴2010 [M]. 北京：中国统计出版社，2010.

[26] 瞿世镜. 解决地区、城乡问题 构建社会主义和谐社会 [J]. 毛泽东邓小平理论研究，2005（5）：17 - 21.

[27] 亚当·斯密，杨敬年译. 国富论 [M]. 西安：陕西人民出版社，

1999.

[28] 杜能, 吴衡康译. 孤立国同农业和国民经济的关系 [M]. 北京: 商务印书馆, 1986.

[29] Thomas More. Utopia [M]. Yale University Press, 1516.

[30] 康柏内拉, 张友谊译. 太阳城 [M]. 北京: 外文出版社, 1998.

[31] 徐大同. 西方政治思想史 [M]. 天津: 天津教育出版社, 2002.

[32] Rondinelli, Dennis A. Secondary cities in developing countries policies for disffusing ur-banization [M]. Sage Publications, Beverly Hills, 1983.

[33] 埃比尼泽·霍华德, 金经元译. 明日的田园城市 [M]. 北京: 商务印书馆, 2000.

[34] Wright, Frank Lloyd. The Living City [M]. New York: Horizon Press, 1958.

[35] 刘易斯·芒福德, 宋俊岭, 倪文彦译. 城市发展史——起源、演变和前景 [M]. 北京: 中国建筑工业出版社, 2004.

[36] 王敬华, 陈田. 城乡统筹发展途径研究 [M]. 北京: 中国农业科学技术出版社, 2009.

[37] 赵勇. 新见解: 大力实施城乡互动战略 [N]. 经济日报, 2004, 7 (13): 10.

[38] 陶济. 二元结构理论的由来和发展 [J]. 资料通讯, 2001 (12): 23 - 27.

[39] 威廉·阿瑟·刘易斯, 施炜, 谢兵, 苏玉宏译. 二元经济论 [M]. 北京: 北京经济学院出版社, 1989.

[40] 曾菊新. 现代城乡网络化发展模式 [M]. 北京: 科学出版社, 2001.

[41] Stohr W. B. & Taylor F. Spatial equity: Some antitheses to current regional development strategy [A]. In: H. Folmer and J. Oosterhaven, eds. Spatial Inequalities and Regional Developme-nt [C]. Leiden: Nijhoff, 1978.

[42] Stohr, W. B. Taylor. Development from above or below? The dialectics of regional planni-ng in developing countries [M]. Wiley, Chiehester, 1981.

[43] 王华, 陈烈. 西方城乡发展理论研究进展 [J]. 经济地理, 2006

（3）：464 – 468.

［44］郑慧子. 区域共同体：人与自然和谐的科学图景 ［J］. 自然辩证法研究，1999 （7）：35 – 39.

［45］普雷斯顿·詹姆斯，李旭旦译. 地理学思想史 ［M］. 北京：商务印书馆，1982.

［46］Rondineli, D. A. Applied methods of regional analysis: The spatial dimensions of develo – pment policy ［M］. Boulder: Westview. 1985.

［47］费孝通. 费孝通文集（第 9 卷）［M］. 北京：群言出版社，1999.

［48］Unwin Tim. Urban-rural interaction in developing countryies: a theoretical perspective ［A］. In Potter, Unwin, eds. The Geography of Urban-rural Interaction in Developing Countries: Essays for Alan B ［C］. Mountjoy, Routledge, London, 1989.

［49］Douglass M. Rural-urban Linkages and Poverty Alleviation: Toward a Policy Framework ［M］. International Workshop on Rural – urban Linkages, Curitiba, Brazil, 1998.

［50］翟国方. 日本国土规划的演变与启示 ［J］. 国际城市规划，2009 （4）：85 – 90.

［51］McGee T G. Labor Force Change and Mobility in the Extended Metropolitan Regions of Asia ［A］. In Roland Fuchs, eds. Mega-City Growth and the Future ［C］. U N: University Press, 1994.

［52］McGee T G. Urbanisasi or Kotadesasi? Evolving Patterns of Urbanization in Asia ［A］. In Costa F C, Dutt A K, Ma L J C, Noble A G, eds. Urbanization in Asia: Spatial Dimensions and Policy Issues ［C］. Honolulu: University of Hawaii Press, 1989.

［53］安虎森，殷广卫. 城乡联系及统筹城乡的战略性问题 ［J］. 城市发展研究，2008 （3）：83 – 91.

［54］Douglass M. A Regional Network Strategy for Reciprocal Rural-urban Linkages. An Agenda for Policy Research with Reference to Indonesia ［J］. Third World Planning Review. 1998b, 20 （1）: 1 – 33.

［55］黄文新，赵曙东. 江苏太湖地区农村经济发展新趋向 ［J］. 江苏农业经济，1984 （6）：1 – 5.

［56］陈城. 是社会主义城市化，还是城乡一体化［J］. 求索，1984
(6)：7 - 12.

［57］张雨林. 论城乡一体化［J］. 社会学研究，1988 (5)：25 - 32.

［58］费孝通. 行行重重行行［M］. 银川：宁夏人民出版社，1992.

［59］费孝通. 学术自述与反思［M］. 北京：生活·读书·新知三联
书店，1996.

［60］许经勇. 用发展的观点认识农村和农村经济［J］. 学术界，1989
(2)：49 - 54.

［61］温铁军. "三农"问题：世纪末的反思［J］. 读书，1999 (12)：
3 - 11.

［62］徐勇. 阶梯性社会与"三农"的提升［J］. 华中师范大学学报
(人文社会科学版)，2004 (6)：30 - 32.

［63］石山. 城乡一体思想与市管县体制［J］. 农业现代化研究，1989
(2)：1 - 4.

［64］王庭槐，汴维庆. 市管县行政体制剖析及改革设想［J］. 南京师
大学报 (社会科学版)，1995 (4)：15 - 22.

［65］孙学玉. 市管县体制的缺失与改革走势［J］. 安徽决策咨询，
2004 (1)：12 - 13.

［66］徐竹青. 省管县建制模式研究——以浙江为例［J］. 中共浙江省
委党校学报，2004 (6)：94 - 99.

［67］姚振贤. 用生态与经济统一的观点指导"城乡一体化"建设
［J］. 上海农学院学报，1989 (2)：113 - 114 转 153.

［68］徐明. 论城乡生态经济一体化［J］. 生态经济，1991 (4)：11 -
16.

［69］黄光宇. 城乡生态化：走向生态文明的发展之路［J］. 重庆建筑
大学学报 (社科版)，2000 (1)：59 - 62.

［70］张安录. 城乡相互作用的动力学机制与城乡生态经济要素流转
［J］. 生态经济，2000 (4)：5 - 8.

［71］宋言奇，傅崇兰. 城市化的生态环境效应［J］. 社会科学战线，
2005 (3)：186 - 188.

［72］廖正君. 城乡生态文明一体化建设探索［J］. 经济与社会发展，

2009 (12): 47 –49.

[73] 傅兆君. 论春秋战国时期城乡对立运动的发展与经济制度的创新 [J]. 中国史研究, 1999 (4): 36 –47.

[74] 肖建乐. 唐代农业的发展与城乡关系的演化 [J]. 上海城市管理职业技术学院学报, 2007 (5): 50 –53.

[75] 陈吉元, 胡必亮. 中国的三元经济结构与农业剩余劳动力转移 [J]. 经济研究, 1994 (4): 14 –22.

[76] 乔根平. 建立三元经济发展的模型框架 [M]. 北京: 中国财政经济出版社, 2003.

[77] 徐庆. 论中国经济的四元结构 [J]. 经济研究, 1996 (11): 60 –65.

[78] 张安忠. "复合型二元经济" 发展模式、效应及转换研究 [J]. 改革与战略, 2009 (2): 34 –36.

[79] 杨荣南. 城乡一体化及其评价指标体系初探 [J]. 城市研究, 1997 (2): 19 –23.

[80] 曾磊, 雷军. 我国城乡关联度评价指标体系构建及区域比较分析 [J]. 地理研究, 2002 (6): 763 –771.

[81] 罗雅丽, 李同升. 城乡关联性测度与协调发展研究 [J]. 地理与地理信息科学, 2005 (5): 68 –71.

[82] 完世伟. 城乡一体化评价指标体系的构建及应用——以河南省为例 [J]. 经济经纬, 2008 (4): 60 –63.

[83] 张淑敏, 刘辉, 任建兰. 山东省区域城乡一体化的定量分析与研究 [J]. 山东师范大学学报 (自然科学版), 2004 (3): 65 –68.

[84] 新乡学院课题组. 河南省城乡一体化推进路径研究 [R]. 新乡: 新乡学院, 2010.

[85] 查祥德. 甘肃城乡一体化发展水平研究 [D]. 兰州: 甘肃农业大学, 2011.

[86] 赵旭, 赵冰. 重庆市区域城乡一体化水平分析与对策研究 [A]. 成渝地区城乡统筹与区域合作研讨会论文集 [C]. 重庆: 成渝地区城乡统筹与区域合作研讨会, 2007.

[87] Abrecht, Don E. Abrecht, Stan L. Familiy Structure among Urban,

Rural and Farm Populations Classic Sociological Theory Revisited. Rural Sociology [J]. 1996 (3): 443 –446.

[88] 赵勇. 城乡良性互动战略 [M]. 北京：商务印书馆，2004.

[89] 黄平. 泛论城乡一体化 [J]. 城市管理，2004 (1): 11 –14.

[90] 黄坤明. 城乡一体化路径演进研究——民本自发与政府自觉 [M]. 北京：科学出版社，2009.

[91] 陆大道，樊杰. 2050：中国的区域发展 [M]. 北京：科学出版社，2009.

[92] 郝寿义，安虎森. 区域经济学 [M]. 北京：经济科学出版社，2004.

[93] 2011 年中国城镇化率首超 50% [N]. 南京日报，2012，5 (10)：A12.

[94] 王松地，陈丰. 统筹和发展海洋生产力 [N]. 中国海洋报，2006，6 (20): 3.

[95] 中国共产党第十二届中央委员会第三次全体会议 中共中央关于经济体制改革的决定 [N]. 人民日报，1984，10 (20): 1.

[96] 中共中央关于制定国民经济和社会发展第七个五年计划的建议 [M]. 北京：人民出版社，1985.

[97] 高举中国特色社会主义伟大旗帜 为夺取全面建设小康社会新胜利而奋斗 胡锦涛在党的十七大上的报告 [N]. 人民日报，2007，10 (25): 4.

[98] 中共中央关于推进农村改革发展若干重大问题的决定 [N]. 人民日报，2008，10 (20): 1.

[99] 邵波. 城乡融合性的空间规划——兼论我国城市总体规划的变革和发展 [J]. 城市规划汇刊，1995 (1): 45 –47、44.

[100] 武汉市人民政府课题组. 武汉城市经济圈建设问题研究报告 (下)[J]. 长江论坛，2003 (5): 24 –29.

[101] 中共中央马克思恩格斯列宁斯大林著作编译局. 马克思恩格斯全集（第18卷）[M]. 北京：人民出版社，1972.

[102] 中共中央马克思恩格斯列宁斯大林著作编译局. 马克思恩格斯全集（第19卷）[M]. 北京：人民出版社，1958.

[103] 中共中央马克思恩格斯列宁斯大林著作编译局. 马克思恩格斯全集（第3卷）[M]. 北京：人民出版社，1972.

[104] 中共中央马克思恩格斯列宁斯大林著作编译局. 马克思恩格斯全集（46卷上）[M]. 1979.

[105] 刘传江. 中国城市化的制度安排与创新 [M]. 武汉：武汉大学出版社，1999.

[106] 姜爱林. 论城镇化的基本涵义及其特征 [J]. 大理学院学报，2003（6）：26－31.

[107] 张文和，李明. 城市化定义研究 [J]. 城市发展研究，2000（5）：32－33.

[108] 张雨林. 论城乡一体化 [J]，社会学研究，1988（5）：25－32.

[109] 高佩义. 中外城市化比较研究 [M]. 天津：南开大学出版社，2004.

[110] 刘豪兴. 社会学概论 [M]. 北京：高等教育出版社，1992.

[111] 中共中央文献研究室. 十六大以来重要文献选编（上）[M]. 北京，中央文献出版社，2005.

[112] 邓小平. 邓小平文选（第3卷）[M]. 北京：人民出版社，1993.

[113] 中共中央文献研究室. 十六大以来重要文献选编（中）[M]. 北京，中央文献出版社，2006.

[114] 褚宏启. 城乡教育一体化：体系重构与制度创新 [J]. 教育研究，2009（11）：3－10.

[115] 中共中央马克思恩格斯列宁斯大林著作编译局. 列宁全集（第2卷）[M]. 北京：人民出版社，1959.

[116] 中共中央马克思恩格斯列宁斯大林著作编译局. 斯大林选集（下卷）[M]. 北京：人民出版社，1979.

[117] 毛泽东. 毛泽东选集（第5卷）[M]. 北京：人民出版社，1977.

[118] 毛泽东. 毛泽东文集（第7卷）[M]. 北京：人民出版社，1999.

[119] 毛泽东. 毛泽东选集（第4卷）[M]. 北京：人民出版社，1991.

[120] 邓小平. 邓小平文选（第2卷）[M]. 北京：人民出版社，1994.

[121] 中共中央文献研究室编. 三中全会以来重要文献选编（上）[M]. 北京：人民出版社，1982.

[122] 中共中央党校教务部. 十一届三中全会以来党和国家重要文献选编 (1998 年 12 月至 2007 年 10 月)[M]. 北京: 中央党校出版社, 2008.

[123] 武力. 论改革开放以来中国城乡关系的两次转变 [J]. 教学与研究, 2008 (10): 12 - 18.

[124] 中国共产党第十七次全国代表大会文件. 中国共产党第十七次全国代表大会文件汇编 [G]. 北京: 人民出版社, 2007.

[125] 本书编写组. 推进农村改革发展若干重大问题解读 [M]. 北京: 中共中央党校出版社, 2008.

[126] 汪小勤. 二元经济结构理论发展述评 [J]. 经济学动态, 1998 (1): 73 - 78.

[127] Hillis B. Chenery. The structuralist approach to development policy [J]. The American Economic Review, 1975 (2): 310.

[128] 西奥多·W·舒尔茨, 吴珍华译. 论人力资本投资 [M]. 北京: 北京经济学院出版社, 1990.

[129] 西奥多·W·舒尔茨, 郭熙保, 周开年译. 经济增长与农业 [M]. 北京: 北京经济学院出版社, 1991.

[130] 霍利斯·钱纳里, 吴奇译. 工业化与经济增长的比较研究 [M]. 上海: 上海三联书店、上海人民出版社, 1995.

[131] 毕世杰. 发展经济学 [M]. 北京: 高等教育出版社, 1999.

[132] 陈吉元, 胡必亮. 中国的三元经济结构与农业剩余劳动力转移 [J]. 经济研究, 1994 (4): 14 - 22.

[133] 赵勇. 城镇化: 中国经济三元结构发展与转换的战略选择 [J]. 经济研究, 1996 (3): 63 - 68.

[134] 赵荣祥. 构建三元经济结构是西部大开发的必由之路 [J]. 山东经济, 2000 (5): 20 - 23.

[135] 陆海沧, 孙芳伟. 浅析我国的三元经济结构 [J]. 松辽学刊 (人文社会科学版), 2002 (1): 12 - 14.

[136] 乔根平. 经济增长与结构转换——一个三元经济模型的理论框架 [J]. 教学与研究, 2002 (10): 29 - 33.

[137] 黄泰岩, 张培丽. 知识经济条件下的发展道路选择 [J]. 党政干部学刊, 2006 (9): 4 - 6.

[138] 徐庆. 论中国经济的四元结构 [J]. 经济研究, 1996 (11): 60 - 65.

[139] 谭崇台. 从发展经济学看我国农业问题 [J]. 当代经济研究, 2002 (1): 26 - 31.

[140] 朱农. 中国劳动力流动与 "三农" 问题 [M]. 武汉: 武汉大学出版社, 2005.

[141] 汪段泳, 刘振光. 四元经济条件下中国农村劳动力流动问题求解 [J]. 经济评论, 2005 (4): 127 - 128.

[142] 吴天然. 论环二元经济结构及我国农村的经济发展道路 [J]. 当代经济科学, 1992 (4): 21 - 26.

[143] 辞海 [M]. 上海: 上海辞书出版社, 1979.

[144] 赫希曼, 曹征海, 潘照东译. 经济发展战略 [M]. 北京: 经济科学出版社, 1991.

[145] J. D. 贝尔纳, 陈体芳译. 科学的社会功能 [M]. 北京: 商务印书馆, 1995.

[146] 约翰·柯林斯, 中国人民解放军军事科学院译. 大战略: 原则与实践 [M]. 北京: 战士出版社, 1978: 43.

[147] 威廉·R·金, 戴维·I·克里兰, 翻译组译. 战略规划与政策 [M]. 上海: 上海翻译出版公司, 1984.

[148] 弗雷德. R. 戴维, 李克宁译. 战略管理 [M]. 北京: 经济科学出版社, 1998.

[149] 连振隆. 简述美国区域经济的均衡政策及启示 [J]. 甘肃理论学刊, 2000 (1): 60 - 62.

[150] 张伟垣, 曹长盛, 杨阴滋. 苏联兴亡与社会主义前景 [M]. 北京: 新华出版社, 1999.

[151] 唐晓芹. 浅谈巴西为解决地区经济发展不平衡所采取的政策与措施 [J]. 湖北大学学报 (哲学社会科学版), 1995 (5): 70 - 72.

[152] 和泉润, 王郁译. 日本区域开发政策变迁 [J]. 国外城市规划, 2004 (3): 5 - 13.

[153] 李少军. 国际战略报告 [M]. 北京: 中国社会科学出版社, 2005.

[154] 刘国光. 中国经济发展战略问题研究 [M]. 上海：上海人民出版社，1984.

[155] 于光远. 经济、社会发展战略：一个应该研究的重要问题 [M]. 北京：中国社会科学出版社，1982.

[156] 陆大道. 我国新时期经济地理学的区域综合研究方向 [J]. 地理研究，1987 (6)：1－9.

[157] 周起业，刘再兴. 区域经济学 [M]. 北京：中国人民大学出版社，1989.

[158] 杨万忠. 经济地理学导论 [M]. 上海：华东师范大学出版社，1999.

[159] 方创琳. 区域发展战略论 [M]. 北京：科学出版社，2002.

[160] 聂华林，高新才. 区域发展战略学 [M]. 北京：中国社会科学出版社，2006.

[161] 李敦祥，付德申. 新中国50年区域经济发展战略分析 [J]. 社会科学家，2000 (1)：48－52.

[162] 曹新. 区域经济协调发展于中国经济增长 [J]. 中共中央党校学报，1999 (2)：113－121.

[163] 熊辉，杨泰龙，胡柳娟. 论新时期我国统筹区域协调发展战略 [J]. 当代世界与社会主义，2012 (2)：160－164.

[164] 姚俭明，杨志明. 当代发展战略的理论与实践 [M]. 上海：三联书店，1997.

[165] 徐崇温. 科学发展观：提出的背景和根据 [J]. 广西社会科学，2008 (5)：47－50.

[166] 弗朗索瓦·佩鲁，张宁，丰子义译. 新发展观 [M]. 北京：华夏出版社，1987.

[167] 中共中央文献研究室. 科学发展观重要论述摘编 [M]. 北京：中央文献出版社，党建读物出版社，2008.

[168] 吴官正. 党的一切工作都是为了实现好、发展好、维护好人民的利益 [J]. 求是，2000 (9)：3－6.

[169] 胡锦涛在新进中央委员会的委员、候补委员学习贯彻党的十七大精神研讨班上的讲话 [EB/OL]. [2007－12－17]. http://news. xinhua-

net. com/newscenter.

[170] 胡锦涛在中央经济工作会议上的讲话 [EB/OL]. [2007 - 12 - 5]. http://www. gov. cn/jrzg/2007 - 12/05/content_826206. htm.

[171] 陈立旭. 科学发展观的理论体系及其特征 [J]. 江汉论坛, 2008 (11): 61 - 65.

[172] 方世南. 科学发展观: 马克思主义社会发展理论的继承与创新 [J]. 苏州大学学报 (哲学社会科学版), 2007 (6): 4 - 7.

[173] 中共中央马克思恩格斯列宁斯大林著作编译局. 马克思恩格斯选集 (第1卷)[M]. 北京: 人民出版社, 1972.

[174] 中共中央马克思恩格斯列宁斯大林著作编译局. 马克思恩格斯全集 (第4卷)[M]. 北京: 人民出版社, 1958.

[175] 中共中央马克思恩格斯列宁斯大林著作编译局. 列宁选集 (第3卷)[M]. 北京: 人民出版社, 1972.

[176] 李秀林, 王于, 李淮春. 辩证唯物主义和历史唯物主义原理 [M]. 北京: 中国人民大学出版社, 1995.

[177] 马克思. 1844 年经济学 - 哲学手稿 [M]. 北京: 人民出版社, 1979.

[178] 毛泽东. 毛泽东文选 (第7卷)[M]. 北京: 人民出版社, 1999.

[179] 毛泽东. 毛泽东著作选读 (下册)[M]. 北京: 人民出版社, 1986.

[180] 毛泽东. 毛泽东文集 (第8卷)[M]. 北京: 人民出版社, 1996.

[181] 邓小平. 建设有中国特色的社会主义 (增订本)[M]. 北京: 人民出版社, 1984.

[182] 中央党校《理论动态》编辑部. 树立和落实科学发展观 [M]. 北京: 中央党校出版社, 2004.

[183] 胡锦涛在中央经济工作会议上的讲话 [EB/OL]. [2006 - 12 - 7]. http://www. gov. cn/jrzg/2006 - 12/07/content_463782. htm.

[184] 胡锦涛. 推进合作共赢, 实现可持续发展 [N]. 人民日报, 2004, 11 (21): 01.

[185] (汉) 刘熙. 释名·卷一 [M]. 奉新, 廖映书校.

[186] 河北省 2009 年国民经济和社会发展统计公报 [EB/OL]. [2010 -

02 - 23］. http：//www. hetj. gov. cn/article. html1？id = 3824.

［187］河北省国土资源厅. 2006 年河北省国土资源报告［EB/OL］.
［2008 - 7 - 4］. http：//www. hebgt. gov. cn/index. do？id = 568&templet = con-
tent.

［188］杨森丛. 河北省煤炭资源勘查和开发现状［J］. 中国煤炭地质，
2006（4）：5 - 7、10.

［189］霍有光. 策解中国水问题［M］. 西安：陕西人民出版社，2000.

［190］河北省地方志编纂委员会. 河北省志·第 1 卷·大事记［M］.
保定：河北大学出版社，1992.

［191］山东省 2009 年国民经济和社会发展统计公报［EB/OL］.［2010 -
02 - 26］. http：//www. stats - sd. gov. cn/disp/tjgb. asp？aa = 1100201000.

［192］河北省 2010 年国民经济和社会发展统计公报［EB/OL］.［2011 -
02 - 28］. http：//www. hebei. gov. cn/article/20110228/1687943. htm.

［193］河北省人民政府办公厅关于印发河北省城镇化发展"十二五"
规划的通知（冀政办函〔2011〕45 号）［EB/OL］.［2011 - 11 - 25］. http：//
info. hebei. gov. cn/content. jsp？code = 000217883.

［194］王瑞君，蒋红军，阳小兰等. 基于 ArcGIS 的河北省生态环境脆
弱性评估研究［J］. 安徽农业科学，2012（4）：2176 - 2180.

［195］邓淑莲. 基础设施建设与社会经济发展［J］. 上海经济，2001
（3）：41 - 43.

［196］武廷海. 大型基础设施建设对区域形态的影响研究述评［J］.
城市规划，2002（4）：18 - 22.

［197］交通邮电快速发展　基础建设成效显著［EB/OL］.［2011 - 06 -
30］. http：//www. hebei. gov. cn/article/20110630/1776826. htm.

［198］国务院关于编制全国主体功能区规划的意见（国发〔2007〕21
号）［EB/OL］.［2007 - 07 - 26］. http：//www. sdpc. gov. cn/zjgx/t20070801_
151811. htm.

［199］中共中央关于制定国民经济和社会发展第十一个五年规划的建
议［N］. 人民日报，2005，10（19）：1.

［200］河北省国民经济和社会发展第十二个五年规划纲要［N］. 河北
日报，2011，3（21）：5 - 12.

[201] 崔超, 苑秋菊, 苏克. 让北京喝上放心水——承德全力确保奥运期间京津饮用水安全 [N]. 承德晚报, 2008, 8 (8): A01.

[202] 云帆. 为"环京津贫困带"指路 [N]. 中国文化报, 2005, 11 (8): 4.

[203] 刘玉海. "环京津贫困带"再调查: 北京依然孤独地繁荣着 [N]. 21 世纪经济报道, 2011, 12 (26): 17.

[204] 李建平, 李闽榕, 高燕京. "十一五"期间中国省域经济综合竞争力发展报告 [M]. 北京: 社会科学文献出版社, 2012.

[205] 张深溪. 社会保障是经济社会发展的"稳定器"和"调节器" [J]. 学习论坛, 2007 (6): 37-39.

[206] 李桂花. 河北省家庭联产承包责任制建立始末 [J]. 党史博采, 2008 (12): 10-13.

[207] 跨越与辉煌: 河北省改革开放 30 年历史回眸 [N]. 河北日报, 2008, 12 (10): 5.

[208] 中国统计局. 新中国 55 年统计资料汇编 (1949~2004) 河北篇 [G]. 北京: 中国统计出版社, 2005.

[209] 中共河北省委党史研究室. 河北社会主义经济通鉴 [M]. 北京: 中央文献出版社, 2000.

[210] 曾祥静, 路剑. 河北省城乡居民收入差距分析 [J]. 当代经济, 2007 (5 上): 91-92.

[211] 周伟文, 李卿. 谈河北省剩余劳动力转移与小城镇发展 [J]. 经济论坛, 1996 (3): 23-25.

[212] 张玉林. 分级办学制度下的教育资源分配与城乡教育差距 [J]. 中国农村观察, 2003 (1): 10-22.

[213] "构建社会主义和谐社会问题研究"课题组. 构建社会主义和谐社会与统筹城乡发展 [J]. 经济研究参考, 2005 (21): 13-19.

[214] 河北省统计局. 河北统计提要 (2003) [M]. 河北省统计局, 2004.

[215] 郁守环, 赵书海. 审视"三农"问题 破解发展难题 [N]. 河北视窗, 2004, 8 (04).

[216] 2003 年河北省国民经济和社会发展统计公报 [EB/OL]. [2004-

02 - 26]. http://www.hebei.gov.cn/article/20040226/124699.htm.

[217] 中华人民共和国 2003 年国民经济和社会发展统计公报 [EB/OL]. [2004 - 02 - 26]. http://www.stats.gov.cn/tjgb/ndtjgb/qgndtjgb/t20040226_402131958.htm.

[218] 联合国计划开发署驻华代表处，中国发展研究基金会. 中国人类发展报告 2005：追求公平的人类发展 [M]. 北京：中国对外翻译出版公司，2005.

[219] 亚洲开发银行技术援助项目 3970 咨询专家组. 第三只眼睛看河北：河北省经济发展战略研究 [M]. 北京：中国财政经济出版社，2005.

[220] 蓝海涛. 改革开放以来我国城乡二元结构的演变路径 [J]. 经济研究参考，2005 (17)：10 - 16.

[221] 2008 河北两会政府工作报告——在河北省第十一届人民代表大会第一次会议上河北省省省长郭庚茂发言 [N]. 河北日报，2008，1 (27)：1 - 6.

[222] 郭宇，赵志民. 曲周万金奖"孝" 鼓励农民带老人搬入新民居 [N]. 燕赵都市报，2011，4 (6)：04.

[223] 美国之音：中国领导人决心缩小城乡距离 [R/OL]. [2009 - 04 - 27]. http://www.stnn.cc/ed_china/200904/t20090427_1018479_1.html.

[224] 回良玉. 深化农业合作，巩固中非友谊——在中非农业合作论坛闭幕式上的讲话 [N]. 人民日报海外版，2010，8 (13)：4.

[225] 顾益康，许勇军. 城乡一体化评估体系研究 [J]. 浙江社会科学，2004 (6)：95 - 99、8.

[226] 修春亮，许大明，祝翔凌. 东北地区城乡一体化进程评估 [J]. 地理科学，2004 (3)：320 - 325.

[227] 国家发改委宏观经济院课题组. 全面建设小康社会的目标与指标选择 [J]. 经济学动态，2004 (7)：33 - 36.

[228] 马崇明. 中国现代化进程 [M]. 北京：经济科学出版社，2003.

[229] 张建华. 一种简便易用的基尼系数计算方法 [J]. 山西农业大学学报（社会科学版），2007 (3)：275 - 278、283.

[230] 王景新，李长江. 明日中国——走向城乡一体化 [M]. 北京：

中国经济出版社，2005.

[231] 蓝迅. 我国资源环境安全系数接近完全不安全国家之列 [N]. 中国改革报，2008，2 (26)：002.

[232] 虞锡君. "大树底下"的经济发展模式——论嘉兴的"配角经济" [J]. 浙江经济，2002 (19)：32 - 33.

[233] 李静. "配角经济"中的"名角" [J]. 四川党的建设，2011 (11)：30 - 31.

[234] 李昌平. 一封写给朱总理的信 [J]. 华夏星火，2002 (6)：15 - 17.

[235] Peter Kriedte. Industrialization before Industrialization：Rural Industry in the Genesis of Capitalism [M]. Cambridge：Cambridge University Press，1981.

[236] Wrigley E A. People，Cities and Wealth：The Trasformation of Traditional Soicety [M]. M - assachusetts：Blackwell，1992.

[237] 王涛. 英国城市精密化带动城乡一体化 [N]. 经济日报，2010，3 (27)：008.

[238] 孟令杰. 美国农业生产率的增长与启示 [J]. 农业经济问题，2001 (3)：60 - 63.

[239] 余斌，罗静，靳军. 城市化与城乡发展：世界不同类型国家比较与启示 [J]. 地域研究与开发，2005 (5)：17 - 20.

[240] 高强. 日本美国城市化模式比较 [J]. 经济纵横，2002 (3)：41 - 46.

[241] 肖万春. 美国城镇化启示录 [J]. 城乡建设，2003 (5)：56 - 57.

[242] 中共中央马克思恩格斯列宁斯大林著作编译局. 斯大林全集 (第 7 卷)[M]. 北京：人民出版社，1958.

[243] 马. 波. 沃耳夫，文. 索. 克鲁普特. 世界资本主义各国经济地理统计手册 [M]. 北京：世界知识出版社，1964.

[244] 林进成. 德国工业化道路的一些特点 [J]. 世界历史，1982 (5)：19 - 25.

[245] 姜德昌. 战后西德"经济奇迹"原因初探 [J]. 东北师大学报 (哲学社会科学版)，1988 (5)：55 - 61.

[246] 刘美平. 德国"经济奇迹"的深层根源探究及其对中国改革的启示 [J]. 北方论丛, 2002 (1): 77-88.

[247] World Bank. 1990/2000 World development report [R]. Washington D. C: World Bank Press, 2000.

[248] 茶正早, 林钊沐, 罗微. 德国农业概况 [J]. 热带农业科学, 2002 (2): 49-55.

[249] 朱立志, 方静. 德国农民权益保障体系 [J]. 中国农村经济, 2005 (3): 75-80.

[250] 毕宇珠, 苟天来, 张骞之. 战后德国城乡等值化发展模式及其启示 [J]. 生态经济, 2012 (5): 99-102、106.

[251] 梁留科, 常江. 德国矿区景观/土地复垦及对中国的启示 [J]. 经济地理, 2002 (6): 711-715.

[252] 姚士谋, 房国坤. 中德经济发达地区城乡一体化模式比较——以长江三角洲与莱茵河下游地区为例 [J]. 人文地理, 2004 (2): 25-29.

[253] 首都社会经济发展研究所 日本经营管理教育协会联合课题组. 日本缩小城乡差距政策之考察 [N]. 北京日报, 2011, 10 (17): 018.

[254] 张军, 李勤. 工业化城市化双加速阶段的城乡统筹发展——成因、表现及政策建议 [J]. 区域与城市经济, 2011 (3): 71-80.

[255] 潘伟光, 黄祖辉. 韩国"新农村运动"的实践和启示 [J]. 浙江经济, 2006 (3): 12-15.

[256] 黄立华. 日本新农村建设及其对我国的启示 [J]. 长春大学学报, 2007 (1): 21-25.

[257] 王俊文. 日本"新农村建设"经验对我国的借鉴和启示 [J]. 社会科学辑刊, 2010 (3): 88-90.

[258] 朴振焕. 韩国新村运动: 20世纪70年代韩国农村现代化之路 [M]. 潘伟光, 郑靖吉, 魏蔚, 译. 北京: 中国农业出版社, 2005.

[259] 郭建军. 日本城乡统筹发展的背景和经验教训 [J]. 农业展望, 2007 (2): 27-30.

[260] 塞缪尔·P·亨廷顿. 变化社会中的政治秩序 [M]. 王冠华, 刘为, 译. 上海: 三联书店, 1989.

[261] 安中轩. 城乡一体化典型实践模式的比较分析及启示 [J]. 重

庆工商大学学报，2007（6）：82 –85.

[262] 孙晓菲，徐程，刘铁林. 上海基本建成"枢纽型、功能性、网络化"城市体系 [J]. 农业科技与信息（现代园林），2011（10）：51 –52.

[263] 海欣. 上海未来重点建设三港三网 [N]. 中国船舶报，2006，4（21）：009.

[264] 李汾. 长三角3小时都市圈呼之欲出 [J]. 上海人大月刊，2003（7）：20.

[265] 石忆邵. 新世纪上海城乡一体化发展研究 [J]. 城市规划汇刊，2003（3）：37 –41、51.

[266] 上海国民经济和社会发展第十二个五年规划纲要 [EB/OL]. [2011 –01 –21]. http://www. shanghai. gov. cn/shanghai/u21ai485258. html.

[267] 陈锡根. 上海城乡一体化格局的形成和飞跃 [J]. 上海党史研究，1997（5）：25 –27.

[268] 袁以星. 以城乡一体化为目标推动上海郊区跨越式发展 [J]. 上海农村经济，2001（9）：4 –8.

[269] 黄勇娣. 上海都市农业集聚"四大板块" [N]. 解放日报，2006，12（29）：001.

[270] 新华社. 上海："十二五"建设重心转向郊区 [J]. 现代城市，2010（4）：59.

[271] 康胜. 城乡一体化：浙江的演进特征与路径模式 [J]. 农业经济问题，2010（6）：29 –35.

[272] 杨建华. "浙江现象"之探究 [J]. 中共杭州市委党校学报，2002（1）：10 –17.

[273] 邵峰. 均衡浙江——统筹城乡发展新举措 [M]. 杭州：浙江人民出版社，2006.

[274] 鲍洪俊，顾春. 浙江山海协作推动区域协调发展 [N]. 人民日报，2008，1（21）：001.

[275] 王玉华，李根芽，杨珍秀. 成都改革城乡规划管理体制 [N]. 中国建设报，2007 –10 –31（001）.

[276] 梁小琴. 城乡统筹的改革样本 [N]. 人民日报，2010，3（2）：001.

[277] 四川省人民政府办公厅关于印发四川省"十二五"城镇化发展规划的通知 [EB/OL]. [2011 - 12 - 31]. http://www. sc. gov. cn/10462/11555/11563/2012/3/14/10202763. shtml.

[278] 四川省人民政府. 四川农村年鉴 2007 [M]. 成都: 电子科技大学出版社, 2008.

[279] 殷光胜. 统筹城乡发展的关键是统筹城乡体制机制——成都统筹城乡发展的启示 [J]. 中国集体经济, 2010 (5 上): 44 - 45.

[280] 厉以宁教授在北京举行的"河南省济源市建设中原经济区城乡一体化示范市论证会"上的讲话 [EB/OL]. [2012 - 04 - 22]. http://www. henan. gov. cn/zwgk/system/2012/04/23/010303191. shtml.

[281] 张占仓. 河南省新型城镇化战略研究 [J]. 经济地理, 2010 (9): 1462 - 1467.

[282] 翟建宏. 河南省统筹城乡协调发展的思考与建议 [J]. 河南财政税务专科学校学报, 2008 (6): 51 - 53.

[283] 杨晓捷, 李文兵. 城乡统筹改革的积极实践——新乡县推进城乡一体化的调查 [N]. 河南日报, 2009, 1 (22): 3.

[284] 郑国, 叶裕民. 中国城乡关系的阶段性与统筹发展模式研究 [J]. 中国人民大学学报, 2009 (6): 87 - 92.

[285] 樊刚, 王小鲁, 朱恒鹏. 中国市场化指数——各地区市场化相对进程 2011 年报告 [M]. 北京: 经济科学出版社, 2011.

[286] 李习凡, 胡小武. 城乡一体化的"圈层结构"与"梯度发展"模式研究 [J]. 南京社会科学, 2010 (9): 70 - 75、91.

[287] 张志国. 河北省城镇空间布局与发展研究 [D]. 河北师范大学, 2009.

[288] 人口规模小 聚集效应差 小城镇建设需补三"短板" [N]. 河北日报, 2009, 8 (10): 3.

[289] 冯尚春, 王一. 基于城乡一体化的小城镇建设 [J]. 黑龙江社会科学, 2011 (4): 46 - 49.

[290] 李怡, 左娜. 经济发展的辐射理论与河北小城镇建设 [J]. 商业时代, 2008 (11): 109 - 110.

[291] 河北省人民政府关于印发河北省现代服务业"十二五"发展规

划实施意见通知 [EB/OL]. [2011 - 03 - 11]. http://info. hebei. gov. cn/content.

[292] 陆学艺. "三农"问题的核心是农民问题 [J]. 社会科学研究, 2006 (1): 1 - 4.

[293] 杨帆. 北京定位"去经济化" [N]. 北方经济时报, 2005, 1 (26): 10.

[294]《领导决策信息》编辑部. 以大城市群战略提升城市竞争力 [J]. 领导决策信息, 2002 (38): 19 - 21.

[295] 薛维君. 河北区域经济发展战略 [J]. 财经界, 2006 (8): 32 - 35.

[296] 徐建华. 对以县城为重点积极推进城镇化进程的战略思考 [J]. 山东省农业管理干部学院学报, 2006 (5): 91 - 92.

[297] 徐建华. 以中等城市群战略推进烟台城镇化进程 [J]. 环渤海经济瞭望, 2010 (5): 13 - 16.

[298] 徐建华. 城乡一体化新格局下的山东城镇化问题研究 [J]. 山东省农业管理干部学院学报, 2011 (2): 71 - 73.

[299] 鲁泽. 小城镇改革与发展: 河北省小城镇建设理论与实践 [M]. 北京: 中国物价出版社, 2000.

[300] 仇保兴. 追求繁荣与舒适——转型期间城市规划、建设与管理的若干策略 [M]. 北京: 中国建筑工业出版社, 2002.

[301] 张庆黎. 深入贯彻落实科学发展观 为建设经济强省和谐河北而奋斗——在中国共产党河北省第八次代表大会上的报告 [N]. 河北经济日报, 2011, 11 (26): 1 - 3.

[302] 陈晓华. 夯实农业基础 推动农业现代化同步发展 [J]. 农村工作通讯, 2011 (17): 7 - 9.

[303] 刘长江. 以农业产业化为抓手 推进农业现代化 [J]. 农村工作通讯, 2011 (17): 46 - 47.

[304] 吴永炷. 发展一乡一业和一村一品 建设社会主义新农村 [J]. 北京农业, 2008 (36): 54 - 57.

[305] 河北省"幸福乡村"规划设计编制导则 (试行) [Z]. [2012 - 02 - 29]. 河北省住房和城乡建设厅.

[306] 贾里尼. 关于财富和福利的对话 [M]. 纽约，1980.

[307] 陈俊，张忠潮. 生态文明视野下的和谐环境伦理 [J]. 社会科学家，2008 (5)：132 - 135.

[308] 柯武刚，史漫飞. 制度经济学 [M]. 韩朝华，译. 北京：商务出版社，2008.

[309] 成思危. 制度创新是改革的核心 [J]. 读书，2008 (10)：3 - 8.

[310] 黄柏前. 增城：以"不平衡发展"破解"发展不平衡" [J]. 新理财（政府理财），2010 (7)：38 - 39.

[311] 党国英. 城乡差距的非公正性及其矫正 [J]. 改革，2011 (6)：41 - 47.

[312] 吴良镛. 中国城乡发展模式转型的思考 [M]. 北京：清华大学出版社，2009.

[313] 李彦军，叶裕民，倪稞. 城市群内城乡统筹的理论基础与现实依据 [J]. 中国人口·资源与环境，2008 (5)：46 - 52.

[314] 国务院关于印发全国主体功能区规划的通知（国发〔2010〕46号）[EB/OL]. [2010 - 06 - 08]. http://www. gov. cn/zwgk/2011 - 06/08/content_1879180. htm.

[315] 危旭芳. 生态产业集群的基本模式及其构建路径 [J]. 江西社会科学，2008 (5)：194 - 198.

[316] 张艳. 河北省海洋环境保护工作坚持在开发中保护，在保护中开发 [N]. 中国海洋报，2009，11 (24)：3.

[317] 汪应洛，王宏波. 工程科学与工程哲学 [J]. 自然辩证法研究，2005 (9)：59 - 63.

图书在版编目（CIP）数据

省域城乡一体化发展战略研究：以河北省为例／
薛晴著 . —北京：经济科学出版社，2014.8
ISBN 978 - 7 - 5141 - 4873 - 2

Ⅰ.①省… Ⅱ.①薛… Ⅲ.①省 - 城乡一体化 - 发展
战略 - 研究 - 河北省 Ⅳ.①F299.272.2

中国版本图书馆 CIP 数据核字（2014）第 172022 号

责任编辑：张 频
责任校对：靳玉环
责任印制：李 鹏

省域城乡一体化发展战略研究
——以河北省为例
薛晴 著
经济科学出版社出版、发行 新华书店经销
社址：北京市海淀区阜成路甲 28 号 邮编：100142
总编部电话：（010）88191217 发行部电话：88191540
网址：www.esp.com.cn
电子邮件：esp@esp.com.cn
天猫网店：经济科学出版社旗舰店
网址：http://jjkxcbs.tmall.com
北京季蜂印刷有限公司印装
710×1000 16 开 14 印张 240000 字
2014 年 8 月第 1 版 2014 年 8 月第 1 次印刷
ISBN 978 - 7 - 5141 - 4873 - 2 定价：35.00 元